醒木惊天连阔如（典藏本）

彭俐 著

中华书局

图书在版编目(CIP)数据

醒木惊天连阔如:典藏本/彭俐著. —北京:中华书局,2011.12
ISBN 978-7-101-08439-9

Ⅰ.醒… Ⅱ.彭… Ⅲ.连阔如-生平事迹 Ⅳ.K825.78

中国版本图书馆 CIP 数据核字(2011)第 264320 号

书　名	醒木惊天连阔如(典藏本)
著　者	彭　俐
责任编辑	宋志军　梁　彦　林玉萍
出版发行	中华书局
	(北京市丰台区太平桥西里 38 号　100073)
	http://www.zhbc.com.cn
	E-mail:zhbc@zhbc.com.cn
印　刷	北京瑞古冠中印刷厂
版　次	2012 年 1 月北京第 1 版
	2012 年 1 月北京第 1 次印刷
规　格	开本/700×1000 毫米　1/16
	印张 22½　字数 325 千字
印　数	1-10000 册
国际书号	ISBN 978-7-101-08439-9
定　价	68.00 元

连阔如

连阔如简历

我们的家史

在满清别荣时，有满蒙汉三八二十四旗，我家奴隶，被满清贵族（即贵族）治与兵驱使走关原取大明朝江山，用满蒙汉三八二十四旗士兵在汉人。我家世世代代当旗兵，直到我父兄都是当旗兵。听说我父亲写短"数"的笔式。

我们镶黄满旗兵驻京只在东直门和安定门一带地方，离北京城40里就有驻兵地点。我家是满族旗人。

我是满姓祺之的儿子，1903年秋我诞生在定定门外花园门牌不知道了的满族旗人的家中。

我的姓名以下

单毓珍·单連青·连仲三·连阔如·乐天居士·赁姓客。

我亲兄弟三人，并无姐妹，也无叔伯，因为我父亲没保是多出生子，我大哥单毓呈，我二哥单毓璋，我叫单毓珍，这是我们满旗旗人，在旗下使用的姓上"老姓"单惠氏的姓名。

直到今天我大哥77岁了，还叫单毓呈，我二哥还叫单毓璋（68岁）。

我大哥和我是同父的兄弟，我的母亲是1900年死去的，我外祖母是个老寡妇，只有我母亲一人独生的女儿，8年怕乱，就把她个女受呼给我父亲做续弦，不到四年生我二哥后，又在我未出前一个月，我父亲因病去世了，咦父亲死后生的我，叫做遗生儿。

连阔如亲笔撰写的家史及个人简历

连建奇

在我外祖母和我母亲老少寡妇的抚养下，我大哥十八岁当旗兵（安定门门甲）我家能住安定门西小关厢里口的两间破房，我和二哥在买足门脸上摆设书，他的字号叫连福，我的字号叫连奇，我上半年学就念不起了（半个次）。

连仲三

我十三岁时往天津找我母亲，说我看，因在路费回家，店主人介绍我到北开小菜市茶馆，因患病住回春堂药店治病，不久。后痊愈，就开仙源里40号回春堂，三年学满了。出家不用了，另搜营生，我和连鸿定烟台南市场摆摊卖药，半年，因对方要骨盐薪款照不住信乎，在外地就只有没有本钱摆卦摊，算时要业。我们旗人另外姓我姓连，有人给起了名字仲三，摆卦摊时我就叫连仲三。直到我廿五大皮在北京天桥摆卦摊时，都叫连仲三。

连阔如

北京说评书的艺人，各有门户支派，我要说评书，必须拜师入门，不然，评书界不准我说书。我虽反这种封建行会制度的限制，不得不拜师入门。经人介绍，拜李杰恩为师，在珠市口春堂饭庄摆酒席行拜师礼，师父和门长王杰魁商议，给我起名阔如（杰魁的徒弟都是阔字的）从此我说评书为业。艺名叫连阔如了。

乐天居士

我曾会批八字，因为在小公报上送批八字，不愿人知道是我，就起名乐天居士。后来我在写给人批八字就叫乐天居士。

云游客

我在北京时写报素稿时，曾用过"江湖丛谈"因为内容是揭露社会江湖黑幕种种骗人戕财的事，为恐有人找我不依，才起名云游客。江湖丛谈这种书现在首都图书馆有线本可以看，内容是什么。

连阔如亲笔撰写的家史及个人简历

连阔如撰写揭秘文章《漫话江湖》、口述评书秘本《金枪杨家将》片断

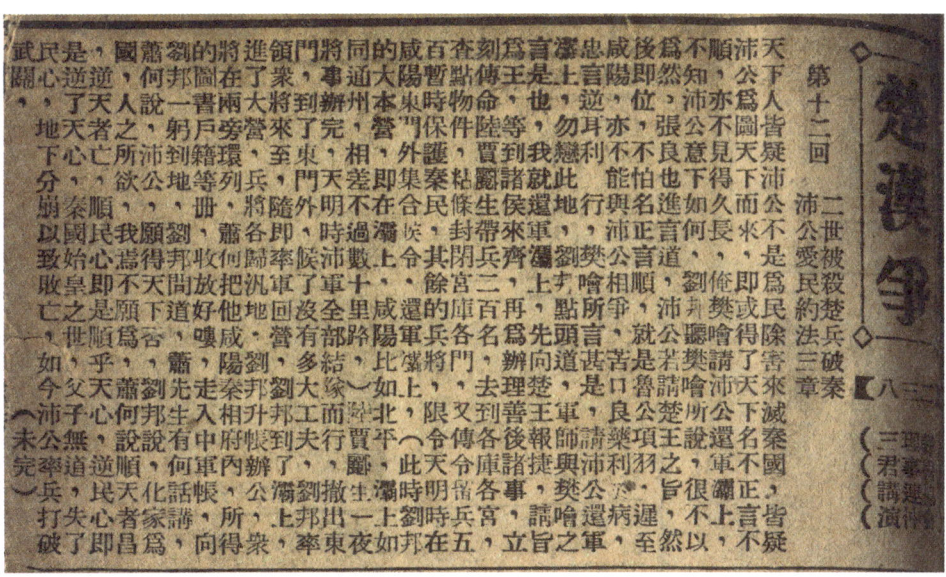

连阔如口述评书秘本《炎宋兴》和《楚汉争》片断

首先敬祝我们伟大的领袖毛主席万寿无疆！万寿无疆！万寿无疆！

敬祝林付主席身体健康！永远健康！永远健康！

最新指示

在阶级社会中，每一个人都在一定阶级地位中，各种思想无不打上阶级的烙印。

我是满族人，老姓姓毕，在镶黄旗旗名叫毕毓珍，书的学名叫毕连寿，说书的艺名叫连阔如。

1903年我落生于满族旗人家中，父亲是生我前一个月死的，是外祖母和母亲老少寡妇抚养起来的。

1909年—1913年我在安定门鹫峰庙内读书半年，又在海庙内读书半年，都是私学，不是学校，住家安定门内西水关发房。

1914年—1916年我外祖母死去，母亲在外当女仆，家中无人，寄居在远房舅父母家中，住在后门什刹海南泡房口东头，由，在李广桥口袋胡同内三区自治小学念初小的书，没念完就往商店学徒去了。

1916年，我十三岁，在前门外杨梅竹斜街亨泰照像学徒，五月去的，八月照像馆歇业了，让我看门，说我母亲在天津当女仆，我就有两元钱到天津找母亲，困居小店中，衣食皆无，店里给我介绍到北平杂货铺学徒。

1917年—1919年十四岁到十六岁我因病到北开仙40号回春堂药店去看病，该店主人杨春山爱惜我在药店学徒，因此，由杂货铺告辞，就到回春堂药三年徒。后来我知道杨春山是江湖卖药的，我学着他不要我，另换一个徒工，我就另想谋生之路了。

连阔如交代材料

序

王 蒙

在我上小学的时候，连阔如的名字我已经十分熟悉。那时说评书最火的有两个人，一个是赵英颇，一个是连阔如。赵英颇的声音非常风格化，慢条斯理，莫测高深，引人入胜。连阔如的书，则说得豪气十足，快人快语，洪亮浩大。我常常在放学后从"话匣子"里听连先生的评书，他的说书更能满足我自幼便有的急脾气。

解放前夕，一次听连阔如说书，连先生跳出故事发表起评论来，盖因为有人在报纸上著文抨击电台播送的曲艺节目，称之为"靡靡之音"，并把国民党统治下的旧中国的不兴旺归咎于曲艺。看来文艺误国之说也是源远流长。连阔如的反驳义正词严，势不可挡，我知道，连先生不但说书，而且是一个敢管闲事、敢发表意见而且极聪明并富有责任感的人。

那时我家住西四附近，在一次游玩时经过沙滩，看到过沙滩的一个连阔如广告社招牌。说明连先生不但说书，而且有所经营，是一个积极生活的有潜能的人物。

此后是50年代后期，忽然看到他也成了右派，呜呼。

再此后，我的一个近亲家住光明楼，与连阔如的女儿连丽如相邻，我的女儿与连丽如的女儿丫丫又是同学、好友。不久，"文革"结束之后，我有幸听过连丽如的评书，自有乃父之风。我很为连阔如先生的后继有人而欣慰。

现在，彭俐同志的《醒木惊天连阔如》一书出版了，作为一个与连先生和他的女儿有缘的人，我写这么几句，以为对连先生的敬意和怀念。

代序

我们应当记住他

苏叔阳

我说过，我的艺术启蒙老师是撂地摊的艺人和跑码头的野台班子。很小的时候甚至想跟着他们满世界转悠去演戏。后来看了电影、看了话剧，而且我的姑姑还在教师自己办的剧团里演了话剧，当了主角。我在台下看了羡慕之极，从此虽然爱上了电影、话剧，但我对曲艺、戏曲的痴迷维持至今。所以，我的艺术趣味总让那些时新人物嗤之以鼻。而我对他们也有些疑问，倘或连评书、相声、戏曲都不爱看，都看不明白，那还怎么搞戏、拍电影！

曲艺和戏曲是中国的艺术瑰宝。无数代的艺术大师创造了永久辉煌的艺术，让我们仰视犹嫌不敬，怎么能贬损他们呢。譬如评书，在文化未普及、教育未昌明的时代和地区，评书简直就是人们的历史教科书。人们从评书艺人生动的语言艺术中，记住了自己民族的过去，记住了民族的英雄、道德价值观念、伦理和哲学。西方有创世神话，于是史诗成了伟大的作品。有人说中国没有创世史诗，颇为鄙夷。后来发现了《黑暗记》以及新疆、西藏的神话史诗，这鄙夷自己的嗡嗡声才渐渐消停。不过总以为中国那些裸肩赤足、浑身泥汗的说唱艺人赶不上西方的"游吟诗人"。其实，这只是叫法不同罢了。您把中国跑码头的说唱艺人称做"游吟诗人"，把西方的游吟诗人改名"野台班戏子"也无不可，因为二者本质相同。中国的说唱艺人中有大才学者多矣。太史公马迁《史记》中《滑稽列传》记载的人物不必说，那都过于久远，离我们很近的连阔如、侯宝林、王少堂，就是不可否认的大师。

我年轻时节就听说连阔如有几个绰号："净街王"、"跑马连"。前者是说，广播电台一播连阔如的评书，大街上立马儿鸦雀无声，有话匣子的纷纷回家,行者且驻足,商家暂停贾,挑者卸其担,耕者忘其锄,大气不敢出,但坐听评书;后者是说连阔如说评书口才极佳,大队人马奔来奔去,在他嘴里,惟妙惟肖,烈烈轰轰,闻声如亲历现场,比口技演员还高上一筹。我那时是追星族,赵丹、谢添、蓝马、连阔如都是我的偶像。1956年,我上大学一年级,在学生会里担任朗诵组的召集人。为了提高水平,我胆战心惊地去邀请连阔如来校辅导。没想到这位净街王那么好请,到了约定的时间,自己提了个小包坐着公共汽车来了。他身量不算高,却肩宽背阔,红脸膛,悬胆鼻,两眼灼灼有神。声音自然是好听,难为的是亲切温和,让我们这帮学子,也觉着身份见长。连大师都对我们和和气气,足见我们是可造之材。

那一天,我们都朗诵了什么,早已遗忘,而连阔如说了什么,有些却鲜活到今天。譬如吧,他说:唱歌是竖嗓子,朗诵是横嗓子,打算说书、唱歌全修到最高境界,如同做梦,最好根据自己的条件,认准了一项,努力再努力。他又说:常说"手眼身法步",眼是表演的关键。"手到眼到",不准确,应当"眼到手到",眼到了,手到了,那是艺术;手到了,眼没到,那叫瞎比划。又说:手势很重要,但手势有个界线,上不过头,下不过膝。他边说边比划,生动有趣。特别是他的眼,目光仿佛是个伸缩自如的尺子,聚焦处,似乎真的有个人或物值得我们仔细观察,和他形容的一模一样。神了!

我和他的"近距离接触"只此一次,这一次便胜过无数。第二年,便是"反右派运动",他从此消失在政治的迷雾中。我因年轻,只挨了批判,受了处分,成了"中右分子","资产阶级思想"的表现之一是崇拜"资产阶级右派分子",这其中就有连阔如的大名。

我和我们的时代似乎都忘记了曾经有个曲艺界的领袖人物,一个给人们带来欢乐和知识的评书大师连阔如。但人民没有忘记他,他活在人们的记忆中,活在人们的传说中。终于有人为他作传了。彭俐的这本《醒木惊天连阔如》,也如醒木一样廓清成见的迷雾,让人们认识一位出离人们想象的艺术大师。他是一位报纸编辑、一位写手和作家,他的名著《江湖丛谈》,不仅写得漂亮,而且充满了揭露鞭打江湖黑暗,歌颂真善美的勇气。比起今日那些以重述江湖黑话(谓之臭春)作为创造"新北京话"的名角儿,不知高出多少倍。他曾是曲艺界的领袖人物,率领着曲艺演员在炮火连天的朝鲜战场慰问"最可爱的人";他还曾是抗日的爱国志士,是一位走进千家万户的评书大师;他还练过武,拜过京城武术名家"醉鬼张三"为师。如今的相声名演员孟繁贵,说起连阔如的武功和练武身世,如数家珍,因为,他的师祖便是"醉鬼张三",和连阔如同一师承。孟繁贵是连阔如武功水平鲜活的证明,足可以消除所有关于连阔如是否"文武双全"的疑虑。

这本书会让我们知道,我们的民族有多么优秀的文明,滋养出多少优秀的人才,而这些人才又是怎样如珍珠一般洒进了民众的汪洋大海,让我们知道"山外有山,人外有人"的道理,懂得些尊重"普通人"。子曰:"礼失求诸野",我以为"文衰"也应"求诸野"。我们将会在人民中获得文化复兴的巨大动力。从这个意义上说,这本书也应当引起重视。我向这本书的作者彭俐奉上敬意和祝贺。

以此为序。

目 录

引　子…………1

一、暮生儿大器晚成…………1

二、当年五龄童，无处觅私塾…………5

三、外祖母过世，小外孙孤单…………8

四、听秀才讲八国联军攻打北京…………13

五、自编顺口溜：《日本兵，罗圈腿》…………16

六、天桥学认字，笔墨是白沙…………19

七、天天看不够"耍把式"…………25

八、七岁孩子做"卧底"…………33

九、八岁失学，东安市场兜圈子…………37

十、好好照相馆，毁于温柔乡…………42

十一、不做店小二，只身闯天津…………46

十二、天津租界跟踪假乞丐…………50

十三、西洋寓所认识"敲托（托儿）"…………55

十四、"三不管"偷学说书…………58

十五、烟台受骗，大连受窘…………63

十六、营口一游："我付茶钱，你说故事"…………66

十七、大连西岗子，人头换银子…………71
十八、《实事白话报》寻人启事："寻找毕连寿回家"…………75
十九、24岁拜评书艺人李傑恩为师…………77
二十、母亲说："给三儿找个大眼睛的媳妇"…………85
二十一、北京说书人的黄金岁月…………88
二十二、而立之年——报刊自由撰稿人…………92
二十三、33岁做《民声报》编辑…………102
二十四、与金禅雨先生论争评书起源…………108
二十五、"连阔如广告社"名声显赫…………119
二十六、与"祥子"同桌用餐…………121
二十七、披露黑幕写奇书——《江湖丛谈》…………123
二十八、拜京都武侠"醉鬼张三"为师…………129
二十九、为艺人名誉平反：下九流中无艺人…………133
三十、率先在北京"触电"的评书家…………136
三十一、四拨儿"书腻子"相互PK…………142
三十二、京津两地报刊盛赞"八臂哪吒"…………148
三十三、为尚小云的荣春社排演京剧《东汉》…………152
三十四、吴佩孚大宴宾客，连阔如拂袖而去…………155
三十五、称评书为"伟大艺术"的第一人…………159
三十六、英千里说："连阔如是爱国的"…………163
三十七、郝德元逃跑时转念一想：别去连阔如家了…………168
三十八、农历四月十八日，不再祭拜祖师爷…………171
三十九、周总理称赞："一人就是一台戏"…………174
四十、前门箭楼上，带头表演"新曲艺"…………178
四十一、对相声演员李文华直言相劝…………185

四十二、"别只顾拆城墙，要好好补文化"……………188

四十三、中国曲艺家协会奠基人之一……………191

四十四、举荐郝寿臣当北京戏校校长……………195

四十五、彭真委派赴朝慰问团曲艺大队长……………199

四十六、远赴川藏动员民众抗美援朝……………204

四十七、宋世雄小时候的偶像……………221

四十八、李滨声向连阔如讨教评书艺术……………224

四十九、周总理问：你的子女说评书吗……………227

五十、40年说书生涯，105分钟录音资料……………231

五十一、人人有耳人人"录音"……………235

五十二、致信郝德元："狐死首故丘，故乡安可忘！"……………240

五十三、1957年春，为民间艺人鸣不平……………246

五十四、"右派分子"的12小时生死抉择……………253

五十五、六十万分之一的滋味……………257

五十六、父亲收女儿做徒弟，连桂霞改名连丽如……………264

五十七、评书评书，"评"字是金……………270

五十八、嘱咐女儿："懂多大的人情，说多大的书"……………275

五十九、父女俩座谈《三国》……………279

六十、自创"人物赞"仅存不足百分之一……………283

六十一、与社科院学者畅叙评书……………287

六十二、美国教授的第一位老师……………291

六十三、困顿之中的连阔如……………294

六十四、连派评书观众评……………301

六十五、惊读《连阔如认罪书》……………307

六十六、孙子连志成说："爷爷他不懂《三国》"……………312

六十七、违心承认加入了国民党…………316
六十八、去世八年后，召开平反追悼会…………320

附录一：连阔如先生年表…………325
附录二：连阔如参加女儿的家长会…………334
后　记…………336

引 子

一拍醒木惊天地，犹忆书魂连阔如。

1903年（光绪二十九年）6月25日出生的连阔如，可谓"老北京人"。他既是20世纪中国曲艺史上颇有建树的人物，同时也是中国民间艺术孕育出的国宝级人物，还是传统的中华民俗文化的标志性人物。我们记述他从贫儿到评书巨匠的生平事迹，就是在为现代中国文化艺术史保存一份珍贵史料，因为他炉火纯青、冠绝一代的评书艺术，属于中国文化，也属于世界文化。

说书人，是世上最了不起的人。他咳唾珠玉，吞吐乾坤，能说出你的梦，说醉你的心。他统率着语言文字的千军万马，纵横驰骋，气魄犹如伟大的征服者亚历山大，又像恺撒。他用洪钟大吕的嗓音，构筑一个神奇的故事王国，占据亿万人的心魂，永久！

说书人让后人说，谁曾想过？算命人被他人算，谁曾见过？江湖人谈江湖古今无二，传奇人话传奇中外无多。无人不知无人知，人皆识者人不识，此乃世间奇伟瑰怪之人的命运。一生坎坷，一生磊落；半是辉煌，半是萧索；来的嫌晚，去的恨早；生得凄然，死得落寞。叹一声连阔如——有多少话说！

连阔如是一座桥。

他以诗人气质和学者风范，通过他雅俗共赏的评书播讲与著述，沟通了江湖艺术与庙堂文化，缩短了农耕社会民间俗文化与工业社会雅文化之间的距离，使传统评书真正登上了主流文化的艺术殿堂。他不仅以江湖艺人的身份潇洒步入大学校园的讲堂、社会科学研究院演讲台，更用他的一杆笔将乱世的江湖黑幕大白于天下。他还是中国曲艺史上最早懂得利用现代传媒、最早与报刊联姻、最早"触电（广播电台）"的曲艺开拓者与先贤。

连阔如是一本书。

他的一生跨越"三个时代"：清朝末期、民国时期、新中国时期；并至少从事过"九个职业"：餐厅跑堂、说书人、算命先生、药店掌柜、广告经理、小报记者、专栏作家、民俗专家、政府官员……因他的经历太多、太丰富，而又去世得太早、太快，所以，他的这本人生之书的"散页"不少，殊为遗憾。他曾用毕生的精力为天下苍生说书，而关于他自己的这本书却延迟到他百年诞辰之后才得以面世，不禁令人扼腕叹息。

连阔如以一介寒士浪迹江湖，从艺为文又习武，卓有所成，堪称从北京胡同里走出来的平民英雄。没有什么比看到一个普通的生命，从社会底层向艺术与学问的殿堂勇敢迈进，更叫人心动了。他平生至少做了六件事，不能说事事完美，却也件件奇崛。

首先，他是一位说书人，《三国》、《水浒》等倒背如流，自20世纪20年代末到50年代中后期，声震九州八方，听者无不着迷。

同时，他是一位著书人，所撰《江湖丛谈》洋洋40余万字，为民间江湖行当及艺人写传写史，给社会学、民俗学、北京史学增添重要史料，乃一册奇书。

他还是中国曲艺界有史以来第一位广告人，1938年在琉璃厂开办"连阔如广告社"，并在电台承包广告时段，业务范围为当时北京城首屈一指，任广告公会主席。

他也曾是一位赫赫有名的占卜先生，研究《易经》，以"乐天居士"的名号开算命馆批八字，排在京城八大同行之列。

他又是一位武林中人，曾拜京城有名的武侠"醉鬼张三"为师，常年闻鸡起舞，健体强身。

他更是1949年后新中国文艺界的活动家、领导人之一，多次得到周恩来总理的勉励，曾任全国政协委员、两届全国文代会代表、全国少数民族委员会委员、全国文联理事、中华全国曲艺改进会副主任、中国曲艺研究会副主席、北京市文联常务理事、组织部副部长、北京市（第二届）人大代表、北京大学名誉教授等，还作为中国人民赴朝慰问团曲艺服务大队长出入枪林弹雨中……

传奇人生，世所罕见。

不幸的是，连阔如晚景凄凉。自1957年被错划成右派直至"文革"后期病逝，他一直被冤屈，被零落，被迫害，被折磨。其生前，没受到公正对待；死后，亦未有客观评价，甚至渐渐被人们忘记了。然而，时间是一位秉公无私的评判者，历史是性能良好的过滤器，不该埋没的不会埋没，不该显赫的不会显赫。

明年，2013年，就将是评书艺术大师连阔如先生诞生110周年纪念年。而去年，2011年，从江苏省泰州市传来一个好消息，在这座有"凤凰城"美誉的城市，正在筹备、建设一座现代化的中国评书评话博物馆，该馆将计划建造10位中国评书评话大师的雕像，这其中就有为中国曲艺奉献多多、功勋卓著的连阔如先生。

精魂不死，书魂不灭。

连阔如睡了，留下一方醒木。

一、暮生儿大器晚成

正是：
父去子来隔世难见，
谁让人生凄楚这般？

连阔如，遗腹子也，人未出世，命已凄然。

当他还在娘肚子里时，父亲就已经去世。同样的事情，也曾发生在科学家牛顿的身上。只不过牛顿在父亲过世三个月后落生，而连阔如在父亲离去一个月后出世。中国人给了从未见过生父的可怜孩子，一个非常形象、逼真的称呼——"暮生儿"。

暮者，晚也。

父已辞世，儿来晚也，阴阳两处，心伤欲碎。

北京老话儿说："暮生儿，暮生儿，天黑偷偷掉眼泪儿。"

连阔如自己说自己，说得更惨，不说暮生儿，而说："我父亲死后生的我，叫做墓生儿。"

家中，顶梁柱坍塌，可谓家已破；国内，帝都被攻陷，可称国要亡。

——这样两件天大的事，天大的愁惨之事，竟然都让一个倒霉孩子——连阔如遇上了。

就在他出生的三年前，即庚子之年，八国联军侵占了北京这座已有3000年建城史、700年建都史的古都。《辛丑条约》的签署，让4亿5千万两白银的"庚子赔款"（又称"拳乱赔款"），都一股脑儿摊在了4亿5千万中国人的头上。

也就是说，在这纷乱扰攘的世界上，没招谁没惹谁的连阔如刚一呱呱坠地、刚一睁开双眼，就欠了人家的账，且是不小的一笔账。而他自己在失去父亲后，还不知怎样谋生！

　　光绪二十九年（1903年）六月二十五日，是连阔如的出生日。
　　——对于整个世界来说，这可是非同寻常的一天。正是在这一天，伟大的居里夫人发现了镭。
　　镭，是一种具有很强放射性的化学元素，能够不断地释放出大量的光和热。只不过它谦虚、内敛，人们的肉眼看不到它放射出的射线而已，但著名的镭疗，可以为病人解除病痛。其实，做人就该有镭的这种品格。
　　长大成人后，连阔如真的就成为了一个发光又发热的曲艺人。

　　虽然，这是仲夏之日，但北京的北城一带，却忽然间黑云遮蔽，凉风飕飕，一阵豆大的冰雹砸地，继而暴雨倾盆。那汇集着尘土、沙砾、杂物的浑浊的雨水，转瞬间吞没了大街小巷。大人、小孩儿都急急忙忙地躲进家中避雨，并好奇地隔着门窗向外面张望。门窗，被冰雹砸得叮咚乱响。
　　奇特的景象，迎接奇人。
　　毕家寡妇偏偏在这时临产。

　　明清时代，北京内城有九座城门，北面有德胜门（元代叫健德门）和安定门（元代叫安贞门）。德胜门乃出兵征战之门，取以得胜之意；安定门为收兵归朝之门，取安定之意。在安定门外不远处，有段地界叫做营房，这里曾住着一家姓毕的满族镶黄旗的旗人。
　　为什么镶黄旗旗人住在安定门一带呢？
　　据说护卫京城的八旗兵，根据五行相克确定方位。东方属木，金克木，颜色似金的正白旗、镶白旗，便住在东直门和朝阳门；西方属金，火克金，正红旗、镶红旗便住在西直门和阜成门；北方属水，土克水，正黄旗和镶黄旗便住在德胜门、安定门……
　　再说这家毕姓旗人十分贫寒。
　　家对面有一个冰窖，冬天储存斗大的冰块，夏天用骡子拉马车取出冰块来给紫禁城里的官家送冰。冰窖很深，且阴森。这天冰雹骤降，一辆运冰大车刚好经过毕家门前，骡马受惊，车翻冰坠。只见状如荒山巨石的冰块儿，尚凝结前岁的败叶衰草，轰然堵在门槛前。

连阔如一出世，就带着一股寒气。

连阔如的祖上为毕鲁氏，乃山东省登州文登县大毕家庄人。

据说，先辈人曾在明末清初做"抱鞭"，即保镖，为朝廷往东北长白山地区押送赏银，后随努尔哈赤进关。等到父亲毕凌保这辈儿，家道已然衰微。

毕凌保曾是东直门一带守城的门甲。不是高门甲族的门甲（要那样就好了），而是小小的"门领"，即警卫士官。据《清史稿》中记载：京师有巡捕五营，设步军统领一人，统左右翼总兵官以及十六门千总。京城内九门、外七门，每门设千总二，门甲十或二十，门军四十人。

毕凌保当过短期的笔帖式，即文书一类的小职员，多少给了儿子连阔如驾驭语言文字的遗传基因。但家国动乱、民不聊生的岁月里，一个人才的成长要几经磨难，费尽周折，以致我们的传主——连阔如有些大器晚成。

20世纪30年代《立言画刊》载文称："雪芹官内务府笔帖式，学问渊博，曾为明相国邸中西宾，因有文无行，遂下逐客之令，后以贫困而死。传闻如是，不知确否……"

然而，红学家们是宁信其真，难断其伪的。

那么"笔帖式"一词从何而来？

有人考证是满语的译音，是文职的一个赐名，有翻译、缮本、帖写等名目，掌翻译满汉章奏文籍等事务，汉人不能为。

与其他满族旗人子弟一样，毕凌保从小学会骑射、拳脚，也会撂跤，但中年时，家道中落，开始酗酒、耍钱，毁坏了身子。

光绪二十六年（1900年），即八国联军侵占北京那一年，兵荒马乱之中，毕凌保的结发妻子病故。

同年，16岁的续妻进门。

三年后，就在连阔如出生前一个月，毕凌保因病撒手人寰。

母亲没上过学,连名字都没有,却绝顶聪明,手脚麻利,厨艺既佳,女红又好。她能变着花样,做出100多双外形不同、图案与颜色各异的小鞋子来,就像变戏法似的。

毕家兄弟三人,老大毕毓宝,老二毕毓璋,老三毕毓珍(学名毕连寿,艺名连阔如)。

其中,老大毕毓宝,是连阔如的同父异母兄弟,按照评书家自己的话说是:"我大哥和我是隔山的兄弟。"老二毕毓璋,则是他的同父同母兄弟。

正是"兄道友,弟道恭,兄弟睦,孝在中"(《弟子规》)。

三兄弟无所谓远近,一直彼此关照,彼此帮衬,感情甚笃,令人羡慕。

连阔如排行老小,口齿伶俐、乖巧,因此也最受母亲疼爱。父亲过世后,无依无靠的外祖母和她的独生女儿,仅靠做点针线活儿,勉强拉扯三兄弟度日,饥一顿,饱一顿,历尽尘世艰辛与磨难。

二、当年五龄童，无处觅私塾

正是：
千年科考毁于一旦；
九州大地再无状元。

光绪三十四年（1908年），别说家贫，就是家不贫，5岁的连阔如恐怕也很难在京城找到一家私塾。

相信京城万千连阔如的同龄娃娃们，都面临着同样尴尬的处境。

因为，早在三年以前，即光绪三十一年（1905年），从隋朝大业元年（605年）开始，一直延续了1300年之久的科举制度被废除了。

虽然，当时大清帝国臣民们头上的辫子还没有剪，但科举考试这条读书做官的"生命线"却被"咔嚓"一声剪断了。

一时间，京城里，那些曾经摇头晃脑地教小孩子背诵"四书五经"的私塾先生、道学先生们，都变得垂头耷脑的，没有了往日的神气。先生们无心再教，孩子们更无心再学。

连阔如只是在安定门附近的一座破庙里，囫囵吞枣地跟一位先生念了半年书，就第一次失学。原因是家穷，"念不起了"，也加上老师和孩子都不积极。念书时，二哥的学名是毕连福，连阔如的学名是毕连寿。

"毕连寿"这个学名，随着一次次辍学而失去意义，以后也就没有人再叫了。

那可真是一个"放养"的时期。

连阔如和他年龄相仿的孩子们都手舞足蹈，高兴坏了，个个都像钟鼓楼前、什刹海边放飞的风筝一样自由自在，整天没有任何包袱地玩耍不停。

而家长们呢？似乎也跟着松了口气，既然社会上不再是"书中自有黄金屋，书中自有千钟粟，书中自有颜如玉"那套逻辑，那么，还让小孩子们读那些古书干嘛？

其实，很早就有一些反传统、非主流的人士有了这样的说法："喜的是俊爽名流，恼的是道学先生。"

京城的孩子们呢？

凭着天性，大都喜欢无拘无束地到大自然中去玩耍，尤其是那些野性难驯的男孩子，他们都喜欢到田地里捉蜻蜓，到墙根下逮蛐蛐，到护城河摸泥鳅，到树林中粘知了，或是在大槐树下鞭陀螺，推铁环，玩"骑马打仗"……

总之，有的是玩的，闹的，开心撒欢的……

母亲整天忙着做针线活儿，或打零工，挣些钱来养家，哪还有时间、精力看管最调皮的小儿子——连阔如。

连阔如像个小风车一样，在房前屋后不停地"嘎嘎"叫着飞奔，与小伙伴相互打闹，追逐，上树，爬墙，跃沟，跨坎，从早到晚不知疲倦。

可怜他的一双小小膝盖，总是磕破，流血，结痂；未等痊愈，又马上再一次磕破，流血，结痂，不停地循环往复，以致无穷。但他不喊疼，一喊疼，就会被大人制止游戏。

安定门，高大、威严、肃穆的城门，是在安定门内外一带居住的孩子们的鲜明地标。

他们玩野了，跑得远了，找不到家时，就抬头看看这座城门，根据它的方位来判断家的方位和远近。

如果向东面跑远了，再沿着城墙折向南方，就会看到同样雄伟壮观的城门——东直门。不要紧，往回走就是了，从东直门向西北方向看，家，就在西边不远处。

如果向西面跑得远了，会看到同样巍峨耸立的城门——德胜门。也没关系，只要以德胜门为标记，径直往东面的方向走，就能找到回家的路。

安定门外，沿着东西走向的、高高的城墙，有一条不到20米宽的护城河。河水不深，只能淹没小男孩儿的大半个身子。趟着河水，深一脚、浅一脚地走过，不算太难，只是要小心河底的淤泥，很滑很滑，容易陷到里面拔不出小脚丫，更滑的是河底的石头，光滑得会让你摔倒。还有杂草，有的带刺儿，会把稚嫩的脚心部位划破，有些钻心的疼痛。

七八岁、五六岁的孩子们，成群结队，常常到河边戏耍。连阔如是其中的一员，就属他的嗓门最大、最尖、最高、最亮，只要他一喊，麻烦可就大了，一里开外，惊动林间小鸟，慌慌张张地飞离树枝；就连护城河里的小鱼儿，也纷纷警觉地钻进蓬松的水草……

孩子们野外生存的本领，就是这样练就的。

他们人手一柄用铁丝和猴皮筋组装的弹弓子，并随身携带着弹子（小石头）、洋火（火柴）、细盐和小水罐，作为"军队"的装备和野炊用具。这"作战"小分队只有五六个人，连阔如和他的小伙伴——二虎子、三宝、小脖子、小海和小铁。大家分散于树林间、小河边，单兵行动，用弹弓从树上打下的麻雀，用一根细铁丝穿成串儿，将水中摸到的泥鳅和小鱼虾盛到罐子里。一两个小时过后，连阔如吹一声口哨，"小分队"在河边集中。大家坐下来，一同分享"战利品"，共计捕获麻雀十多只，泥鳅和小鱼七八条，还有从附近菜园偷来的黄瓜和西红柿若干。太阳已经开始西坠，护城河的水面泛起金色的涟漪，垂柳的绿色枝条在风中曼舞，孩子们架起干柴烧烤美味……每当此时，连阔如都要给大家讲故事，有的是他从大人那里听来的，有的是他自己"现挂"现编的。

淘气的男孩子的玩心好大，恐怕整个天地都容不下。

没过几年，当连阔如仍是一个稚气未消的少年，他就实在忍不住一颗怦然跳动的、探索世界的好奇心，独自走向远方，开始他漫无边际的流浪生涯……

三、外祖母过世，小外孙孤单

正是：
隔辈最疼人间深情；
祖孙唯亲血脉相通。

世人常说："男孩儿穷养，女孩儿富养。"
——人生经验一再证明，此话还真有些道理。
男孩儿穷养，指的是不要在物质和心理上娇惯、放纵，哪怕让其多吃点儿苦、多受点儿累和委屈都无妨，目的在于培养他"穷且益坚，不坠青云之志"的骨气、锐气与豪气。
"穷且益坚"便是痛苦中的唐代诗人王勃探望被贬官的父亲，路过江西南昌时，为新建成的滕王阁而写的《滕王阁序》中的名言。这一名言，源自汉代（东汉开国功臣、伏波将军）马援的豪语："大丈夫立志，穷当益坚，老当益壮。"
马援，12岁丧父，曾自己放牧为生，为历史上"穷养"的典型。孙中山先生为蔡锷将军题写挽联："平生慷慨班都护，万里间关马伏波。"——就是将蔡锷比作马援。
而蔡锷将军，也是湖南邵阳的一个贫寒农家的苦娃。可谓现代"穷养"的范例。
女孩儿富养，指的是要尽可能在物质和精神上让其得到享受和满足，不要让她生活得太拮据、窘迫，尽量多接触文学、艺术、音乐等高雅事物，这样才能避免其身上的烟火之气、伧俗之气和小家子气，目的是陶冶其优雅性情，塑造其端庄品质，养育其纯美心灵。
西方奥地利公主、西班牙女王茜茜公主，从小在诗歌、音乐、马术和大自然美景的熏陶下，养成了纯真、欢快、富于爱心的浪漫性格，未嫁时，堪称"富养"的典型。

中国古代的一对才女蔡文姬、卓文君也都是"富养"的人间佳丽，前者是东汉大文学家蔡邕之女，后者是西汉大商人卓王孙的掌上明珠。

当代的建筑学家、诗人林徽因和作家冰心（原名谢婉莹）也皆是"富养"的明证，前者是北洋政府司法总长林长民的千金，后者是清帝国海军军官谢葆璋的爱女。

小时候的连阔如，是很符合"穷养"的"科学理念"的。

但不幸的是，他是被动的"穷养"，是因父亲过早离世，迫不得已、万般无奈，只能由外祖母和母亲两位女人来支撑家庭的经济。

外祖母偌大年纪，到哪里去干活儿挣钱？

她只得在半夜三更出门，捡拾些废纸、废料、废弃物，不断地积攒起来，拿出去变卖。家中实在亏空，眼看着孩子们吃不上饭，她就偷偷背着愁眉苦脸的女儿、三个娃儿的妈，拿出自己自从出嫁以后一直埋藏在箱子底，从不舍得佩戴的耳环和镯子，到当铺去变卖。

年幼的连阔如，尽管在兄弟之中是老小，是北京人所说的最惹人疼的"老疙瘩"，却很少有机会在母亲的怀抱中依偎。母亲太忙，里里外外地忙个不停，也没有心情抱着小儿子看画、看景，虽然北京的四季分明，到处是画，到处是景。有点儿闲暇和闲钱的北京人，日子过得很是滋润、惬意，他们一年到头都在享乐、玩耍，春季踏青，夏季踏雨，秋季踏风，冬季踏雪。连阔如的外祖母和母亲呢，却只有踏破人家的门槛去借贷，还钱；再借贷，再还钱，这样循环不已，度日如年。

从小没有在大人温暖怀抱里的感受，长大便没有温暖怀抱还给世人。

爱心只有在爱心的呵护下萌发、成熟，善良也只有在善良的哺育下成长、壮大。

外祖母格外疼爱这个最小的外孙，一半是因为他是"暮生儿"，一生下来就让人怜爱；一半是因为小外孙聪明、乖巧，很是善解人意。

连阔如既是不幸的孩子，又是幸运的孩子。只有不幸与幸运所共同建构的人生,才算是圆满无缺的人生。不幸的,是家庭的贫困;幸运的,是家人爱的富有。外祖母,就是一个爱的发祥地,是温暖的、细腻的、深情的、无私的爱的源泉。她一有时间,就把外孙子揽在怀里,好像不紧紧地揽在怀里,外孙子就会被别人抢去似的。祖孙二人不说话,只是静静地坐在那里,外祖母用劳累一生的粗糙的手掌,轻轻抚摸着外孙鲜嫩发亮的额头、脸蛋和黑亮的头发,像是抚摸自己的过去和未来。

窗外下起雨时,更是无事可做,那就舒舒服服在外祖母的怀中赏雨、听雨。叠一纸船,抛入院子里积水汇聚成的小溪流,看着它颤颤悠悠地在水里挣扎,一会儿遇阻而停滞,一会儿艰难地转弯,一会儿又畅快地前行。此时,一只小纸船的命运,就是这个世界上最大、最重要的事情。小纸船的倾覆与否,其重要性,胜过大清帝国是否被颠覆、皇帝是否会下台。而辛亥革命前的立宪运动,正在京城紧锣密鼓地开展。小纸船上进水了,船舷已经在倾斜,外孙子焦急地指指点点,外祖母在一旁安慰。

这时,如果有人正好从这窗前经过,并探头向屋里张望一下,那就一定会欣喜地看到一幅含饴弄孙的人间和乐图。

外祖母大字认不了几个,却记忆力惊人。她常给小外孙讲故事,教他背诵童谣。连阔如的启蒙教育也就从背诵童谣开始,为他日后成为曲艺大师铺垫了基石。

不知怎么,小时候的连阔如就精力过剩,不熬到半夜不睡觉,尤其是冬天太阳落得早、长夜漫漫、北风呼啸的时候。熬到外祖母实在支撑不住了,就对他说:

"乖孩子,咱们不熬鹰了!快去睡吧!"

"熬鹰",是满族人的俗语,意思是熬夜,来源于猎人的驯鹰法。猎人用小木棍敲打,不让老鹰闭眼睡觉,以便将其驯服。

连阔如还不睡,外祖母就把他拽进被窝儿,一边摩挲小外孙的肚子,一边哼唱童谣:

"摩挲摩挲肚儿,开小铺儿,又卖油来又卖醋儿。"

三、外祖母过世，小外孙孤单

聪明的小外孙马上心领神会，并举一反三，他也反过来，用小手摸着外祖母的脸儿嘟囔：

"摩挲摩挲脸儿，开门脸儿，又卖肉来又卖蛋儿。"

外祖母一听，心里高兴，面装恼怒：

"你才又卖肉来又卖蛋儿，你这个小坏蛋！这么小就学得这么坏！"

其实，连阔如很是"冤枉"，他只是凭着顺口溜的顺溜劲儿，在那里胡编乱诌，哪里想到这编出的词儿里还有那么多寓意和联想？

外祖母又换了一个童谣，这是北京人最熟悉不过的词儿：

小小子儿，
坐门墩儿，
哭着喊着要媳妇儿。
要媳妇儿干嘛呀？
点灯说话儿，
熄灯做伴儿，
明早晨起来梳小辫儿。

连阔如听了不干，心想：凭什么非要让小小子儿去坐门墩儿，还又哭又喊的，该着小孩子倒霉？那些大老爷就坐不得门墩吗？

于是，他又把童谣的词儿给篡改了：

大老爷儿，
坐门墩儿，
哭着喊着要媳妇儿。
要媳妇儿干嘛呀？
点灯说话儿，
吹灯拔蜡儿，
明早晨起不来啦——哈！

这回,外祖母再也忍不住了,她"扑哧哧"地笑出声来,几乎笑出了眼泪。
她为小外孙拽拽被子,疼爱地戳了一下他的脑门:
"哎,真是个小坏蛋!"
最后,外祖母只能为他哼唱北京旗人家的儿童都熟悉的一首童谣,每每一唱这首童谣,连阔如就乖乖地睡了,他知道这是压轴(即压台)的节目:

金轱辘棒烧热炕,
爷爷打板儿奶奶唱,
一唱唱到大天亮。
今儿个唱,
明儿个唱,
插上柳枝接着唱。

民俗学家将这首童谣与满族的宗教信仰——萨满教信仰联系在一起。认为起始于原始渔猎生活的萨满教信徒,朝祭、夕祭都在家中举行,老祖母担任萨满,唱祭神歌谣,由众人打板伴奏,其歌词中就有"烧好了热炕,奶奶唱神跳神,爷爷打板助兴"。并进一步解释说,求福祭时,用绳索将柳枝与神板捆在一起,所谓给孩子换新索。但这里便出现一个问题:柳树是喜高温的植物,产于我国南方和亚热带地区,怎么会有在东北寒冷地域生活的满族人,将"柳枝捆神板"的祭祀风俗带入关呢?

但是,不管怎么说,外祖母一唱"插上柳枝接着唱",小连阔如便呼呼地睡着了。

连阔如刚刚六岁时,外祖母终因帮助做了寡妇的女儿拉扯孩子,劳累过度而去世。

这让一直被疼爱的小外孙,一时难以接受。一般五六岁的孩子,尚不知人间有愁事,对大人的生老病死也不会看重。可连阔如却非常早熟、懂事,他一连好几天沉闷不语,很让母亲担心。

四、听秀才讲八国联军攻打北京

正是:
庚子之年国耻不忘;
少小立志济世安邦。

连阔如的街坊中,有一个姓赵的秀才,眼窝深陷,面色苍白,最大的特点是背有些驼,像整天背着一个问号。孩子们见到他,就要拿他打趣儿,翻来覆去地跟着他后面喊叫:

罗锅子罗,
罗锅子罗,
罗锅子骑马上清河。
清河有个罗锅子庙,
罗锅子进去找老道。

赵秀才也不恼,有时心情好,还会回上两句:

老道其实不老道,
清河没有老道庙。
老道住在道观里,
整天陪着尼姑笑。

完了,还要加上一句:"这个嘛,你们小孩子家家,不懂!不懂!哈哈哈……"

接着，赵秀才会一本正经地说：

"还说清河！你们知道清河在哪儿吗？清河在河北，秦始皇时，属巨鹿郡。话说光绪二十五年（1900年）发生了"庚子国变"，八国联军攻占了北京，就是清河、威县、沧州等地的义和团惹的事。这些义和团进京，说是勤王，其实是上了慈禧太后的圈套，为朝廷当炮灰。真要勤王，让袁世凯的小站（天津南部一小镇）新军来呀，那武器装备可比义和团的大刀长矛好不知多少倍，比洋鬼子都不差！还有，当时不少手握重兵的清廷总督们却在北京危急的时刻与洋人签署"东南自保"的协议。再说义和团，数万人从乡下涌进京城，他们的住宿谁管？吃喝谁管？反正都不花钱呗，他们的兜里也没有钱，只有拳头和棍棒。与洋人的仗还没打起来，先把好端端一个商业繁华区大栅栏烧个一干二净。仗打起来后，又和清朝政府军一起，把老祖宗的文脉之圣殿——好端端一个收藏《永乐大典》和《四库全书》的翰林院烧了个底朝天……最后，慈禧太后跑了，清军也跑了，就剩下义和团还算够爷们儿，有北京爷们儿的派头，在城里和八国联军打巷战，打到最后，被洋人抓了、绑了，也还是高昂着头，头被砍时，眼睛都不眨一下！哎，不说了，不说了。我已经说得太多了！"

小时候的连阔如，最喜欢听赵秀才讲这段并不久远的历史，讲八国联军。他想知道八国联军是怎么攻破安定门、德胜门、东直门这样高大、魁梧、坚固的城门，怎样爬上这十几米高的城墙……在他这七八岁的孩子眼里，城门和城墙都是雄伟无比、高不可攀的，夜晚的星星和月亮就在那一个个垛口闪亮着，神秘而安详。但他不知道，这个世界的竞争是残酷的，列强们的现代化的武器会很容易将古老的文明摧毁，而历史很奇怪，有时候，丑恶的、凶残的竟然能够战胜美丽的、善良的。当然，这只是"有时候"而已。

偏偏这赵秀才别无嗜好，最爱神神叨叨地讲述历史。他告诉连阔如，当年慈禧的宣战书振振有词：

> 我朝二百数十年，深仁厚泽，凡远人来中国者，列祖列宗，罔不待以怀柔。迨道光咸丰年间，俯准彼等互市。并乞在我国传教，朝廷以其

劝人为善，勉允所请。初亦就我范围，讵三十年来，恃我国仁厚，一意姑循，乃益肆嚣张，欺凌我国家，侵犯我土地，蹂躏我人民，勒索我财物。朝廷稍加迁就，彼等负其凶横，日甚一日，无所不至，小则欺压平民，大则侮谩神圣。我国赤子，仇怨郁结，人人欲得而甘心。

此义勇焚烧教堂，屠杀教民所由来也。朝廷仍不开衅，如前保护者，恐伤我人民耳……

朕临御将三十年，待百姓如子孙，百姓亦待朕如天帝……祖宗凭依，神祇感格，人人忠愤，旷代所无。

朕今涕泪以告先庙，慷慨以誓师徒，与其苟且图存，贻羞万口，孰若大张挞伐，一决雌雄……至于五尺之童，亦能执干戈以卫社稷……无论我国忠信甲胄，礼义干橹，人人敢死……尔普天臣庶，其各怀忠义之心，各泄神人之愤，朕有厚望焉。

但是，宣战的对象不宜，共11个国家（等于向世界宣战）；时机不宜，全无军事上的准备；方法不宜，围攻使馆；理由不宜，误闻西方各国公使联合议定"勒令慈禧太后归政光绪"，完全不是慈禧公开声称的："我为江山社稷，不得已而宣战。"慈禧太后其人，为其个人谋利益，什么心眼都够用，但若论造福江山社稷、黎民百姓，她却显得智商欠缺，茫然无知。

听着赵秀才的叙述和议论，幼小而聪敏的连阔如，大概懂得了国家的概念和清廷的腐败，国事的衰颓与百姓的苦难。他更得知八国联军（英、法、美、德、意、俄、日、奥匈）中，近邻日本的军队人数最多，大约23000人，占全部联军总人数的近六分之五。而人数最少的是奥匈帝国的军队，只有象征性的75人。而正是日本军队疯狂地攻打东直门和朝阳门，用炮火将这两门和两门一带的城墙重创。

但也正是在东直门和朝阳门，清廷自西北征调的甘军，在其年逾花甲的将领董福祥的率领下，对日军进行了顽强的抵抗。老将董福祥跃马横刀立于城门之前，断喝一声：

"退后一步者，斩！"

五、自编顺口溜：《日本兵，罗圈腿》

正是：
男儿成熟始知国恨；
欺我同胞以死相拼。

听了大人们一再讲八国联军，特别是日本兵的穷凶极恶，烧杀奸淫；还有更早些的中日甲午海战（1894～1895年），其直接结果是《马关条约》的签订，将辽东半岛和台湾割让给日本，少年连阔如和他的小伙伴们一样，和北京的许多小男孩儿一样，心中怒火燃烧，对日本兵埋下仇恨的种子。

人们常说"愤怒出诗人"，更何况这是一个被侵略的国家的国民，对另一个侵略成性的国家的野蛮军队的控诉和声讨。连阔如聪颖过人的头脑和卓荦的曲艺天赋，这时候就发挥得淋漓尽致，他自编了一个诙谐、调侃的段子《日本兵，罗圈腿》，来讽刺日本兵，口气中带着小男孩特有的顽皮：

日本兵，
罗圈腿，
走起路来划圆规。
岛国太小划不够，
一划划到海参崴。
人心不足蛇吞象，
划我台湾划东北。
划到两腿打哆嗦，
安上假肢金属腿！

日本兵，

五、自编顺口溜:《日本兵,罗圈腿》

> 扫帚眉,
> 眼睛一瞪少半黑。
> 黑心黑肺黑肠子,
> 黑胡两撇八哥嘴。
> 乌鸦见了不想活,
> 是谁抢我黑之最?
> 黑我甲午黑庚子,
> 咪西咪西流口水。
>
> 日本兵,
> 赛乌龟,
> 爬个长城那叫累。
> 本是水里小动物,
> 偏要上山装地雷。
> 地雷一炸就玩完,
> 五脏六腑满天飞。
> 叫你一声龟孙子,
> 看你还敢欺负谁?!

连阔如把自己原创的作品,向母亲、哥哥、亲戚朋友和街坊四邻们热情推荐,并声情并茂、连比划带说地一通表演,还真能让大家叫好,开心。

中国有句俗话,叫做"三岁看小,七岁看老"。从小连阔如自编自演的这个小节目中,人们看到的是稚气,也有大气。浑然大气的评书大家已经小试身手,大获成功。

说者无心,听者有意。

一位有心的大哥哥外号叫"小国子",本名叫曹孝国。他大连阔如五六岁,是一位做布匹生意的小商人之子,喜欢民俗,爱到天桥闲逛。他听到连阔如还没有换声带的嗓子很是高亢,举手投足也显得很是灵巧,那小脑瓜就更不用说了,没有读过几天书,单凭平日和赵秀才的接触就能基本识文断字,并粗通历史,还能有所感悟和创造,自己编纂个出彩的段子,好个人间奇才的料儿啊!

《三字经》和更早的《礼记》中都有这样的话:"玉不琢,不成器。"

其实,在现实生活中,也常有这样的事:遇不着(伯乐),不成器。

"小国子"看重连阔如这小子了,曹孝国对国家有感情,对有才的人也有感情,他要尽力帮助连阔如,让他开阔眼界,汲取知识,让中国曲艺艺术的一棵好苗苗,将来能成大器。

六、天桥学认字，笔墨是白沙

> 正是：
> 无字课桌天地广大；
> 有心读书四海为家。

20世纪初叶，即清朝末年，北京的天桥是一个民俗、民间文化的大舞台、大课堂、大市场。它是包括戏曲、曲艺在内的各类艺人的谋生之地、成名之地、传艺之地。相比之下，什刹海、隆福寺、大栅栏、护国寺等娱乐休闲之地，都是小巫见大巫了。

天桥，是艺人的天堂。

至于，缘何是艺人的天堂，一两句话很难说清。读者有兴趣，可以去读一本书——成善卿先生所著《天桥史话》（1990年生活·读书·新知三联书店出版）。读后，你也许会明白许多。这本艺人必读的书，将天桥的来龙去脉，将那里的杰出艺人们的生存状态、艺术造诣、个性特点描述得再生动、详细不过。著名史学家史树青先生的序，对其评价颇高。

更早些关于"天桥学"的研究著作，有张次溪先生于1951年出版的《天桥丛谈》，周作人作序，陈垣题字。序称："中国过去关于这种民间生活的资料特别缺少，如《东京梦华录》记北宋汴梁的事情，其民俗技艺部分不到二十行……这（此书）不但说明了那些民间艺人怎么地演或演的什么，更使我们知道民间观众所喜爱的是什么……"该书有"民国天桥研究开山扛鼎之作"之誉。

天桥，是艺人的天阶。

唐代岑参诗句"无由谒天阶，却欲归沧浪"，用"天阶"来比喻朝廷。然而，清末民初民间艺人的这个"天阶"，指的却不是朝廷，而是中国曲艺艺术的圣殿。这座圣殿，可谓千年不倒，万年不塌，它始终屹立在百姓，特

老北京的天桥,游人众多

别是社会底层百姓的心中,成为他们苦难生活中温情的慰藉和美好的记忆。

单从评书艺人的角度看,清末民初诗人王祖述的《天桥词》描述生动:

  道旁有客说书忙,
  独脚支棚矮几张。
  白叟黄童齐坐听,
  乞儿争进手中香。

天桥,是艺人的天启。

六、天桥学认字，笔墨是白沙

正如民俗学家张次溪先生的高论："评者，论也。以古事而今说，再加以评论，谓之评书。古时称为劝善金科，所说无非忠孝节义，借以讽劝世人。或谓个中良莠不齐，竟有目不识丁者。要知其中品学兼优、深通文理者，亦大有人在。唯思个中难处甚多，非有数年苦功夫，不敢从事。"

——这里提到的"数年苦功夫"，需要在天桥这样的场所来落实。

倘若你是一位心气颇高、眼光也高、目标更高的民间艺人，你若不去天桥摔打一番，磨炼一番，展示一番，恐怕就很难得到同行的认可，也很难让自己的才艺变得炉火纯青。天桥有一种魔力，它会点拨你，开导你，提升你，让你得到冥冥之中的无言教诲，玉汝于成，暂且把它称为一种天启吧。

相信天桥还有许多功能和潜质有待我们去深刻认识、挖掘与发现。

开始，连阔如不知道有个好玩的天桥。即便听说过，也没去过。由于家境贫寒，连阔如断断续续地念了三年书，也算不上是正经私塾，只是和别的穷孩子搭帮，向识字的先生讨教一二而已。他还总是心不在焉，时不时旷课，把书包掖藏在谁家地窖里或下水道的沟眼里，跑到什刹海附近的露天"杂拌地"去听评书。

那时，东城一带有两家非常著名的"书茶馆"，号称"二轩"，一个是东华门外的东悦轩，另一个是地安门（俗称后门）外的同和轩。连阔如想听书，交不起"书钱"（书茶馆不称"茶钱"而称"书钱"），怎么办？

他有办法，专门瞄着穿戴阔气的"书腻子"，帮人家拎包，跑腿买香烟，呼叫人力车，忙前忙后，这"书茶馆"里的"VIP"（大人物）见小家伙机灵，捎带着就把"书钱"交了。然而，有钱的人还是不多，更多的时候，像连阔如这样的穷小子经常被"书茶馆"的堂倌轰出来。

自己兜里没钱，又没外人帮衬，那就只好听蹭儿。

或者怀着程门立雪般的虔诚，站在书馆的窗外驻足聆听。

平日里，只要一想起书馆说书人将醒木"啪"的一拍，连阔如的心就痒痒，像怀里揣个小兔子一样，在家里饭都吃不踏实，母亲看着他便着急。

若是评书听美了，他回到家时还是满脑子评书，忍不住，就想找个人当

"听众",自己当说书人表演一下。没有"醒木"惊堂不行,他也不知从哪里拣了一块方寸大小、将将盈手的鹅卵石,找个小木凳就往上"啪"的一拍,那声音可脆生了,他昂起头,神气活现地对年长他10多岁的大哥毕毓宝说:

"哥哥,我跟你说一段《小霸王怒斩于吉》……"

大哥毕毓宝已经是20来岁的人了,正里里外外地忙活着,好帮助母亲养家糊口,哪有闲工夫听他说书?!

窗外有人喊连阔如的名字,街坊"小国子"哥哥来了。

"小国子"带着小弟弟连阔如到天桥一游,可让这个小曲艺迷开眼了。

从此,他见天的(北京土话,即"经常的"),从早到晚泡在天桥不愿回家。这个地摊看看武功把式,那个地摊瞧瞧拉洋片,最让他眼睛一亮的是白沙子在地上撒字,边说边唱的相声表演。

只见艺人从小布袋里一把一把地掏出细细的白沙,好像是很随意地在一片空地上抛撒,一笔一画地抛撒成方方正正的字形,并由一个个单字组合成行,或是诗句,或是警句,或是谜语,或是字谜。

譬如:"三字同头'常当当',三字同旁'吃喝唱'。"艺人会解释说:"就是因为平时总是'吃、喝、唱',这才落得个'常当当'。"

连阔如问"小国子":

"这是哪门相声绝活儿,这般有趣。"

"小国子"便不失时机地向他讲述曲艺掌故:

现在的细沙撒字,都是在模仿这里的前辈相声名家朱少文——艺名'穷不怕'的活计。但比起'穷不怕'来,那功夫可就差得多了。这个'穷不怕'是1829年生人,道光年间的艺人,就你一岁时(1904年),他才去世。人们公认他是相声行业内的祖师爷。他也是北京生,北京长,家就住在地安门外的毡子房,离你姥姥家可不远。

'穷不怕'可是在全国都有名,他有着咱古都北京人特有的大度、爽朗和幽默。原是唱京剧丑角的,又学'十不闲'莲花落,最后才改行

六、天桥学认字，笔墨是白沙

"穷不怕"能用白沙写其名

在天桥'撂地'说单口相声。据说，是他创造了二人对口相声的演出形式。他创作过讽刺贪官污吏的单口相声《字像》，还有《看告示》、《字义》、《得胜图》等，对口相声《大保镖》、《黄鹤楼》、《四字连音》、《斗法》等。

"小国子"说得起劲，连阔如听得入迷。
"穷不怕"的艺名也有个来头呢，他家的门上贴一副对联：
"无时不怕穷经皓首，励精矢志朱紫著身。"
横批是：
"舌治心耕"。
清代同治年间文人李香谷，有一首诗——《赠朱少文》：

23

> 数十年来艺谋生，
> 寥寥往事赠朱兄。
> 写得当年郑元和，
> 是大英雄不怕穷。

诗里说的郑元和，又是一则中国曲艺人的历史佳话。

传说远在唐代天宝年间，江苏无锡曾经有个打"莲湘"（又称"霸王鞭"或"连厢"）、唱"莲花落"的乞丐郑元和。他在京赶考时，与烟花女子李娃热恋，耽误考期，资财耗尽，流落街头，被李娃救助，重登考场，考中状元，二人终成眷属。宋代《太平广记》中有《李娃传》记之。

不扯太远，就说近的。

近代编撰的《天桥杂咏》中，有人专门写"穷不怕"：

> 信口诙谐一老翁，招财进宝写尤工。
> 频敲竹板蹲身唱，谁道斯人不怕穷。
> 日日街头撒白沙，不须笔墨也涂鸦。
> 文章扫地寻常事，求得钱来为养家。

从此，连阔如的口袋里总装满了白沙子，那是从哪处施工盖房的料堆里取来的。无事可做，他就在房前屋后撒字玩儿，嘴里还振振有词：

"画上荷花和尚画；书临汉字翰林书。"

或是：

"书童研墨，墨抹书童一脉墨；

梅香添梅，煤爆梅香两眉煤。"

——有些对联正念与反念，都可念出同样的字音来，甚为奇异。

七、天天看不够"耍把式"

正是：
天桥无水人过如流；
方圆二里攒动人头。

要看"耍把式"去天桥，那是不会有错的。

文化学者、民俗学家、曲艺艺人、本地平民连同四方游客……不同身份的人都对天桥有话要说。

有人说："天桥的灵魂在于它独具特色的传统民俗文化。"

有人说："倾城车马下天桥，多少游人不忆家。"

也有人说："天桥是旧式的平民文化宫。"

更有人说："天桥是我童年时代的乐园。"

——所有这些，都是对于天桥民俗历史的深情记忆和亲切缅怀。毕竟，如今的天桥已经面目全非，再不是"完全平民化之娱乐场所"，再不是"北平（北京）社会之缩影"，也再寻不见"艺人如蚁，游人如鲫"的热闹场景。

如今，这一带每晚上演华丽"二人转"的"刘老根大舞台"，虽说要做成"百年老店"，却远不是为平民百姓服务。一壶茶100元谁喝得起？一张票低则300多元、高则8000多元，你会买吗？不少人会买，是那些高官与富商，但绝不是"草根"。

2011年10月，报纸上发布了一个惊人的消息，是关于让昔日作为表演、娱乐中心的天桥死而复生的消息。那些内容相似、表述不同的消息之题目就颇有气魄，如《政府投资150亿打造天桥演艺集聚区》、《天桥打造文化之都演艺区》、《天桥地区打造"京味"演艺区》等。

政府的具体实施计划是，天桥演艺区占地2.1平方公里，直接投资150亿人民币，主打"京味文化"，以京剧、杂技、曲艺等为内容。2020年以前，建成拥有50个剧场的演艺中心。

不知道，天桥会不会像前不久修复的前门大街商业区、更早些时候修复的永定门城楼一样，再次成为一个异地同质的假古董。

试想，哪曾有一个原生态的城市平民娱乐福地，是由政府"打造"出来的？

还是让我们先回到100年前吧。

天桥地区经过元、明、清三代的开发、兴盛、繁荣，到了民国初年，更是成为人口稠密、买卖云集的所在。细心人统计，每日在这里经商卖艺者，竟有2000人之多。

"方圆二里的天桥，曾是北京诸般艺人荟萃之地。自清朝末年至1957年，前后半个多世纪的光景中，相继在天桥卖艺的京剧、评剧、曲艺、武术、杂技等各界民间艺人多达五六百人。这些形形色色的艺人，各有师承，各有特色，许多人都身怀绝技。"

清末民初，到北京的人不到天桥转转，就不能说到过北京。

当年摊贩、艺人齐吆喝，热闹非凡的天桥集市，自从由"小国子"引领见识一番，便很快成为连阔如的心痒之地。

虽然未能亲见，但自称"小北京通"的"小国子"，讲述了连阔如出生前的庚子（前后）时天桥八大怪的传闻。

庚子天桥八大怪是：一、穷不怕；二、醋溺膏；三、韩麻子；四、盆秃子；五、田瘸子；六、丑孙子；七、鼻嗡子；八、常傻子。

八大怪中，有四个说相声的。

前面已经说到"穷不怕"。而"醋溺膏"也是相声行，蓬头垢面，胡子拉碴，能即兴编出各类诙谐诗联，是其一绝。"韩麻子"，别号"鸭儿广"，卖单春（单口相声）的时候居多，俗段子一出他口，竟显"格外玲珑"。"盆秃子"这名字，一听就知是敲瓦盆唱曲的，战国时期的庄子也曾鼓盆而歌，只不过庄子不是卖艺，而是为亡妻鼓盆而已。"田瘸子"擅长

七、天天看不够"耍把式"

练杠子,类似今日体操名将李小双等所为,绝活儿有"沾棍飞"、"攥竿睡"、"鹞子翻身"、"寒鸦浮水"等高难动作。"丑孙子",则以"摔丧盆"而知名,表演相声时披麻戴孝,以博观众一乐。"鼻嗡子",也是唱曲的,鼻塞两竹管,腰系一铁壶,吹、敲、唱同步。"常傻子",可不傻,砸石子买增力丸,他有功夫能用手掌砸碎石子,非吃丸药所致,人见真功夫以为是真药性。

至于辛亥革命以后的天桥八大怪,对连阔如这样年龄的小孩子来说,已经是见怪不怪。不就是——"耍蛤蟆教书的老头儿(大小蛤蟆叫,权当师生在叫)"、"老云里飞说《西游》卖药糖"、"花狗熊鼻哨吹戏"、"耍

劳动人如若筋骨疼痛,风寒麻木,立刻就不能挣钱,他们都买那大力丸,花钱不多,吃了就好

金钟的(利用光学原理使画面具有动感)"、"傻王断石(气功破石)"、"赵瘸子一根半腿盘杠子"、"志真和尚卖切糕丸(铁锤捶胸自称药丸健体)"、"程傻子顶宝塔碗(杂技)"。

连阔如这时寄居在一个远房舅舅家,兜里没钱实属正常。他"巡视"的范围,不出江湖买卖的界限,即只在露天地界打转儿,不进像样的棚子、馆子。他除了转转眼珠、挪挪脚步以外,甚至无需丁点的破费。然而收获却不小,所闻所见皆学问:说相声的、说竹板书的、唱大鼓的、唱坠子的、摔跤的、变戏法的、卖药的、算卦的、点痣的、打把式卖艺的……皆属他后来在《江湖丛

在各市场庙会有练把式卖艺的,江湖人调侃儿叫他们为"挂子行"。他们得嘴里有把式,身上有把式才能挣钱哪

七、天天看不够"耍把式"

谈》中提到的"金、皮、彩、挂、评、团、调、柳"——这八门生意。

"金"——是算卦相面；

"皮"——是挑方卖药；

"彩"——是杂技戏法；

"挂"——是练武卖艺；

"评"——是说书评书；

"团"——是相声口技；

"调"——是坑蒙拐骗；

"柳"——是大鼓竹板。

不知为何"金"这门生意是指算卦相面，也许是容易赚钱吧。小孩子不想算命。再说，他看过一种用"灵竹"算卦的，全是骗人。用两根小竹竿放在手心，通过竹竿的分合来判断人的生日。当算卦的数到生日那天时，来算卦的人内心一动，手上一晃，竹竿势必合拢。这都是孩子才玩的小把戏。

说到挑方卖药的"皮"的生意，也没兴趣。

杂技的"彩"看一会儿就腻了。

至于"评"和"团"嘛，评书、相声等平时听得多了。

连坑带骗的"调"，看它干嘛，想要被坑、被骗？

唱大鼓、敲竹板的"柳"，那都是大人们的消遣。

看来，这江湖八门生意中，还是"挂"的买卖最好玩，哪个男孩儿不敬畏习武的把式？

天桥武行那些练把式卖艺的，都是武术家或半个武术家。

连阔如常站在刀枪架的旁边看热闹，他不光用眼睛看，还用脑子记。他的脑子好，卖艺人开场说的什么，过耳不忘：

"净说不练那叫嘴把式，尽练不说那叫傻把式。若要是连说带练，练到了，说明了，好叫人爱看。我们可不敢说练得好，是才学乍练，练得好，练得不好，众位多包涵着瞧。我们爷几个是才来到此地，实在眼拙，不知道哪位是子弟师傅。如若知道了子弟师傅们住在哪里，必然登门拜访。今天我们俩人要练一套单刀破花枪，众位看他那条枪怎么扎，我怎么冒险进招。常言说得好，大刀为百般兵刃之祖，花枪是百般军刃之鬼，大刀为帅，棍棒为王……我们练完了，大把往里扔钱的，我作个揖！"

练把式的练的什么，连阔如记不太清了，但对"挂子行"卖艺人的好"钢口"（能说善辩）却印象颇深。

把式场也是各式各样的。

公平市场里有位60多岁的老汉，叫孟继永，是河北省武邑县人，身体强壮，性格爽直，人送绰号"孟傻子"。

连阔如爱看他用大白在地上画画，画个人头，耳、目、口、鼻清清楚楚，上面各放一枚铜钱，然后手里拿着"甩头一子"（即三米多长的绳子作势，一头系个镖），开始"圆粘子"（招揽生意）：

"我是镖行的人，在前清的时候做过保镖。如今，有了火车、轮船、邮电局、警察署……我们的镖行买卖没了，镖行的人，不是立场子教徒弟，就是给有钱的富户看家护院，我是拉场子卖艺。我拿的这东西叫'甩头一子'，就是当年黄三太使用的家伙。黄三太是康熙年间浙江绍兴府的保镖，人称'金镖黄'，是'神镖'胜英的徒弟，因凑钱给清官彭大人运动三河的县官，与铁罗汉窦尔墩结下冤仇，在山东德州李家店，定下比武约会。黄三太用三支金镖、甩头一子赢了窦尔墩。三支金镖压绿林，甩头一子定乾坤，一口单刀纵横天下！今天我孟傻子练练这甩头一子。这个东西，不用时往上一缠，用的时候一抖就开。远打一丈多，近打二三尺。用足蹬着绳儿打，叫狮子滚绣球；在腿底下转着打，叫张飞骗马；在胳膊上盘着打，叫盘肘；在脖子上绕着打，叫缠头裹脑。"

他一边说一边练，威风八面，气势逼人。只见他用"甩头一子"，忽而打画在地上的人头左眼，忽而又打右眼，手起镖头落，铜钱响叮当……

连阔如还喜欢看"弹弓子张"（名叫张玉山）的表演。

他在前清当过官差，后来遁入江湖，不仅会打弹弓子、会武艺、拳脚棒,而且还得正骨科的真传,凡是闪腰岔气、错了骨缝,经他手一捏就好,真正是手到病除。

只见这张玉山神闲气定,在空地的场子里,立根竹竿,上面悬面巴掌大的小铜锣,手持弹弓,扣上弹儿,正打、反打、横打、竖打、蹲着打、卧着打、仰面朝天躺着打,弹无虚发,竟然都将弹子打在那面小铜锣上。

他先敲铜锣招揽生意,等围观的人多了,再在茶壶嘴上放个铜钱,铜钱上摆个泥弹。他站得远远的,至少二三十米开外,打出去的弹子,正好打落茶壶嘴上的泥弹,可那枚铜钱不掉,茶壶嘴也不伤。看者一片惊呼,人人叫好。

每回要让观众掏钱的时候,"弹弓子张"总是有那么一套荤素搭配的夸说:

他在茶壶嘴上放个铜钱,铜钱上摆个泥弹,他站得远远的,至少二三十米开外,打出去的弹子,正好打落茶壶嘴上的泥弹,可那枚铜钱不掉,茶壶嘴也不伤

"瞧呵，我今天要给大家伙表演一回'弹打弹儿'。

我用弹弓往天空打出个弹子，那弹子像鸟儿一样往起飞，不等它落下来，我紧跟着再用弹弓打出个弹子。后打出去的弹子，追上先打出去的弹子，两个弹子撞在一起，那后打出的弹子把先打出的弹子打碎了！

我要是打好了，请大家给我喊个好；若打不好，请大家少安毋躁，让我再试一回，俗话说'试不过三'，人不寒碜……"

"弹弓子张"打弹子从未失过手，可谓百发百中。

他总是一早一晚，打那"弹打弹"，为的是能在一天开始的时候聚拢人气，占领市场；在一天结束的时候，聚拢钱财，占有利润。早晨，他不打"弹打弹儿"，人家不来；晚上，他不打"弹打弹儿"，人家不走。

江湖中人管使用这种吸引人驻足的方法，叫做"拴马桩儿"。那些看客呢，在江湖艺人眼里，恐怕个个都是整天戳在那里，只会摇头晃脑的木桩。

八、七岁孩子做"卧底"

正是：
耳聪目明全凭好奇；
狼心狗肺只因贪欲。

"卧底"，在今天已经是一个常用词了。

21世纪初的影视片中，包括警匪片、战争片甚至历史片都常有"卧底"的角色出现。

所谓"卧底"，即"打进敌人内部"的意思。而国际间谍也可以称之为"卧底"，只不过地位高一些，技能高一些罢了。而我们在荧屏中所见，多是被某某政党或组织机构所派的刺探情报者，他们大多身怀绝技，且对上司忠贞不贰。

在20世纪二三十年代，少年连阔如不属于任何团体，也没有被任何人指派，全凭他个人喜欢冒险、喜欢探寻世事究竟的性格，在险象环生、命运叵测的江湖上，做着自己对自己负责的危险、刺激的"卧底"工作，且干得相当出色。

纵览神州大地，江湖无处不在。但是，若论江湖的险恶程度、组织的严密程度，手段的高明程度、老千的诡诈程度，当然还是当时的京师更属上乘，首善之区的人要是做起首恶的事情来，也同样是顶级水平的，不言而喻。

一般人不知道"老千"为何物，老千，即江湖骗子之首领、江湖上某地某处的头号人物，是一个典型的江湖术语。

至于它的来历，其说不一，有的称一清朝秀才钱财丢尽后变成盗匪四处行骗，绰号"老千"；有的称《孙子兵法》之作者孙子在书中谈兵，说到"兵者诡道"，乃为老千之术的开山始祖。其实，简单地理解就够了，"千"是"骗"的谐音，江湖人不好意思直说自己是"老骗子"，就说自己是"老千"。

连阔如在他三十而立时，写出了轰动文坛的《江湖丛谈》一书。但他真正为写此书所作的准备工作，是从六七岁开始的。六七岁的孩子谁去防范？做个"卧底"最为隐蔽。

对于一个天生具有江湖气质的人来说，在京城做"卧底"实在是太有趣了。一次，他到同学家去玩儿，偶尔发现其父亲开命馆（算命馆）兼卖药，门前挂一招牌——"圆光寻物，专打鬼胎"。

所谓"圆光"，就是指能帮人指点迷津，比如丢了东西能给你圆梦似的"圆"出是谁偷的。而"打鬼胎"，就是指谁家有邪魔外祟，可以代为捉妖。

有些卦馆门前写着八个大字："圆光寻物，专打鬼胎，"不知内幕的会以为谁家丢了东西，他们圆光圆得出来是何人偷去；谁家有邪魔外祟，他们会捉妖

连阔如与同学正玩耍时，听见一仆人扮相的人进来与命馆主人的一段对话：

"先生，什么叫打鬼胎呀？"

"凡是姑娘受了邪魔外祟，无夫而孕，或妇人的丈夫不在家，有了孕，都叫鬼胎。这胎要是不治，长成了形，生养下来不定准是个什么东西。这鬼胎不仅可怕，传说出去，也真寒碜。"

"鬼胎怎么打法？"

"两种方法。一个极快当的法子是用针扎；还有一种治法，是用吃药往下打。"

"用汤药啊，还是丸药呢？"

"丸药。"

"丸药便利极了，多少钱一服呢？"

"150两银子一服。"

连阔如年龄虽小，却听出来这里有诈，他知道"150两银子"是什么概念，哪有这么贵重的中草药呢？何况只是打个胎呢？他暗自心里不忿：这不是讹人吗？

那仆人模样的人也奇怪地问：

"这药怎么这么贵哪？"

答曰：

"这药有上等的朱砂，一两二钱银子一钱；这里头还有好麝香，叫当门子麝，每分卖二两四钱银子，这两种药就贵极了，别的药还有贵的哪。可是，这药虽贵，有几样好处，吃下去人不受伤，一天的工夫，准能把鬼胎打掉。"

"吃了要不灵验呢？"

"不管事，原钱退回。"

"先生，你给配这药吧，我留下50两银票当做定钱。明天我一定来取。那100两银子我明天给你带来。"

这时，听到命馆主人长出一口气，徐徐地问：

"你贵姓啊？"

"我姓蒋。"

等买药的仆人刚走出门，命馆主人就把儿子叫过来：

"你快追那个买药的，在他后头跟着，瞧他进哪条胡同进哪个门，然后你打听那门是谁住着，你再回来。"

自鸣得意的命馆主人，还向妻子夸耀说："这仆人一进来，我就猜出他与主人的姑娘小姐勾搭上了，出事了。你没见这仆人穿得整齐，长得英俊，他主人家定是个阔家。这钱也是他们家小姐花的。我和他要150两都没驳回，大约花几百两也花得起。我还要少了呢！"

儿子不一会儿就回来了，问清了那仆人住在东四某胡同某宅，是个大富的人家。父亲给了儿子五两银子去药铺抓药。

细心的连阔如随同学前往药铺，用铅笔把这"珍贵"药方抄录下来：

"三棱、峨术、水蛭、芒虫、乌头、附子、天雄、牛膝、薏苡、蜈蚣、红花、大黄、芒硝、桃仁、杏仁、黄花、沉香、朱砂各等份。蜜制成丸，黄酒送下……"

堕胎药吃下后，见了效。

命馆主人又以200多两银子卖出了避孕药，实际上是"绝胎药"，服此药者，将终身不孕。江湖人管这号"绝人后"的买卖叫做"变绝生意"，走江湖者都对此嗤之以鼻。

九、八岁失学，东安市场兜圈子

正是：
辛亥革命国体变更；
乱世陡增失学儿童。

1911年，八岁的连阔如失学了。

想必那一年北京的失学儿童很多。当时，北京到底有多少适龄学童？有多少遗留的私塾仍在上课？又有多少新式小学堂开课？第一个新式小学校属谁？对于这些简单的问题，今天的教育界研究人员竟然拿不出答案，说不出具体数字，只是敷衍："1905年（废除科举考试制度），各类八旗子弟学校率先得以改造，成为京城首批官办中小学堂。"

倒是告知："北京第一所小学校——崇文区前门小学，是拥有140年历史的名校。其前身是始建于同治七年（1868年）的'巴氏觉罗'学堂。民国初期，更名为铁柱宫小学。1934年，改名为打磨厂小学。"

事实上，民国元年（1912年）府学胡同实验小学创办，校长李栋，初级班学杂费1元，高级班2元。民国八年（1919年）北京大学附设民众学校，校长曹鹏翔，学生免费。

既然国家处在大动荡时期，风雨飘摇；那么每个家庭也同样难得安稳，变故难测。

连阔如也交不起学费了。

连阔如和二哥寄居在一个远房舅舅家里。母亲出去做家政服务，说是家政服务，其实就是佣人。她时常送少许抚养费给舅舅。八九岁的男孩儿最贪玩，连阔如经常跑到位于王府井北口的东安市场兜圈子。老北京人管闲逛叫"兜圈子"。

老人闲来遛弯儿，妇女没事逛街，顽童到处兜圈子。

东安市场位于王府井大街中段。

王府井大街始建于元代,曾有"十王府街"(明代)、"王府街"(清代)、"莫理循大街"(袁世凯当政时期)、"金街"(1949年后)等名称。

1998年,王府井的"井",一眼自明中叶以来拥有近400年历史的"铜井"被发现。"铜井"井深7.2米,水深3.19米,水质清澈透明,甘甜可口,井壁由青砖砌成,涂有黄色铜粉涂料,故名。

诗曰:"流水商业街,盘龙青铜井。市声似鼎沸,王府如海静。"

如果说王府井大街是一条项链,那么东安市场就是项链上的一颗钻石。

连阔如与东安市场有缘,他俩同庚,都是1903年出生。

光绪三十年(1902年),慈禧动用巨款修缮颐和园,并决定整修内城道路,将已经废弃的八旗子弟练兵场改建成商品市场,因为临近东安门,取名东安市场。

东安市场,是北京20世纪最早开办的一家综合性大商场,店铺挨着店铺,小摊连着小摊,各种生意人都有,也有许多茶园、戏院、影院、台球及乒乓球社等娱乐设施。

在连阔如六岁的时候,即宣统元年(1909年)出版的《京华百二竹枝词》(清·兰陵忧患生著)中是这样描述的:

> 新开各处市场宽,
> 买物随心不费难。
> 若论繁华首一指,
> 请君城内赴东安。

剧作家吴祖光曾说:"最吸引我的地方是吉祥戏院左侧的一片露天空地,叫做杂耍场,里面有变魔术的、摔跤的、攀杠子练武术的、拉洋片的、踢毽子的、说书的、唱大鼓的、说相声的、算命的、卜卦的、代写书信的,其中最使我感兴趣的就是说相声的……"

九、八岁失学，东安市场兜圈子

连阔如喜欢逛东安市场，从孩提时代直到晚年一直如此。

他早年在这里玩耍，晚年在这里说书。而这里兴盛一时的吉祥戏院、书茶馆等组合而成的游乐场所，也被称为北京曲艺的发祥地之一。

1906年，东安市场上出现了一个被人们称为"小天桥"的游艺场，吉祥茶园在这一基础上建成。1908年2月9日吉祥茶园开始营业，后来改名吉祥戏院。

早先，北京内城没有戏园子。有个人叫刘燮元，是内廷大公主府的总管事，有权有势，结交广又爱听戏。他看准了新建的东安市场。吉祥茶园就是刘燮元出钱所建。当时设备简陋，只用杉篙苇席搭个大棚，戏台不大，台下摆着长桌条凳，进茶园有人给看座，茶房沏上茶要茶钱，不卖戏票。谭鑫培、杨小楼、余叔岩、梅兰芳、尚小云、程砚秋、荀慧生、高庆奎、马连良、言菊朋、金少山、裘盛戎、袁世海……几乎每一位京剧名角都在吉祥茶园演过戏。

进了热热闹闹的市场，首先吸引连阔如的是一片空地上的杂技表演场。一个又黑又胖的和尚，名叫马万宝，擎着顶门杠一样粗的双臂耍大钹，阳光下，晃得人睁不开眼，放下钹就开说：

> 血脉好似一长江，
> 一处不到一处伤。
> 寒处就成病，
> 血热就成疮。

爱听评书的连阔如被他的好说辞给说定神了，接下去的说辞是：

"真头疼必死，真心疼必亡。想当初，曹操真头疼而死，姜维真心疼而亡。我们人得的是肚腹疼痛，共分九种，食疼打饱嗝，寒疼着凉重，气疼两肋攻，水疼轱辘辘，虫疼胃酸水，五积疼，六聚疼，七症疼，八瘕疼。"

耍大钹的和尚原来是专卖大力丸的卖主。有时，他也专演杂技，与十几个人一起练三把飞刀,耍飞钹,使鸳鸯棒,踩铁绳,让人看得眼花缭乱。

连阔如边走边看,这里好玩的东西太多,只嫌一双眼睛不够用。抖空竹的常立全师傅,抖一个不过瘾,还能一同抖两个,花样多得甭提了,什么王瓜架、猴爬竿、反插腿、正插腿、倒爬绳、回头望月、枯树盘根……几十个招式,各有说辞。

看了杂技看算卦。

卦馆的名字起得特别,叫"问心处"。馆主人姓赵,摆八岔子。八岔子,又称"奇门卦"。也有做"哑相"生意的。相面的先生坐在地上,装作哑巴,小摊上有牌子写着:

　　坐地不语,
　　我非哑人。
　　先写后问,

在各市场各庙会常见有一种相面的先生,坐在地上装哑巴,在他那摊子上有个玻璃镜框儿,内写"哑相"二字

概不哄人。
父母双全,
父母不全,
兄弟几位?
妻宫有无?
有子无子?
子宫几位?

看相面的人,围了一大堆。当有人听到"白送手相"时,就麻利地伸出左手来。只见相面先生在他的手掌上写了四个字:"二虎争食。"被看手相的人笑了,点头称是,于是,又要看面相。连阔如年龄还小,不知道算命是蒙人的玩意儿,看着这些大人行为好古怪,觉得有趣,也想弄个明白。

最吸引连阔如的地方,要算是东安市场中的戏园子和书茶馆(书曲茶馆)了。

当时北京设有多处"书曲茶馆",可一边品茗,一边欣赏传统曲艺。北京人喜欢花茶,也有自备茶叶到茶馆品饮的习惯,由茶馆供应开水,只付水钱。连阔如见仁义轩的门口,贴了张"刘继业说《济公传》"的广告。夏天天热,店铺、戏院门窗大开。连阔如也不进茶馆,只是站在窗外听说书。刘继业长得又瘦又小,脸上略带些麻子、雀斑,故有人开玩笑形容为"梅花盘"。刘继业说书的语音语调没有什么出奇的地方,只是包袱抖得好,抖得脆,且接连不断,不逊于相声,甚至超过相声。包袱中的荤、素、蔫三样齐全。所谓荤,就是儿童不宜;所谓素,好比雅噱文哏;所谓蔫,就是指不露声色。有了这三个佐料,评书就不显得平、慢、拖。

连阔如有时能从下午一直听到掌灯时分,听过的书就记在心里,就像种子撒在了泥土中。

十、好好照相馆，毁于温柔乡

正是：
寒门之子任凭闯荡；
富贵人家毁于奢望。

俗话说："半大小子，吃死老子。"

两个半大小子奔锅台，让掌勺的母亲实在尴尬。母亲在银碗胡同（北京站附近）一个富贵人家当佣人，所挣不过仨瓜俩枣，无米之炊，实难为继。银碗胡同可有来历，传说当年明代奸相严嵩被罢官后，曾手捧银碗在胡同口乞讨，因此而得名。

虽说北京东富西贵，但在皇帝刚刚被推翻、民国政府一片混乱的局面之下，没有几户人家能有殷实安稳的日子。母亲做佣人的差事也是朝不保夕，随时都有被辞退的可能。没办法，母亲只好把14岁的老二毕毓璋、12岁的老三连阔如（原名毕毓珍）叫到身边，说：

"妈妈实在是养活不你们哥俩儿了，书念不成也就算了，肚子总不能老是空的不是？城里物价太高，买什么都那么贵，你们还是一同回河北老家去吧。好歹在农村也许还有机会填饱肚子，你们还都在长身体啊！路上要小心，你们互相照顾啊！"

河北清河是外祖母的老家，兄弟俩人听从母亲的嘱咐，上路了。上路的理由无他，去找饭辙。在两个儿子走后不久，母亲也离开北京去外地寻找生路了。

那时代，那年月，举国上下，人心惶惶；大江南北，兵荒马乱。1912年袁世凯大总统当政不到两年，就密谋复辟封建帝制，重登皇帝宝座。各地大小军阀们则拥兵自重，称霸一方，各怀鬼胎，各不相让。城市生活秩序难以维持,乡村农民也不免饥肠辘辘。不出俩月,过惯城里生活的连阔如小哥儿俩,就耐不住乡下的贫穷、寂寞,咬着牙步行百里,又回到京城。

正值立冬,朔风刺骨,连阔如和二哥毕毓璋都是一身单衣,一路上把路走迷了,也把鞋子都走丢了,可怜巴巴地光着脚,去面见正在前门担任卫戍部队守城兵的大哥毕毓宝。

大哥的腰里挎着城门的钥匙,每天早晚负责启闭城门门户。一个月挣6块大洋的津贴,虽不富裕,尚能糊口。他见弟弟俩破衣烂衫,逃难似的,马上拿出钱让他们先去洗澡、剃头,又到估衣铺(旧时专卖旧衣服、次等新衣服的商店)买回些旧棉袄、棉裤,然后三人到饭馆饱餐一顿。

大哥知道二弟憨实,脑子不像三弟那样灵光,就给他找了个简单的营生,让他在廊房头条的天宝金店做个小伙计,给人拉风箱。白天干活,不拿钱,有饭吃,晚上则有地儿睡。大哥对老板说:"身来口去能管饭就得。"

估衣行的买卖情形最复杂,规矩亦与普通的商业不同

三弟连阔如聪慧、机敏，大哥为他找的差使也灵活变通一些。连阔如在大栅栏迤西的杨梅竹斜街一带，观音寺旁的亨泰照相馆做店员干杂务。当时，京城的照相馆不多，属于前卫、时尚的买卖，光顾者多是追求时髦的上层人士或富家子弟，在这里做店员是很体面的事。这让少年连阔如通过耳濡目染，增长了不少见识。

　　说起这照相馆近旁的杨梅竹斜街，不能不提到两位常在此勾留的名人，一位是文豪鲁迅，另一位是将军蔡锷。鲁迅于1912年5月，到北京的北洋政府教育部任职；蔡锷于1913年10月，来袁世凯大总统府上参政，两人经常光顾位于此地的青云阁，品茗，饮酒，就餐，会客。特别是护国将军蔡锷逃脱袁世凯的控制，返回云南组建护国军前，与掩护他的风尘女子小凤仙的频繁约会，就在此处。

　　说不定，当时十二三岁的连阔如，真的在杨梅竹斜街、观音寺或青云阁见到过峻眉冷眼的鲁迅或英武帅气的蔡锷。只不过即使面对面相见，连阔如恐怕也认不出这两位赫赫有名的长者。

　　乳臭未干的少年连阔如，眉目清爽，面相可人，且心思灵活，人小鬼大。他很快就跟年长的师傅学会了调灯光，洗相片，接送客人殷勤有礼，收纳银两笔笔清晰。眼里有活，手脚麻利，当然让老板满意，他自己也挣钱不少。

　　民国初年的北京，无论是繁华热闹的街市还是娱乐休闲的场所，大多荟萃南城。有人统计，当时全城80%的剧场影院、报馆报社、酒肆茶楼、知名饭庄与游艺场所等文化娱乐休闲设施，都集中分布在后世命名的所谓"宣南文化圈"。

　　1914年，即民国三年，北洋政府成立京都市政公所，并实施了一项城市开发建设计划——"香厂模范新市区规划"。香厂，即今天虎坊桥迤东的香厂路与万明路交叉地带。在此规划区内，曾经修筑了14条沥青公路，以及架设电线、电话线，铺设自来水管、下水管等城市基础设施。1917年由英国人设计的七层大厦"香厂新世界"建成，乃京城最高、规模最大、设施最先进的娱乐中心。1918年东方饭店在此落成。

正是在香厂路与万明路交叉路口,曾建有欧式圆形中心广场。据考证,这里诞生了北京第一处路灯和第一个交通岗亭。

亨泰照相馆处在"宣南文化圈"的中心地带,且毗邻烟花之地、温柔之乡。

照相馆的大掌柜,正值盛年,家眷不在身边,心火每每旺盛。他得闲就到游艺园(今日友谊医院位置)去做客,到"王、皮、韩、朱、百、陕、胭、石"这八大胡同的青楼去玩耍。如今,北京人已经很难说出昔日"红灯区"这八大胡同的确切名号了,大约是:王广福斜街、皮条营、韩家潭、朱茅胡同(一说李纱帽胡同)、百顺胡同、陕西巷、胭脂胡同(一说胭脂巷)、石头胡同。民间流传的一首《八大胡同联名诗》,小有文采于其中:

陕西巷里觅温柔,
店过穿心回石头。
纱帽至今犹姓李,
胭脂终古不知愁。
皮条营有东西别,
百顺名曾大小留。
逛罢斜街王广福,
韩家潭畔听歌喉。

结果,原本还算红火的照相馆,生意逐渐萧条。时日无多,便因经营不善,导致外债累累,只能勉强支撑。对照相馆最后的一击,可谓致命。当局以为青楼烟花女子拍"荤照"、扰乱治安、有伤风化为由,硬是将照相馆查封了,房屋和买卖转让出去,改做饭馆。

十一、不做店小二，只身闯天津

正是：
津渡在天渡我少年，
关卡设地卡他老千。

"老千"乃江湖称谓，即欺诈行骗的头领，因擅长于"千术"（诡诈之术）而得名。

且说连阔如做杂务的照相馆，如今改做饭馆生意，那老板姓钱，性格也随其姓，只认钱不认人。

钱老板让小连阔如做跑堂儿的，活干得不少，饭却不让人吃饱。从照相馆店员到小饭馆跑堂儿，这种角色与身份的置换，使连阔如好不郁闷。看人脸色、被人呼来唤去不说，擦桌子的油污，洗盘子的残羹，倒泔水的腥臭，都是英俊少年所不愿为的事，一天的体力劳动也让他吃不消。

他琢磨着跳槽。

驽马恋栈，良驹跳槽，贤愚有分，古来如此。

连阔如等待着机会。

一个吃得满嘴流油的胖家伙，带个呆傻儿子来打牙祭，见"店小二"全无猥琐之相，更没有卑贱之态，浓眉如鹫，双目炯炯，鼻直口方，皓齿唇丰，先就不快。

再见他上菜时，步履轻盈，脊梁挺直，大模大样有如哪家客官，就更是不爽。

于是，他对连阔如三遍五遍地支使不说，还强迫连阔如用毛巾给他的傻儿子揩鼻涕。

结账时，这胖家伙故意掏出2元大票，让连阔如跑腿，去街对面的鼎丰银号去换钱。拈着2元大票，连阔如寻思：

"听说妈妈在天津的租界给人家当佣人,我拿这2元钱坐火车去找妈妈算了!天津离海不远,我连大海是什么样还不知道呢。再说,'小国子'说过,天津有个'三不管',和天桥差不多,到处都是艺人,能听相声、听评书。三十六计,走为上!"

于是,他进了银号,又马上出来了。

左左右右地瞧瞧,没见那大胖家伙和傻儿子的影子,便回头向着小饭馆的窗户招一招手,示意辞别。然后,一溜儿小跑,直奔不远的前门火车站。

对于少年连阔如来说,前门火车站可太熟悉不过了。

也是这么凑巧儿,和前面说过的、建成于1903年的东安市场一样,这座像西洋玩具一样的前门火车站也是1903年所建,还是与连阔如同庚,算是同年出生的兄弟。

再说那从这里出洋考察的清廷五大臣,有镇国公载泽、兵部侍郎徐世昌、户部侍郎戴鸿慈、湖南巡抚端方和商部右丞邵英,被反清志士、革命党人吴樾投掷的炸弹所伤,人未死,但出行泡汤。那是1905年的事情,连阔如只有两岁,都是从长辈那里听说的。

但孙中山先生1912年8月24日从这里走下火车,连阔如是见过的。那时,连阔如九岁,是和小朋友结伴来欢迎民国"国父"的,举着小旗子,燃放爆竹,跟过节一样。袁世凯还假惺惺地将从前只有皇帝才能通行的正阳门箭楼城门打开,用前清摄政王那辆朱漆、金轮、白马拉的马车,将孙中山先生接到外交部街(石大人胡同)原招待外宾的迎宾馆。

至于被慈禧太后视为"非我族类"的异物——喷火冒烟的火车怪兽,少年连阔如却没当回事儿。

没坐过火车,还没听过汽笛响?家里的壶开了冒烟,火车开了也冒烟,有什么呀?!

连阔如决定不买票,把2元钱藏在鞋窠里。

他站在火车站的站台上,眼睛直勾勾地盯着带大壳帽的铁路员工。大壳帽上，两边带有飞鹰的图案，中间有一个火车头。

他心里想着：

"老鹰在天上随便飞，飞到哪里都不要票，也不要钱。难道我连个老鹰都不如？就不买票！"

壮实的铁路员工对他说：

"你愣着看我干吗？到一边去。"

连阔如模仿（从书馆里学来的）乡下人的口音说：

"叔叔，俺和父母一起坐火车来北京，走丢了。好几天了，也知不道他们去哪儿了。俺现在就是想再坐火车回家。"

他被带到火车站站长办公室。

站长说：

"快别哭了。你不就想回天津乡下的老家吗，下了火车还记得老家在哪儿吗？"

"俺记得。"

上了火车，列车长特别关照这位站长托付照看的小兄弟，让他在餐车用膳，结账的事就免了。

刚一下火车，连阔如就傻了。

偌大的天津老龙头火车站，人海如潮，一片嘈杂，乱哄哄地没个秩序，小小少年很快就淹没在潮水中，甚至寻不见他东张西望的小脑袋。可是，有人能寻见，那就是总徘徊于渡口、车站寻觅猎物的江湖老千们和老千们的徒弟。

天津火车站可比北京火车站更有年头和资历。它始建于光绪十二年（1886年），即美国芝加哥工人为八小时工作制而大罢工那年，光绪十四年（1888年）就通车了，是中国最早、规模最大的火车站。1900年，这里曾发生清军、义和团与八国联军的激战。

老千们也在车站盘踞20多年了，他们常将乘客拐骗到偏僻处，或用掉包计窃取财物，或耍些把戏捞取些好处。一黄毛、贼相的半大小子，上前搭讪，连阔如虽小，却是在京城天桥混过的，只是摆摆手，一副胸有成竹的样子，像是有人接站似的。

小黄毛咧咧嘴，向远处观望的老千打个暗号，意思是这"郎不正（坏小子）"不好弄！偏巧，一位穿警察制服的人走过来，见小黄毛拉扯一个外地小乘客，就知道没好事。他挥起警棍在空中比划了一下，吓得小黄毛撒腿就跑，头发竖起，像一片枯草招摇……

13岁的孩子，偌大的天津城，到哪里去找做佣人的母亲呢？

出来时是自作主张，没和两位哥哥商量，现在是举目无亲，进退无路。好在他遇到好心人，临时落脚的鸡毛小客的主人仁慈，又见这少年英俊、灵光，便介绍他到位于北开区的一家徐记杂货铺当学徒。

"云水无拘束，江天任去留。"

从此，连阔如开始了八年浪迹天涯的江湖生活，为他20年后撰写《江湖丛谈》积累素材。

十二、天津租界跟踪假乞丐

正是:
酷爱读书随处学堂;
世事洞明未必文章。

天津,乃由明朝皇帝朱棣于永乐二年(1404年)传旨"筑城浚池,赐名天津"后所建,取其"天子津渡"之意。

颇有讽刺意味的是,"天子津渡"到了19世纪却变成了"列强津渡",大沽炮台一再失守,而船坚炮利的洋人一再从这里登陆,袭扰京畿,甚至让天子逃遁。

虽说北京离天津不远,只有100多公里距离,但两座城市的格局却大不相同。北京是主动建成的帝都,而天津却是被迫开放的通商口岸。

第二次鸦片战争结束时的1860年,中英、中法签订了《北京条约》,条约的第一项内容就是"开天津卫商埠"。至此,天津,与1842年第一次鸦片战争结束后,根据《南京条约》开放的五个城市——广州、福州、宁波、厦门、上海一样,成为沿海的通商口岸。

20世纪20年代的天津,从建筑上说,可谓中西合璧;从生活方式上看,正是古今兼容;从城市规模与繁华程度上讲,甚至被称为仅次于上海的"亚洲第二大城市"。它是当时中国北方新思维、新时尚的重镇,也是"洋务运动"的基地,更是工商业大都市和金融贸易中心。

同时,在北洋政府换总统如换衣裳的荒唐统治下,军阀割据,内乱频仍。天津的九国租界区号称"万国博览会",英、德、日、俄、法、美、意、奥、比等不同风格的建筑在这里争奇斗艳。

二次鸦片战争以来的50多年间,外国侵略者在天津建起了8倍于老城区面积的租界地。

除了洋人聚居，从北京迁居至此的末代皇亲国戚、军阀官僚、富商政要、社会名流等，也纷纷置产业，建别墅。如袁世凯、黎元洪、冯国璋、徐世昌、曹锟等大总统，都在这厢拥有自己的房产、寓所乃至企业。

海河两岸，传奇的故事多多。

1900年抗击八国联军入侵，聂士成在这里殉国；末代王朝覆灭，溥仪在这里流亡；南开学子满腔热血，周恩来在这里读书；铁血将军捉蒋抗日，张学良在这里恋爱……

单就城市居住区来说，租界该算是中国最富有的区域之一。这里的银行、商店、影院、俱乐部、夜总会、劝业场、赛马场等商业消闲娱乐场所鳞次栉比，高档饭店如惠中饭店、交通饭店、国民饭店、中心花园、中原大楼等灯红酒绿。富人们住在一幢幢欧式小楼中，冬天用天鹅绒的窗帘挡在窗前。壁炉炭火正红，主人穿着睡衣还冒汗，慵懒地叼着雪茄，品着白兰地，听唱盘里传出缠绵的曲调。楼内楼外两重天，一到寒冬腊月，海河冻僵的时候，街道上就会出现一些半裸的乞丐，头上不戴帽子，袒胸露背，下面只穿一件单裤。

连阔如本来在北开区徐记小杂货铺当伙计，得了场病，使他变成了回春堂药店的学徒。

药店位于北开区仙源里40号，老板名叫杨春山，是他治好了连阔如的病，又把他从杂货铺挖过来。看中的，是他的玉树临风、聪明伶俐。杨老板夫妇俩有一千金待字闺中，他见面前这位皇城北京来的"客人"举止不俗、言语铿锵，先就从心里喜欢，一心想收他为徒也是另有所图，想为自己的女儿觅个前途。

论年龄，连阔如还属童工。

他平日跟师父学配药、秤药，闲下来时以抄写药方子为乐。中药方子里常会有一些生僻字，认字又成为他的一个爱好。时间不长，字认得多了，药物知识也懂得多了。师父看他好学，还时不时把自己收藏的《黄帝内经》和《本草纲目》等医药古籍借给他看。

连阔如买来牛皮纸的小本本，点灯熬油地抄录精华。日积月累，牛皮纸的小本本积攒了一大摞，不大的人儿却有了些书卷气在脸上，是个文化人就能读出个一二。

除了阅读古代医书，他还爱读新潮报纸。

当时的天津是北方报业之都。英达的曾祖父英敛之1902年创办的《大公报》最为著名，其宗旨为"忘己之为大，无私之为公"。比利时天主教神父雷鸣远1915年开办的《益世报》，虽声望居次，但创办人的心声"我为爱中国而生，我为爱中国而死"却传诵至今。民国四大报纸（另有《申报》、《国民日报》），天津有二。

以上二报，加上1907年创刊的《醒俗画报》，都是连阔如平时接触最多的纸媒体，从中见到有趣的事情和有才的文句，他也掏出小纸片记录下来。

看书和逛街，是他业余生活的主要内容。

看书，是逛无形的街；

逛街，是读无字的书。

药店老板杨春山平日喜欢打拳，还是一位远近闻名的太极高手。他当然愿意把自己的这身本事，传给未来的女婿。冬练三九、夏练三伏，不冷不热，照练不误。连阔如的武术童子功就是这样练就的。

天津比北京靠海近，数九寒天，走在海河边的街道上，风利如刀，割人面颊。这里风力大且湿寒，更觉衣单。就是这样的天气，还有乞丐赤身行乞，让连阔如百思不得其解：

他们是真的没有衣服穿？还是故作寒酸惹人怜悯？要是装相就不怕冻坏了自己的身子？

连阔如跟踪上了一个乞丐。

只见乞丐嘴唇冻得像涂了紫药水，哆哆嗦嗦地收了几个学生的几枚铜子，又拿了穿皮大衣人的三两元钱，也就三四个钟头的工夫，已经是大有收获。

乞丐收摊了，不再点头、作揖、舍脸皮子讨要。连阔如满以为他要做的第一件事，就是赶快去商店或价钱便宜些的估衣铺买件过冬的衣服穿，没想

十二、天津租界跟踪假乞丐

假乞丐每逢冬天出去骗财,他出门前,脱光了衣服,打开一瓶烈性烧酒,用一大团棉花沾着红矾(即砒霜),猛往身上一通乱抹,抹完以后,又撒一点儿红矾在酒中,一仰脖吞下肚去,然后,穿上条破单裤,再往身上、脸上擦些炭灰,这才跨出门去"骗活"

到乞丐不是流浪汉,也有自己的宅子。

连阔如远远地瞄着,乞丐三转两转,走进了一处小洋房,半小时后又出来了。

这回他穿着大棉袍,外罩棉马褂,棉裤、棉鞋、棉皮帽……,招手叫过一辆洋车,右手一拢大褂的下摆,非常熟练地跨上车去,稳稳地坐了,仰着头朝天说了句:

"去德国起士林。"

起士林是天津最有名、也是最古老的一家西餐厅,由一位名叫起士林的德国人于1901年开办,属高档西餐馆,一般收入的人家很少问津。

连阔如看着更纳闷:这假乞丐确是假赤贫,但是他赤身挨冻两个时辰却是真的,其中必有秘密。

53

连阔如非要把这假乞丐的秘密探个明白。

好在假乞丐家的小洋房有个天窗,手脚并用就可以接近。连阔如赶在他出门行乞的时间前,趴在天窗窥视,见他脱光了衣服,打开一瓶烈性烧酒,用一大团棉花沾着红矾(即砒霜),猛往身上一通乱抹。抹完以后,又撒一点儿红矾在酒中,一仰脖吞下肚去。然后,穿上条破单裤,再往身上、脸上擦些炭灰,打扮得跟白居易诗中描写的"卖炭翁"一般,这才跨出门去"骗活"。等红矾与酒性一起发作,身上必然火烧火燎一样难受,衣服想穿也穿不住,几个小时在街上不至于冻坏身子。

这样做的结局很是不妙。

每到春天,红矾的毒性一旦发作,皮肤很快就会溃烂,且很难治愈。而这类人呢,利欲熏心以致丧心病狂,明知这种酒喝多了有害自身性命,却只图占得眼前便宜,贪图一时享乐,铤而走险,不顾后果。世界上,总是有这样一类不可理喻之人,他们好逸恶劳的同时,骗取钱财的恶习难改。

十三、西洋寓所认识"敲托（托儿）"

正是：
人生自有福祸凶吉；
急来智短易遭算计。

那是民国四年（1915年）。

国内最大的新闻，是5月9日袁世凯接受日本提出的侵犯中国主权和利益的"二十一条"。天下国人激愤，各地开始抵制日货，全国教育联合会将此日定为国耻日，即"五九国耻"。

江湖骗子不理会国事，也不会因国事而歇手。

天津英租界，顺兴公寓1号，住着一位道人。他号称占卦治病，可起死回生。

骗子偏愿住在阔气的地方，从表面气派来说就能蒙人。

"起死回生"就那么简单？

连阔如天生一颗超强的好奇心，凡事总要探求其真伪。他得空便来到寓所，装作有病的样子，探访道人。

虽然还不到13岁，但他做事已有筹划，显得老成持重，虽然有时也不免轻信上当，却多少显示出与年龄不符的干练来。他叫上有些江湖经验的大哥李辅星，一起来会老道。

事前，连阔如曾在街上遇见道人给人算命，并散发"报恩传单"。传单上写：

"敝人李有仁年近花甲，开洋行以为生。有独女21岁，正在大学读书，因劳心太过，患了干血痨症，半年有余，月经不至，身体瘦弱，体烧不退，皮肤干枯，面色黯黑。遍请名医不能治，只想一心寻死，得遇英租界一道人，先占后诊，妙手回春。余感恩图报，介绍诸多患者于道人，腰腿疼、咳嗽血、梦遗精、不育症、烂毒疮、花柳病……皆药到病除，人人夸赞。诸君细想：财如粪土，命值千金。本送谢礼，道人婉拒。乃印传单，张扬名誉……某某同启。"

连阔如怀揣10多元钱，进了公寓，问那茶房："这里住有能占卦治病的道人吗？"

"有一位。请随我来。"

到一房门前，有个20多岁的小伙子迎上来，递过杯茶，很和气地说："请先坐在屋里等，先生正在里面给一家洋行的老板治病呐。"

轮到连阔如了。

进到里间，只见那道人端坐在一张八仙桌前，桌上摆着六爻卦盒，还有64枚铜钱。

老道指了指桌旁的凳子："请坐。"

他边说边拿起8个铜钱放进盒内，摇了几摇，再往桌上一倒："你这卦，占的不上卦，改日再来占吧。"

连阔如忙问："我不上卦，是什么理由呢？"

"你看，这卦是太极先天卦，系太上老君所留。这种卦没有书，是口传心授的。若将8个铜钱摆得不像卦，就是来人心里不诚，占也是不灵的。"

连阔如无奈，只好从皮靴掖内取出两毛钱给他。

老道摇手："不上卦，不收卦礼。"

连阔如并不走，和大哥李辅星并肩站在门口观望，却见人人都上卦，花10元、8元不等，有位老太太用80元买了一服药去。粗粗一算，一天下来，老道怎么也能有几百元的进项。

这时李辅星有了主意，拉上连阔如走出正门。

他俩绕到公寓后面，纵身翻过铁栅栏，再穿越一片低矮的松墙，轻手轻脚地摸到后窗户窗下。两人背靠着墙壁，竖起耳朵细听。

那老道正没好气地唠叨："今天的买卖很好，只有一个'点头'（来客）不是个正点，是个郎不正（嘎人）。我说他不上卦，把他推出去了。现在还有'点头'没有，等都做完了，咱们再均杵（分钱）。"

一位"敲托"（托儿）说："还有个'点头'。我问她来着，她是给孙食码子求汉儿（那妇人给丈夫求药）。她的孙食码子要念招儿（她的丈夫害眼呐，闹的要瞎），是个火码子（有钱人），你得海抡瓦（大敲）。"

不一会儿，真就进来一位40多岁的妇人。

老道说："你是给丈夫占卦吧？"

"正是。"

"他得的火蒙眼，有6个月了。对不对？"

"正对。"

"他这病我能治，需吃两剂药才能好呐。"

"两剂药多少钱？"

"这种药太贵。吃药连上药得100元。你可以先付50元买一剂药，先吃7天，等见好啦，再拿50元来买那一剂药。"

妇人不再说什么，拿出50元钞票。

连阔如、李辅星二人全明白了：坐在招待室里的人，有的是专门做"敲托"的。他四处打听人们的背景、事由，将人们的话事先套了出来，然后再暗里去告诉老道，岂能不一算一准？

做这种勾当的团伙，至少要有五六人，里应外合，狼狈为奸。那老道是掌穴的，最能敲诈，其余皆为打杂，即敲诈者的"敲托"。敲诈得手后，这些人就地分赃，然后用这些不义之财去吃喝嫖赌。

20世纪初，北平管这类暗中帮忙坑人骗人的人叫"敲托的"、"贴靴的"，到了21世纪，北京人管这种人叫做"托儿"。

十四、"三不管"偷学说书

> 正是：
> 日月光芒随意索取，
> 世间绝技窃得何妨？

在这世界上，不光是各种植物、动物需要特定的生存土壤和生存空间，就连一门艺术也是如此，需要有适合自身存在、发展的空气、泥土和阳光，需要良好的生态环境。

相信评书作为曲艺艺术，即民间说唱文学的一个品种，也会有它感到最惬意的家园。天津的"三不管"和北京的"天桥"一样，虽然显得喧闹无序，却是艺人谋生方便的地方。

话说这天津城始建于明代永乐二年（1404年），总共有东西南北四座城门，东门叫镇东，西门叫安西，南门叫定南，北门叫拱北。遂有"镇东晴旭"、"安西烟树"、"定南禾风"、"拱北遥岭"四景之说。从数量上看，正好比"燕京八景"减少一半。

"三不管"位于天津城南。

其形成原因是1900年八国联军攻占天津后，城墙被迫拆毁，交通更畅，乃促使南市商业、娱乐业更加繁荣。由于底层市民往来其间，被称为"平民游乐场所"。

一踏进小商贩云集的"三不管"，两只耳朵和眼睛都不够用，叫卖声不绝于耳，耍把式的人各逞其能，卖唱的、算卦的、变戏法的、拉洋片的各占一方地界儿，说相声、说评书的艺人则个个有范儿，有的还有绝活儿。较为出名的，有"药糖王"王保山兜售药糖，"布头白"白傻子叫卖布头，还有有姓无名的"瘊子刘"专治瘊子。有人说这里是"畸形繁华"，罪恶渊薮，治安状况不佳，流氓无赖打斗频仍，赌场、妓院、鸦片烟馆不堪入目。因为

十四、"三不管"偷学说书

天津三不管的相声,最可听的是常连安、小蘑菇的相声,一捧一逗,又火炽又严,甚为精彩

民不举、官不纠、洋人视而不见而号称"三不管";也有人认为,是因中国政府、日租界、法租界三方不管而称"三不管"。

连阔如是"三不管"的常客。

在这里,他能够找到北京"天桥"的感觉,找到老家的感觉。一听评书就变成个木头人,一动不动,一站就是几个小时。人家听评书是听着玩儿,过瘾;他呢,听评书是学艺,偷艺。

世上,有两种偷不能算是偷,或者说偷摸不失斯文。即:偷书和偷艺。偷书者,求知若渴;偷艺者,学艺无门。大凡知书达理的正人君子,见此情形,皆可谅也。

至今,天津人都在说:"听不起戏,听得起书。"

59

尤其是在"三不管"这地方,露天说书太容易听蹭。最让连阔如受益的说书人是当时津门大名鼎鼎的张杰鑫。他同治元年(1862年)出生,河北省安新县人,自小习文练武,20岁考中武举,家道中落后迁居天津,住在河北区金家窑。他大器晚成,直到不惑之年才拜艺人王致久为师,并在1915年前后编纂出流传后世的评书话本《三侠剑》,于20年代在《新天津晚报》、《新天津报》连载。

评书《三侠剑》说的是,清朝康熙年间,武林英豪"神镖将"胜英与"震三山"萧杰、"九头狮子"孟凯并称三侠,扬善除恶,替天行道……

让连阔如着迷的,是张杰鑫说书时的武功范儿,尤其是在说长枪书(可理解为正规军作战的书,如《精忠岳传》、《水浒》)时,那一招一式,虎虎生风,一看就是武场上的高人,直让人有"八百万禁军教头"林冲在世的想象。连阔如听得过瘾,回到药店再连比划带说地模仿一遍、两遍、三遍,这评书说表之"艺",不是依然"偷"来不少?

后人无不赞叹连阔如评书的"刀枪架"(京剧武生的范儿),那多少都是少年时代在"三不管"的浸染所致。

还有张杰鑫那独具的"拔口"(可理解为像拔火罐的有劲、有热力的语言),也成为日后连阔如在书场表演时的拿手好戏。所谓"拔口",是将凝聚语言精华的诗、赋、词、赞等聚集在一起,放在评书的开场部分,或作为"开脸儿"(介绍人物)用词,一上来就给观众以强烈的语言美感和节奏感的巨大冲击,并用以突出故事、人物悬念,激活、激发观众的注意力和想象力。

想不到,在这天津"三不管"地界儿,却观摩到北京说书人的表演。

第二位影响了少年连阔如的评书大家,是从北京到天津卖艺的陈士和(1987~1955年)。他是北京人,祖籍浙江绍兴,其父为清朝庆王府厨师,其本人参加过义和团。据说,慢慢地,从上世纪20年代到30年代,陈士和终于在天津评书界坐稳了头把交椅。

他擅长说《聊斋》,经常穿插讲说古代典故是其特点,并善于背诵原著中的诗赋，文气十足。人们都知道连阔如的古代历史、文学知识丰富，也善于解说成语、典故，渐渐养成一种让学者、专家也敬慕三分的史学研究者的风范，这不能不说是受到陈士和的影响。

连阔如每听陈士和说一则有趣的"赞儿"或"赋儿"或典故、掌故之类，就马上用笔在他那牛皮纸小本本上记录下来。回去后，反反复复地背诵，直到背下来为止。这还不够，还要背得一个磕巴不打，背得倒背如流，如同从自己小小的胸怀间涌流出来……

连阔如是那种沉潜、内敛的孩子。他善于自学，先是无师自通，然后才有些本钱和资格在评书行业里拜师。否则，像他这样，既无家庭背景，又无外界靠山，全凭个人闯荡、打拼的毛头少年、小伙，谁认？！

他从两位评书名家的表演中获取心得：

一、说书要有好嗓子。这好嗓子不必声音洪亮，沙哑无妨，只是要有磁性，能抓人就成。

二、说书要学会看人眼色。至少要知道观众表情如何，喜欢不喜欢。要不，听的都走了，说的还不知呢。这有点儿像饭馆跑堂的素质。

三、说书的要语言有味道。那就必须多读书，多琢磨，多和人来往，多长见识。

四、说书的要懂得多，说什么都有依据才成。否则，人家就瞧不起你，凭什么听你瞎白话？

真是无巧不成书。

梁朝慧皎和尚的《高僧传》中也说，"唱道"（佛教语，谓讲经说法，宣唱开导）有四件事情要紧：一是声，二是辩，三是才，四是博。细细说明，即："非声无以警众；非辩无以适时；非才则言无可采；非博则语无依据。"

对比一看，少年连阔如的一番感言，竟然与老和尚慧皎的睿语相符合。

其时，天津的说书氛围之浓厚，撂地艺人之才情，名家名作之名望与观众踊跃之热情，都丝毫不让京城。这对少年连阔如来说，是一种幸运。他受到这里很多评书艺人的才艺熏染,却未见得都能说出他们的名字。

最重要的是,他在"三不管"打下一生说评书的根基。以致数年后,他回到北京不久,就能正式拜师,轻松入行,迅速成名,一发而不可收。好像一切都来得很突然,只是人们大多不了解他早年漂泊津门的那段经历。

十五、烟台受骗，大连受窘

正是：
常走江湖鞋易沾水；
偶上山岳帽难遮风。

烟台，给16岁的连阔如留下深刻印象，是因为他在那里上了一当。

16岁，是人生竞技场上的一个弯道，弄不好就容易跌跤。连阔如在杨春山师父的回春堂药店干得挺好，可三年的学徒期满，师父却只想用人不想付工钱。学徒是管吃管住无薪水，出了徒就不同了，干活要拿工资，这是传统。但药店老板不提钱的事，连阔如也不好伸手去要。可他毕竟心里不痛快，日子久了，便有了"此地不留爷，自有留爷处"的念头。

其实，连阔如本有机会成为回春堂老板的"金龟婿"。老板要把女儿嫁给他的条件很简单，让他更名改姓踏踏实实入赘做杨家人，期望有一天，将家产也遗赠给他。人家虽是好心，也是一片苦心，但连阔如却不能领情。他年岁虽小，却懂得大丈夫纵横天下、坐不更名、行不改姓的道理，宁可自己卷铺盖走人，也绝不吃"嗟来之食"。

天高地阔，他不信自己养活不了自己，却也历尽艰辛，并为年少无知付出了代价。

连阔如开始在青岛和烟台一带摆摊卖药为生，有时也到县城里转转，碰碰"财运"。

青年时期的连阔如

距烟台不远，有个牟平县。

在县城集市上，他遇见了摆地摊的哥儿俩，自称是济南历城县人，有祖传的刀伤药。

卖药人的家什很简单，只一块旧毛毯，一个小皮匣，一把破扇子，外带一柄小刀，吆喝起买卖来却口若悬河："我们是亲哥儿俩，外地人，为寻找把人家柜上钱拐跑的兄弟才出来。几个月了，没找着，路费花缺了。到了贵方宝地，举目无亲，住店要店钱，吃饭要饭钱，我得求求众位，可不是要饭，也不能白求，我家打铁为生，有祖传秘方神效无比的刀伤药。"

人群中有人答话："快把药拿出来让我们看看！"

卖药人还继续卖关子："当初，我家可不卖这药。药配好了，只为行好积德，有谁不留神把手割破了，或与人打斗被刀砍斧划伤了身的，到我家一说，白给一包药，抹在伤处，马上就能止住血，还能消肿止疼，好得也快。伤不重的当时封口，伤重的三两天也封口。到了济南向人打听吧，西关铁铺王家舍刀伤药，无人不知。我们这药原是不卖，今天困在这儿了，没办法配了药卖给诸位。眼是观宝珠，嘴是试金石。真金不怕火炼，好货不怕试验。就让我把这药当众试验一回……大伙看好喽，这药要是能止血，就买一包回去。一毛一包，不贵！"

此人说着就拿起一把一尺多长的刀子，朝自己的大腿肚子猛然割去……

胆小的，看也不敢看；胆大的，瞪圆了眼睛。

只见鲜血顺着大腿往外流，疼得他龇牙咧嘴。他一边喊着"疼"，一边围着场子转了一圈，让血洒了一地，才在当中坐下，往伤口上敷药。最绝的，是他拿起那把破扇子来朝着自己的伤口不住地扇风，嘴里振振有词："有人说，受了伤，要用布蒙上，留神受风，受了破伤风可活不了。今天，我叫大家看看咱这药有多大的力量。"

一连扇了几十下，住了手说："大家看怎样，咱这药止疼消肿不流血吧？还不快买一包回家。现在一毛钱卖两包喽！买一包送一包，卖到50包为止。"

只见人头攒动，你推我挤，争相购买，唯恐落后。

连阔如也掏出一毛钱买了两包，并好好保存起来，以便在人家有急用时拿出来行个方便，结个人缘。

半年后，连阔如从烟台辗转到了大连，投宿在浪速町客栈。

一天，客栈的厨师贪杯吃醉，一时不慎，用切菜刀将手指割破，血流不止。连阔如急忙将自己珍藏的刀伤药取一包出来，兴冲冲地夸海口："我这有神奇止血药，可让伤口立即封口，能消肿止疼，还可防破伤风。看吧，一抹上就灵！"

万万想不到，刀伤药敷上以后，师傅疼得更厉害了，血也没能止住，只好再去别处求人找药。

本想露脸却丢了面，连阔如一时颇感难堪，立誓非要把这刀伤药的底细弄个明白。经过四方求教，终于得到江湖人的指点：

"卖刀伤药的这行，在江湖上叫做'挑青子汉'的。江湖术语中，刀叫青子，药叫汉儿。干这行的大有讲究，行规是'打走马穴的买卖'，即四处流动推销。其招数有'圆粘子'，就是招引观众。待围的人多了，再'卖弄钢口'，也就是耍嘴巴忽悠人。他们用大刀往腿上割肉，叫做'抖落样色（shǎi）'。凡是假事让人看着像真的，都称为'样色'。药，当然是假的。他们把皮割破，等血流的涌劲过去，往场内一坐，全靠扇子一通猛扇，把血凝住，但坐着不敢动，一动还要流血。割肉能不疼？他们是强忍着装作不疼罢了。"

受着一蒙一窘，连阔如在江湖上谨慎多了，也更加对骗人的黑幕感兴趣，更要探出其究竟。他不光不愿自己被坑，还不愿看到天下好人被无缘无故地愚弄。这为他后来冒着人身风险写文章揭露江湖内幕留下了心理依据。

十六、营口一游:"我付茶钱,你说故事"

正是:
蒙人蒙事不蒙明白;
听话听音未听糊涂。

1920年,17岁的连阔如云游到了东北,先在营口小住。

那时营口有个洼坑甸,是最繁华的地方。其集市之大、摊位之多、游人之密、买卖之火,都不在北平的天桥、天津的"三不管"以下,甚至比大连的西岗子还要热闹。

这洼坑甸,顾名思义,就知道是个低洼之处,年年夏天积些水,臭味难闻。营口市人原本都不到那里去,及至添了"杂拌地",即露天杂耍、撂地赌钱的玩意儿以后,才逐渐变得人气兴旺起来。

有一位有胆识的人,叫做刘凤岐,从河北河间县来此,对于江湖艺人有以艺术吸引游客、兴隆地方的力量,颇有明察。于是,他拉上个财东,自任经理,一心经营起这块洼坑来,开荒平地,筑棚搭台,延请艺人,摇旗呐喊,数年过后,这一方天地已成为远近闻名的生意场。而刘凤岐本人也从一文不名的穷光蛋,摇身一变成为一个资产阶级的人物。

洼坑甸是值得大逛特逛的。

这里卖梳篦的、卖剪刀的、卖估衣的应有尽有。各种货摊,各样吃食,叫人目迷五色。大小饭馆的招牌与酒幌交错,煎炒烹炸的香味专钻鼻孔。那锣鼓喧哗处,有马戏棚、走兽圈、魔术园、拉洋片的小车,还有大鼓书场、评书场、相声场、戏法场……无论卖药的、算卦的、相面的,还是打把式卖艺的都有人捧场。

逛上它三五天才过瘾呢。

走到较僻静处,连阔如发现一客栈前有人手里拿着一把传单散发,因

十六、营口一游:"我付茶钱,你说故事"

好奇上前领取一份,只听他吆喝:"这店里住一位大夫,舍药治病,谁要有病,进去瞧瞧。白看病,不要钱,谁要有病,白舍你药吃,医官心慈,就为行好。家里有病人,讨药回去,不也挺好?"

见有站下的人,就往手里递一纸条,接着说:"接张帖儿,有病进去白瞧白看。"

"有这新鲜事?"

——连阔如接了纸条,跟着几个人向店里走去。

到了二门,有人指路,见手里拿条的人就说:"你们是治病的,都到那三间北房去。"

进了屋内,一明两暗,那暗间里挂着棉帘子,当中一张八仙桌,两旁有几个条凳,椅子前有个大洋炉子,很是暖和。有人照料大家,说话和气,像

他们这种骗局说行话叫做大粒的。做这种生意很难,没有五六个人做不了,无论是掌穴的,敲托的,不待被骗之人明白了,他们就坐上火车,轮船逃往别处了

是个听差的茶房。总共十几个看病的人，坐在一处，忽听里间屋有人问道："治病的人来了多少？"

那听差的赶紧答话："有十几个人了。"

说完跑去掀门帘。

只见从屋里走出的人，头顶水獭帽，身穿绸缎袄，戴着金丝镜，露着甜甜笑，精神百倍，气派十足。坐着的众人，不由得全都起身，恭敬地垂手侍立，像迎接某个大人物似的。待他往八仙桌前一站，说了句"诸位就座"，众人才敢坐下。

连阔如先被问到："你这人不是给自己看病的吧？"

"不错。我是给亲戚家的一位老太太讨点儿药。"

"你的亲戚得的是什么病呢？"

"年年到了春前秋后犯咳嗽。"

"那病好治，我给你两丸子百效丹，吃了就好。"

他叫听差的从里间拿出两丸药，交到连阔如手上："这药的吃法，单子上都写着呢。回去看吧！"

"多谢多谢！"

只想探询黑幕的连阔如，谢过了却并不走，又坐下来想看个究竟。

哪想人家早看出他不是省油的灯，便对听差的说："把这个调角码子淤喽。"

连阔如听得出来这是句江湖暗语，"调角码子"是难惹的人的意思，"淤喽"就是轰出去。这些人不是什么舍药治病，不过是设骗局蒙人。

连阔如不得不起身，告辞而去。

第二天，连阔如又到这个客栈前溜达，见有人和店里伙计争吵，惹得过往行人围观，人挤人，水泄不通。

一人挑眉立目地大吵大嚷："好啊！十几块钱，冤了去啦！今天搬了家那不行，你们开店的和他们伙同骗财，咱们打官司！"

连阔如一听这话，就知道昨天他让这帮人骗了，今天醒悟过来，来这里找后账要往回退钱。连阔如好管闲事的劲儿又上来了,他劝解着说:"这事与人家店里无干。开店的是有房子谁爱住谁住,给房钱便是好客人。至于客人干什么,人家开店的管不着。即便是把店拆了,也找不到那舍药的人了。"

听这一劝,吵闹的人觉着有理,也就歇了,自认倒霉。连阔如顺势拉他去附近茶馆小叙,喝着酽茶,听他讲被骗的经过:

"就为不花钱拿药治病,我们十几个人进店里去了。等白舍药的打发走啦,剩下我一人。大夫用手给我诊了诊,说我的病有好几年了,得的是寒腿。真是奇了,我没告诉他,他怎么知道?佩服他的能耐,我求他给治治。他说有个妙方,一治就好。药方写的是:麻黄、川芎、木瓜、牛膝、杜仲、年健、入地风、洋红花、串地锦、麝香等。

他问我:'你知道这串地锦是什么药吗?'我说:'不知道。'他说:'串地锦可是一种最宝贵的药品,出在西藏,长有三四寸,是个小虫儿,往地里乱钻,要是配在群药之内,凭它那药的力量,能舒筋活血,追风散寒,像你这寒腿吃下就好。别的配药倒不贵,唯有这串地锦,50元钱不准买得着一味药,保不准是真的。'我说:'只要能把病治好喽,几十块钱算什么?'他问:'你们亲戚朋友有在药行做事的没有?'我说:'没有。'他便露出一副为难的样子说:'唉,就怕你花钱很多,买不到真正串地锦。'

一旁有个听差的说:'咱们给张局长配的那药不是有串地锦吗?也是治寒腿的呀!要不匀给他点儿。'大夫把眼一瞪,申斥他不该多说话。我赶紧央求:'你有那种好药,何不行好积德匀给我些,该多少钱我付多少钱。'大夫勉强答应:'我把药匀给你,你有50多块钱吗?'我赶快拿出兜里仅有的14块8毛整,都放在桌上,求他们允许我回家再取那30多块钱。他们把钱收下了,把那药交给我,告诉我怎么个使法。我还感激他们真看重我,少30多块钱,就把药给我。我正思忖着第二天一准把钱送去。没想到一回家,街坊邻居都说我上当受骗了,药材里向来没有串地锦!

等我今天再来店里找他们,人都没了!店里伙计说,那舍药治病的先生昨天晚上就走了。"

听罢,连阔如连连摇头,对他说:

"吃一堑,长一智。你知道,那所谓'串地锦'的药是没有,但是,西藏确实产一种名贵的中草药,名叫'冬虫夏草'。这种药,又叫'虫草',有很强的滋补作用,但未见得能治寒腿。这药说是草药却不是草,是一种真菌,寄生在昆虫内,死的幼虫埋入土内,慢慢形成菌核,到了夏天,再从菌核和死虫的身体上长出菌体的繁殖器官来,因为形状像草,所以叫'冬虫夏草'。这些骗子,他们根据'冬虫夏草'的特性编出个'串地锦'的名目来,在似是而非的模糊概念中骗人。

再看他们的骗局分工,按江湖话说,那扮装大夫的其实就是'掌穴的',那个装听差的人叫'敲家子',店外撒传单的人叫'撒幅子的',在店里指路的叫'把二门子的'。干这种勾当,至少也要有四五个人合伙做才成。他们找个地方骗活叫做'安窑儿'。安下窑儿,骗了钱就走,四方游走,临时集合。他们就怕被骗的人觉悟了,来找他们的麻烦。江湖上,管做这种事的,称'做小帖子',他们发小请柬给众人,得大钱给自己。"

那被骗的人听了连阔如的这些话,茅塞顿开,叹服地说:"多谢指点!多谢指点!"

连阔如笑着说:"哪里哪里,我付茶钱,你说故事。"

边说边招呼茶房结账。

十七、大连西岗子，人头换银子

正是：
千奇百怪乱世乱相；
一心一意解惑解疑。

走江湖的人，什么杂七杂八的事不能碰到？

按说，在外谋生多年，连阔如也算是走南闯北的人了，但拎着猪头找庙门的事见过，提着人头找银号的事却少闻。

大连有个西岗子，也是类似北京天桥这样的热闹集市，商贾云集，店铺林立，做大小买卖的人多，银号自然兴隆。连阔如除了在街上摆摆卦摊儿，就自己一个人拧着街巷转悠，坐下来喝茶时，就按照他的老习惯和当地人搭讪，从他们的谈话中"捋叶子"。江湖艺人管暗中偷学别人的技艺叫做"捋叶子"，这个说法很形象，很直观，从小在家门口的树林子里折过柳条做鞭子的人，一听就明白。

连阔如每到一地，总喜欢对当地人的风俗、习性寻幽探隐、询奇问怪，把别人的经历、见闻变成自己的人生"积蓄"，他从不愿攒钱，却很想积攒些书本里学不到的社会知识。一位老哥绘声绘色地给他讲述了一段银号的故事。

大约是光绪二十四年，也就是1899年，这里的一家银号甚是红火。旧时管规模较大的钱庄叫作银号。那么钱庄又是干什么的呢？它是由私人而不是由官家经营的金融买卖，在这样的商店里，顾客可以存款、放款，也可以进行汇兑业务。傍晚，这家银号的客人不多，就要打烊了，掌柜和伙计正在有一搭无一搭地闲聊，忽见一个黑瘦的乡下人，气喘吁吁，肩扛一麻袋来到柜台前，问："银子卖多少钱一斤呐？"

银号的人一听，面面相觑，半晌儿不知怎么做答。银子向来都是论两兑换，哪有论斤约的？对土老赶所提的土老赶问题，年轻的伙计带着轻蔑的口气反问："你能有多少银子呐？"

黑瘦的乡下人笑了笑，露出几颗不像是镶了金，像是镶了茶叶的牙："嘿嘿，嘿嘿，我有一坑银子呢。"

"哪儿来的一坑银子？"

乡下人凑过来，趴在伙计的耳朵上，像对着花口没长好的喇叭花儿似的轻声说："是俺挖的。谁让俺有福气呢！你说呢？"

伙计开始认真地说："银子的价嘛——现在是120吊钱一斤。"

再说这一吊钱，就是指一千个制钱（铜钱）。什么是制钱呢？明清两代称由本朝铸造通行的铜钱为制钱。

乡下人一听这价钱就乐了。

"我这一斤银子，就卖给你们啦。我问过好几家，都说不到100吊钱，就你们做买卖公平。卖给你们吧！"

伙计将他的银子放在秤上，过了过分量，整够16两，于是就付给他120吊银票子。乡下人接过票子，很机警地回头往门外瞧了瞧，见没人，就对老掌柜的说："我明天晚上还来，在你们关门的时候我准到，再带来5斤银子卖给你们。我寻思着要天天来，卖了银子再置办些东西。可我最怕让别人知道了，我再来的时候，你们可千万记住要把门关上。等我换了银子走的时候，再开门放我出去。就这，行不？"

掌柜的一口答应了。

第二天掌灯后，伙计们早早就把几个旁门都关好了，就等着乡下人来。他终于扛着个口袋出现了，歪歪斜斜地进了门，脸红脖子胀，一身的酒气，眼珠子就跟灯泡安了石榴子似的血红血红。他也不客气，径直往椅子上一坐，直待伙计把大门上了闩，才把那两只石榴灯似的眼珠子一瞪，厉鬼似地喝道："你们这买卖是怎么做的？欺负我们老实乡下人不是？银子都是论两换钱，哪里有论斤的？当我是老赶，我老婆不老赶。等我回去跟我老婆一说，她立马就窜了，从晚上骂我到天明，又从早上骂我到掌灯。我真急了，

十七、大连西岗子，人头换银子

这不，拿出刀来就把老婆砍了。人头我也拎来了，瞧吧！"

说着，他就把一颗黑乎乎、血淋淋的人头，从那个口袋里掏出，往柜台上狠狠一蹾，血溅了一柜；再从怀里拽出一把大菜刀，解开大棉袄后露出小棉裤上的血迹斑斑……

那老掌柜有晕血症，早已经觉得天旋地转，眼冒金星，金丝眼镜掉到花砖地上摔得粉碎。几个伙计呆立不动，小脸黄得像蜡人似的，大气儿都不敢出，将一个活生生的银号改换成了蜡像馆。伙计中，有一个胆子大些的，曾经在小时候跟着外公摆弄过熊胆药，勉强还能说话："大哥，你说这是咋整的？出了人命了！你来这儿又有啥法子呢？"

"来这儿就是要打官司。老掌柜的，你别装死，这官司咱们打定了。"

"大哥，这官司你可打不得。你听我说，真要打了官司，你不是得给媳妇

说着，他就把一颗黑乎乎、血淋淋的人头，从那个口袋里掏出，往柜台上狠狠一蹾，血溅了一柜

偿命，对不？我们银号的人可不去抵命，是不是这个理儿？再说你自己的命也不是拿盐换来的！还不如趁着没人知道，你赶紧跑吧，跑远了就算没事。"

"没事？老婆都死了，还不是你们蒙我闹得家破人亡，今天咱们非得把事情说清楚不成！我反正也不想活了。"

他操起刀来，直指老掌柜的。

众人仗着人多力气大，好歹把刀拦下了。有个脑筋活的，小声嘀咕："干脆，给他点儿补偿算了，先把他打发走，省得再在咱这里闹出个人命。"

老掌柜的被脖子上架的明晃晃、凉冰冰的菜刀，给弄得算是多少明白了些，马上让伙计把钱柜打开，取出了500两银子，连那颗人头，一并塞进乡下人的口袋里。再让一个伙计给他开门，好言好语地劝慰着送出去……

等到乡下人走远了，门和窗户也都证实关得紧紧的，银号里的人才围在一起感慨：

"万幸！万幸！要是打了官司，指不定要花多少钱呐？我看那人真是急红眼了，满脸的杀气，挥着刀，真怕他砍到谁！"

"得，破财免灾！"

"幸亏这人好哄，几百两银子就对付走了。"

大惊一场，睡意全无。大眼难合，小眼难闭，银号里的人挨到了四更天才凑合着睡着。

天将亮，鸡刚叫，就有人"噼噼啪啪"地拍大门，喊道："快起来看，快起来看呀！你们的大门上挂着一个人头！"

大伙儿战战兢兢地打开门，愣愣磕磕地奔向那人头……

等到仔仔细细地一瞧，方知着着实实地上当了。原来那颗人头是假的，是用泥捏的，头发倒是真的，蓬蓬松松，可上面涂的尽是猪血，模模糊糊难以辨认。老掌柜的和伙计们这时才醒过梦来，受骗了！一夜的惊恐不算，还白搭了500两银子。

连阔如听完这个故事说："这也就是在过去，没有报纸，也没有广播，一家上当，又有二家，信息不畅，骗子欢畅。"

十八、《实事白话报》寻人启事:"寻找毕连寿回家"

正是:
游子千里归心似箭;
家人万般殷勤期盼。

1924年,正在天津"三不管"露天市场摆卦摊的连阔如,已经到了21岁的黄金年龄,可是生活的质量还不如废铜烂铁。算卦不是什么正经的谋生行业,漂泊不定,衣食不保,住的是小客栈,穿的是破估衣。

落魄的境地最常想家,每天连阔如都要浏览北京的报纸,故乡城的每一个信息,都是他寂寞黄昏的安慰。自从13岁离家出走,整整八年过去了,北京怎样了?家又怎样了?

由于当时北京是北洋政府所在地,派系倾轧激烈,在舆论上各执一词,报业便格外红火,如《益世报》、《京报》、《社会日报》、《群强报》、《群力报》、《世界晚报》、《实事白话报》等数不胜数。连阔如常读的,是在天津能买到的《实事白话报》,四开一小张,每天都有《白话三国》的连载,也有剧评家景孤血等谈戏论剧的随笔。

一日,忽见北京出版的《实事白话报》社会新闻一栏里,登载一则寻人启事:

青年时期的连阔如

毕连寿,乳名小三,于民国五年失踪,至今无有下落,全家都很想念，有知其下落者劝其回家，感谢不尽……通讯地址：北京东直门内北小街36号毕家。

读罢，连阔如的惊喜可想而知，"无家可归"的生活终于要结束了。单身汉除了形单影只以外还能有什么呢？不用收拾家什，也不必打点行囊，只带一颗游子心回家就是了。第二天，连阔如就乘上了火车回京。

走进北小街36号门时，连阔如见母亲和哥哥们都安康无恙，大哥毕毓宝已经完婚，并有两个儿子，单过；二哥随母亲住在一起，也已经结婚。

连阔如在家一歇就是半年，什么也不干，尽情享受与亲人同在屋檐下的快乐，好像要把八年孤苦伶仃的岁月一并偿还一样。

但是，身强力壮的年轻人，总不能老是靠着母亲、哥哥来安排饭食呀，必须找个饭碗才是。可是，连阔如能干什么呢？会卖药，但药店不缺师傅缺徒弟；会卖杂货，可杂货店的伙计比杂货还多。想来想去，还是重操旧业、轻车熟路地算卦好。

半年后，天桥露天市场上出现了一个算卦的摊位，摊主的大号是"连仲三"。连阔如在家排行老三，他也就用"仲三"来给自己的买卖命名。一开始，买卖还勉强说得过去，算上一卦，挣它俩仨，积蓄难有，糊口还成。但将就都让人将就不下去，国民党政府的苛捐杂税名目越来越多，就连算卦也要上捐了。

既然算卦谋生不是长久之计，连阔如便想主意，想来想去，还是对儿时就着迷的评书最有兴趣。当时北京的书馆也真多，东安市场的曲艺厅（凤凰厅）、西单商场的启明茶社、西单游艺社、还有劝业场内的新罗天、大栅栏的紫竹林、西单的进康球社等都有曲艺表演。于是，他白天摆摊算卦，晚上书馆听书，别人是为了消闲解闷来听书，他却为了谋求生路来听书；别人听了就忘理所当然，他听了不忘亦有道理。

一个月，两个月……连阔如用自己的脑子录制长篇评书《西汉演义》、《隋唐演义》、《水浒传》，积蓄着有朝一日作为评书家的爆发能量。在茶馆附近的地摊上，常有卖各种章回小说和唱本的，连阔如便买些与评书有关的拿回家研究。

十九、24岁拜评书艺人李傑恩为师

正是:
一方醒木师徒相传;
万卷评书古今纵贯。

20世纪初期,北京城的大众娱乐方式之一是听评书。

在世界范围内,1895年诞生的电影作为一个艺术的新生儿尚在襁褓之中,话剧也处在萌芽状态,市民大众的文化娱乐生活就只能寄托于民间说唱艺术。

北京全城70多家书馆100多位说书艺人,反映出当时评书艺术发达的盛况。到了1927年(民国十六年),电影院开始多起来,但普通人家还是爱听评书,在书场、书馆听,也在收音机前听。新婚燕尔的连阔如终于圆了自己童年的说书梦,经评书家高阔轩、王阔彬两位先生介绍,正式拜评书艺人李傑恩为师,开始了漫长的说书生涯。

谁都知道江湖规矩:"说书艺人不拜师,小心被人携家伙。"

长久以来作为江湖艺人的说书人,就延续着江湖内这特有的规矩,若要摆摊卖艺必先拜师学徒,否则同行将侧目而视,甚至夺其谋生的饭碗。

所谓"携家伙",就是指同行艺人给那些没家门、没拜师却挣了钱的说书人找麻烦,先走进场内,再用桌上放的手巾把醒木盖上,并将扇子横放在手巾上,然后与之"盘道"(讲内部行话),被问者没的说或说错了,所有说书物件及所得钱财就会被席卷而去。而有门有户的艺人自有章法,他会用左手拿起扇子说:

扇子一把抢枪刺棒,
周庄王指点于侠,

醒木惊天连珠扣

同行艺人来找麻烦,先走进场内,再用桌上放的手巾把醒木盖上,并将扇子横放在手巾上,然后与之"盘道"(讲内部行话),被问者没的说或说错了,所有说书物件及所得钱财就会被席卷而去

三臣五亮共一家,
万朵桃花一树生下。
何必左携右搭?
孔夫子周游列国,
子路沿门教化。
柳敬亭舌战群贼,
苏季子说合天下。
周姬佗传流后世,
古今学演教化。

说完最后一句，再用手拍醒木一下，便可继续说书。而那"盘道"的人，就不敢再说什么了。忠厚老实人不反诘，争锋斗狠者必反击，他可再用毛巾把醒木盖上，将扇子横在毛巾上，意思是让"盘道"的人给拿开。这时，就轮到"盘道"的开口了，他也用左手拿起扇子说：

一块醒木为业，
扇子一把生涯，
江河湖海便为家，
万丈波涛不怕。

然后，再拿开毛巾放在左边，用右手拿起醒木说：

醒木能人制造，
未嵌野草仙花，
文官武将亦凭他，
入在三臣门下。

说完以上两段词还不够，还要留下来替说书艺人说上那么一段书才能离开，叫做"帮完了场子才能走"。假使"盘道"的不会说以上两段词，按照江湖规矩，就得包赔说书艺人一天的损失。一天挣多少就赔多少。

上面"盘道"的辞令中，有一句"周庄王指点于侠"，据连阔如考证：说书艺术是从鼓书艺术分流出来的。

而鼓书艺人以周庄王为鼻祖。

在尧舜的时代，朝堂里设立谏鼓，虽是以下谏上，亦是一种教化的意义。周庄王曾在古时击鼓化民，他们唱大鼓亦是正风化俗，劝化人民的，就以周庄王当祖师爷了。北京的各杂耍场子、各书馆儿后台，都有一张神桌，桌上设个牌位，上边写的是"周庄王之神位"。"神位"左边写有"清音童子"，右边写作"鼓板郎君"。他们说大鼓书时用的鼓叫"书鼓"，若按规矩,应当有一百个铜钉,其中的意义是仿着文王百子图的。

另有艺人更相信关于评书鼻祖的故事:

周朝第十五代王——周庄王姬佗(公元前696年至公元前681年在位),以孝顺母亲出名。他为给病中的母亲消愁解闷,就总俯在她床前讲故事。母亲的心情一好,病也见好。但故事讲完了,母亲还没听够,怎么办呢?他就让四位口齿伶俐的大臣轮流说故事。这四位大臣,分别姓梅、衡、胡、赵。直到周庄王去世,换了新君,这些善说故事的大臣在宫廷里依然得到敬重,因为周庄王留下字句嘱咐后人善待之。据传,说书人的扇子就是周庄王的尚方宝剑,醒木代表官印,而手帕则是圣旨。——这就是"周朝以孝治天下"的注脚,也是"周姬佗流传后世,古今学演教化"的解释。

清康熙年间李声振《百戏竹枝词》有咏"评话"一首,称"其人持小扇指画,谈今古稗史事,以方寸木击以为节,名曰'醒木'"。

说到这醒木,同一物件,有不同称谓:书房里用它称"镇尺",中药铺用它称为"审慎",医生用它称为"慎沉",州官用它称为"镇静",塾师用它称为"醒悟",大鼓、评书艺人用它称为"醒木",戏曲艺人用它则称为"如意"。

再看"携家伙",这种带有原始味道、基于生存竞争的"行业保护主义",实质上是狭隘、落后的封建农耕意识的发作。其结果是,大大限制了艺人之间的自由竞争。但是,它的积极一面是使评书这门艺术有一种范式和标准,不能不经"正式培训"而出道,也不能不具"科班出身"的身份而营业。

连阔如也不能免俗。

拜师不光是怕被人"携家伙",更怕自己名不正则言不顺。

其实,自从1911年辛亥革命以后,"携家伙"已经被认定违法,找来警察带去打官司,法院会判个"诈财"的罪。但说书人还是愿意拜师,视其为一种传统文化而宝爱之。连阔如的祖师李致清,系北京人,久居三里河河泊厂,初学庖艺,后说评书,第一次撂地卖艺,就被人携了家伙,不得不投到说弦子书的艺人王广昆——号称"大本玉子"的门下,并被赐名李宝志。李宝志初次在西单一带说书,便得人缘,算是开门红,所说的书是"神册子"(《封神榜》),后又说"串花"(《济公传》),因学济公姿态逼真被誉为"济公李"。

"济公李"的徒弟是李傑恩,李傑恩的徒弟是连阔如。

按照老规矩,连阔如的拜师礼,在珠市口天寿堂饭庄举行,摆了好几桌酒席。

旧时艺人的拜师礼非常讲究,也非常繁琐,讲头很多,所谓"师道大矣哉,入门授业投一技所能,乃系温饱养家之策,历代相传,礼节隆重"。

岳永逸先生在他的论文《天桥街头艺人身份的建构与获得(1)》中讲得很详细。例如:"拜师仪式举行的时间、地点,一般都是由师父定的。时间要么与师父的生日重合,要么就是另外的喜庆吉利的日子,地点一般都在饭

旧时艺人的拜师礼非常讲究,也非常繁琐,讲头很多

庄。拜师仪式时，师父或者师母要将本行当的道具赐给徒弟一套，如说书艺人用的醒木、手巾、扇子，说相声用的装白沙子的布袋。当然，有的道具是徒弟自己就准备好了的，也有的是徒弟出师时由师父赐予。仪式开始时，师父上首就座，由年龄辈分最高的一位担任的主持人颂赞辞：

  世人传艺兼传德，
  德艺二字难分割，
  有德乏艺难糊口，
  有艺无德人笑责。
  德艺双馨成杰俊，
  江湖中人但难得。
  先师开创张口饭，
  徒辈传承留艺德。

之后，由坐下首的徒弟向师父行弟子礼，然后三叩首。

那时的师徒观念是"一朝为师，终身为父"。除了三节两寿到师父家探望送礼，尤其是为孤寡的师父养老送终是艺人尊师的主要表现，并且被徒弟看作是莫大的荣耀。

经人介绍，连阔如拜李傑恩为师。

师父（江湖人称师傅为师父）李傑恩和门长王傑魁一商量，就给这新入门的徒弟起了个艺名——"阔如"。

"连阔如"这个艺名，就是从这时叫起来的。

连阔如本名——毕毓珍，学名——毕连寿，摆摊曾用名——连仲三，此后批八字用名——乐天居士，写作、出版《江湖丛谈》一书使用笔名——云游客。因此，他一生中共使用过6个名字。

北平评书界"傑"字辈的徒弟都是"阔"字辈的，而"如"则表示学评书如意如愿。此前，天桥一带的人只知道有个叫连仲三的，是摆摊算卦的。这回，京城说书的，开始慢慢了解连阔如，慢慢认识他的才华了。

李傑恩师父送给徒弟一块醒木（惊堂木），并讲明用途：

这"惊堂木"自有惊人之处！

小小一方木头，运用全靠灵心。

说到皇帝，"惊堂木"变成"大玉玺"，咣当一声，百官震怵，四四方方，南北东西，普天之下莫非王土；

说到丞相，"惊堂木"化作"魏征舌"，文臣死谏，自古而然，一言可以兴邦，一言可以丧国；

说到元帅，"惊堂木"便是"龙泉剑"，剑锋所指，冰雪天山，壮志饥餐胡虏肉，笑谈渴饮匈奴血；

说到县官，"惊堂木"就是"升堂鼓"，黑脸的包拯，红脸的关公，当官不为民做主，不如回家卖苞谷；

说到文人，"惊堂木"就是"羽毛扇"，谈笑鸿儒间，挥毫科举场，玉树临风潇洒，气质华美出尘；

说到农夫，"惊堂木"又成"一柄锄"，头戴斗笠，饥肠辘辘，锄禾日当午，汗滴禾下土；

说到屠户，"惊堂木"则是"宰牛刀"，庖丁解牛，游刃有余，汉高祖刘邦的朋友也杀猪；

说到和尚，"惊堂木"好比"小木鱼"，口里念经，振振有词，南无阿弥陀佛，苦海无边寻渡；

说到隐士，"惊堂木"会是"一管箫"，呜呜咽咽，游子无眠，清泉石上流，明月松间照……

一开始，连阔如随师父李傑恩学说袍带书《西汉演义》和《封神榜》，后来他又师从张诚斌进修《东汉演义》。而坐在书馆听书的普通听众孙昆波也成了连阔如的"一字师"。

白天，连阔如在师父说书的书馆"托杵"，捧个笸箩在听众席收钱，凭着良好的记忆，一年半载，早把师父的"道活儿"揣摩吃透，变成自己的活计。

谈到学评书，20世纪三四十年代的民俗学家金受申讲，"艺人学艺，以在台下听来者为上，在私室中师传徒受为次，以书本看来的，为次之又次。"看来,"纸上得来终觉浅",说书人瞧不起"墨刻";师徒传授也不灵光,光凭"念买卖"学不来真经,还是在书场书馆自己倾听自己咂摸的能学本事。这最后一种学习方法最见成效。

在连阔如开始学艺时,有人认为评书已见颓势,内行人慨叹:"评书一支,日趋衰落,其故不外三点:一无好底本(底本须重编,改删,及新编),二无好艺人(艺人学艺缺少书场历练),三无好听户(听户程度低减,无人能指出某书、某艺人佳处所在)。"这里说的"颓势",是相比民国初年,以京师学务局为后援、教育部备案成立"评书研究会",公举评书名人潘诚立为会长,供职于学务局之劝学所且能编能说的刘葆初为名誉会长,评书演说与研究蒸蒸日上而言。

晚上,劳累了一天的连阔如,跑到东四牌楼附近的一家书馆,说白天听着学来的《东汉演义》。有知情人便问张诚斌:"您说书好挣钱吗?""唉,勉强糊口。""那您到东四书馆去看看吧!"张先生到这里一瞧,这书馆可真热闹,里外全是人,里面坐满,窗外站满,只见徒弟连阔如浓眉一耸,书馆立时鸦雀无声,一开口,那气势如"黄河之水天上来";一做势,那身架似"力拔山兮气盖世",把"大闹武科场"一段说得使人毛发尽竖,掌心出汗,不知今夕何夕,此身谁属。

第二天,张诚斌把徒弟连阔如叫到面前,将打好包的一部评书秘本《东汉演义》,郑重托付给他,就像当年刘备托孤一样的严肃:"从今天起,你不用再跟我学了,自己去闯练吧。你的天赋好,将来必成大器。这套评书秘本,是我的师父送给我的,跟了我大半辈子,和我的命根子一样重要,你把它收藏好。"

古人云:"圣人无常师。孔子师郯子、苌弘、师襄、老聃。郯子之徒,其贤不及孔子……是故弟子不必不如师,师不必贤于弟子。"

做学问做艺,道理同一,但真能悟此,并身体力行者,古今寥寥,盖英才待有识英者,伟器还需知遇人。

张诚斌对徒弟连阔如的一番苦心,多年后终成善果。一直以善说历史题材的长篇评书而著称的连阔如,10年后在北京广播电台演讲《东汉演义》,声震京城,名满天下。

二十、母亲说："给三儿找个大眼睛的媳妇"

正是：
山清水秀天造地设；
男才女貌日月姻缘。

堂堂仪表，相貌不凡，对一般人来说，不过是个外表、面相而已，没有什么大不了的。但对说书人而言，就是生存的资本，艺术的元素，叫座的诱因，才华的凭证。

江湖中人管这叫做"人式压点"。而相貌之中，眼睛又是焦点，是门户。大眼睛有神，能够放电，能够勾魂儿，能够聚财，能够发威。于是，连阔如的母亲老早就跟街坊邻居叨唠：

"啥时候给我家小三儿说个大眼睛的媳妇。"

母亲做梦都想着一双大眼睛的儿媳妇在眼前晃，她寻思自己的小儿子有模有样，什么样的姑娘找不着呢。一直浪迹天涯的连阔如，卖药、算卦这么一折腾，把自己的终身大事也给耽误了。旧社会哪有二十四五岁还不娶媳妇的？女大不嫁爹娘慌，儿大不娶父母忙。

工夫不负有心人，有一天，不满15岁的康玉明，和母亲一起到人家"出份子"，就是给要结婚的人家送凑份子的喜钱，正好连阔如的母亲也在场。一见羞答答小姑娘，一双乌溜溜的大眼睛忽闪闪地晃人，连母心里喜得不得了。一高兴，份子多出了一倍，还觉得自己寻到了宝贝似的，一个劲儿地冲康姑娘笑。

没过几天，连母就托媒人前去说媒。康妈觉得闺女太小，不同意她这么早就出嫁，任你怎么说也不成，她就是不同意。

时隔不久，连母再次托人说媒。

康妈嘴上说女儿年龄小，但心里也有掂量，一家老小都得靠丈夫一人，多一张嘴吃饭,就多一重负担。见连母和气善良,爽快麻利,为儿子操心算操到底了,如果女儿嫁过去,也兴许会有好日子过。这样一想,也就勉强答应了。

连阔如25岁结婚。

新娘康玉明只有15虚岁。

同是生长在京城穷苦人家,两人一见面并不觉得生分,说能说到一处,心能感应对方。家住厂桥的枪场大坑5号的康玉明,天性极为淳朴,心地也很善良,看花草凋零而落泪,听虫鸟悲鸣而伤心,只见日月穿梭不断,不知人间冷暖何为,处世了无心计,居家一片柔情。她与连阔如生活在一起的岁月,总是让丈夫心无旁骛,专注说书。

1940年春节,连阔如全家合影
右起:连阔如、长子连振翔、侄女毕淑萍、大女儿连桂华(被抱着的)、夫人康玉明

连阔如一生虽有富裕的时候,却扮演了过路财神的角色,并没有积蓄家资。在别人劝说下,才勉强为自己置办了一处宅院,是个小四合院,有三间南房、三间北房、一间东房、一间西房。地点是棉花八条11号。

在那动荡年代的动荡生活中,康玉明为连阔如生了八个孩子,仅活下来一男三女。大哥连振翔、大妹连桂华、二妹连桂贤、三妹连桂霞(连丽如)。只有连丽如,"女"承父业,继续说评书,从20世纪到21世纪,将连派的评书艺术薪火接续,不致泯灭。

二十一、北京说书人的黄金岁月

正是：
国事兴衰无关说书；
平民乐活曲艺繁荣。

——"乐活"这个词，在连阔如活着的时候还没有。它是一个正在今天网络上流行的新潮词汇，由英文"LOHAS"音译而来，即为"Lifestyles of Health and Sustainability"的缩写，意思是"以健康及自给自足的形态过生活"，也被理解为强调一种"健康、可持续的生活方式"。这个词在美国社会学者保罗·瑞恩1998年出版的《文化创意者：5000万人如何改变世界》一书中才出现，却与中国曲艺包括评书的生态环境息息相关。"乐活"追求环保、绿色、自然，主张自我的初级阶段、比较低级的活法。

人的活法，与曲艺存活有关，与评书和说书人有关。

北京评书艺人的黄金岁月是20世纪20年代，20多岁正当青春阶段黄金年龄的连阔如，其阳刚的生命轨迹刚好与评书艺术的鼎盛同步——评书的黄金岁月与他生命的黄金年龄相重叠。

很少有艺人对自己这门艺术的历史感兴趣，即便感兴趣也很少会去调查考证深入研究，即使有所研究也很少能写文章表达见解，而连阔如自是与众不同，他关注评书的起源、历史沿革、门派分支以及各自的艺术特点，并撰文发表，以促进其繁荣。

他的理论意识和学术研究能力都令人叹服。

据连阔如本人考证，"在清室时代北平没有评书茶馆，庚子年前说书的人们都在马路边上拉场子露天讲演，叫作'上明地撂场子'，在东四牌楼、西单牌楼、西四、东四、后门外、交道口、安定门内、阜成门内等处都有评书场子，艺人就靠着甬路边儿支棚帐摆凳子说书，只有十分之一的艺人上馆子。庚子年断大烟之时，评书茶馆才畅兴一时，一直到了民初袁项城（袁世凯）秉政，极为发达"。

从历史上看，北京评书的兴旺与发达与散落四城的书茶馆的数量成正比。而"极为发达"的时代，到底能有多少评书茶馆呢？

连阔如描述：

"北平这个地方，评书茶馆共有七八十家之多，其中'王八茶馆'（天桥福海居故去之旧主人姓王行八）屋内宽阔，能设三百多书座，为书馆之冠（如今北京最大的曲艺厅包括书馆如'天桥乐'仅能容纳一二百人）。说书的先生们挣钱最多亦属该馆第一。白天上座最多，灯晚座客稀少，不及白天三分之一。评书界演员有叫座魔力的在该馆讲演，能上满堂座，能力稍差者就无人去听。在'王八茶馆'说书虽能挣钱，亦要艺术高超，第一路角色才能说一转儿（每两个月为一转儿，过期改换新角色），第三四路角色，皆畏而不往。第二路角色亦时常有磕出去说不到一转儿的（凡是说书的演员到某书馆说书，如不上座，演员辞了馆另寻他处时，同业人讥诮他在某书馆磕出去了。磕出去为评书界最可耻的事儿）。"

可以想见京城的七八十家评书茶馆买卖兴隆、醒木"噼啪"作响的盛况，其书馆数量与21世纪初北京的电影院数量相仿。

而一些走街串巷赶场的评书名家，如潘诚立、品正三、陈士和、张少兰、袁傑亭、袁傑英、金傑丽、刘继业、阎伯涛、连阔如等拥有声势浩大的观众群，也有许多铁杆听众追随左右。

书茶馆多，说书人也多，全城的评书艺人知名与不甚知名的有100多位。

当时连阔如就已经预感到评书的滑坡趋势，并且呼吁："清末时能叫座的说书演员为：王致廉、王傑魁、田岚云、杨云清、张智兰、群福庆、张诚斌等。至今评书界演员尚有百数余，欲邀六个相当角儿都感觉困难，评书界人才缺乏为百年来所未有，望该界同仁设法培养人才方好，倘不设法维持，评书界的事业就要破产了，不知说书的先生们以为然否？"

连阔如还详细讲述了评书茶馆的营业情况，"开书馆的主人按照规矩每年应请六个演员，在未曾请人之前，得找'请事家'（即代邀角的），由

'请事家'替开书馆人下帖请六个演员，在饭庄定酒席一桌，定日聚餐，名为'请支'。请的演员角色优劣，须视请事家邀角能力如何。至清末同治年间（1862～1875年），书茶馆才发芽。开书馆的主人请支，系光绪年间（1875～1909年）所兴的。首倡此举的是宣外大街路西'胜友轩'的主人刘某。书馆请的头一位先生说书叫'开荒'。台上先设神桌，桌上供周庄王、文昌帝君、柳敬亭的牌位。说书的、开书馆的均行叩拜礼，说书的像念喜歌似的，还有一套吉利赞儿，最后将祖师牌位送焚了。主人送给说书人的'台封'，内装10元、5元或1元、2元。当日所挣的书钱不下账。行规是'三七下账'，说书的挣一元，开馆主人拿三毛。每位说书人，在一个书馆内只许说两个月，说完一个大本评书叫'一转'。在内城的书馆都是白天搁书，灯晚卖清茶。前三门外的书馆，都是白天卖清茶，灯晚搁书。内外城的书馆黑白天都搁书的，只有宣外大街路西'如云轩'、宣内'森瑞轩'、瓷器口红桥之'天有轩'。至于为何书馆在前门外居多，其原因据说是清军一入关就下令旗汉分住北京的内外城，原商街青楼闹市一律赶到前门外，仿佛只有这样才能使内城旗民的教化'严肃整齐'，不失八旗的高亮风雅。"

另有研究者称，清末民初"规模较大的书茶馆有天桥地区的'德义轩'和西安市场的'欣福来'，崇文门外花市的'青山居'、'三友轩'，朝阳门的'义和轩'等。只有评书界的名艺人，才有资格有机会在大书茶馆中献艺。如有'净街王'美称的王杰魁，先在天桥，后在西直门内'五福轩'；以说《施公案》著称的袁杰英曾在西安市场'龙泉居'；说《聊斋》的曹卓如在什刹海的'义留'河沿茶社；连阔如说《东汉》在东安市场书茶社等等"。

新中国成立后，对书茶馆进行了整顿，大部分得以保留。据统计，20世纪50年代末，北京尚有书馆40多家，朝阳门外有几处，天桥有十几处，新街口、德胜门一带也有，一般都卖两毛钱的书票，听众不少。到"文革"之前，尚存26家。遗憾的是在"文革"期间，全部书馆被当作"四旧"破除了。"文革"后虽然恢复了几家书馆，到1988年也全部消失了。书馆的消失，使评书无"家"可归，成为断奶的孩子！

若从艺术层面分析，有专家将评书分为"袍带书"如《三国演义》、《西汉演义》，"长枪书"如《精忠岳传》、《明英烈》，"短打书"如《水浒》、《七侠五义》，"神怪书"如《西游记》、《封神榜》四种。也有人分为"袍带书"、"短打书"、"神怪书"三种。还有人把评书分为"长枪袍带书"、"小八件公案书"、"神怪书"三种。

而连阔如总结说：

"说评书是分为袍带、短打（短打就是公案书）。评书的传统书目以千百计，只可惜老一辈说书艺人多已作古，许多珍贵评书遗失或失传，今人慨叹今不如昔。以《善恶图》一书来说，本是记述宋代武侠轶闻，是一部组织缜密、情节动人的评书，广杰明一生只说《善恶图》，晚年虽声音较低，却依然丝丝入扣。广杰明死后，虽然传有弟子（阿阔群），比起广杰明来，要差的太远了。又如《于公案》，从前书路子，在于公出京以前，还有松棚会、于公私访煤窑两笔书，从群福庆以后，和他的徒弟张荣久，学艺弟子廷正川，以及邢坪銮，全从于公出京说起……可见全书早已零散不完整了。还有现在印刷成书、鼎鼎大名的《三侠剑》，其实20年前，北京便有演述的，近年会列名武侠小说之内，可谓幸运，也可见书馆的没落。"

如果罗列80年前各种评书的杰出代表者，可以开出一份长长的名单来，足见其时评书洋洋大观之面貌。

二十二、而立之年——报刊自由撰稿人

正是：
学人从来不问出处；
辍学儿童今成凤雏。

连阔如只上过两三年小学，就因生活窘迫而辍学，却最终经过刻苦自学成为饱学之士。他是自学成才的典范，一生以天地为学堂，以社会为课本，以民众为师长，走到哪里学到哪里，不耻下问，博闻强记，日积月累，终成大家。说书艺人中鲜有能著文者，而连阔如却在而立之年，成为多家报纸的专栏作家、著名撰稿人。

从1932年到1937年，连阔如经常给京津两地的多家报纸笔述评书小说，成为颇受读者欢迎的著名撰稿人。

他给《小公报》撰写《西汉演义》中刘邦和项羽的故事；为《民声报》投稿讲述《东汉演义》的精彩篇章；应《民众报》之邀连载评书秘本《金枪杨家将》；在《时言报》发表《明英烈传》中朱元璋灭元兴明的传说；以《新北平报》为园地介绍秦琼和程咬金等《三十六英雄》；还将《立言报》当作书场描写民族英雄岳飞的精忠报国……每篇文章多则一两千字，少则五六百字，一天就要写几千字文稿。

自从刊载连阔如的文章后，因作者声望大，文才又好，报纸发行量见长，报馆老板喜不自胜。评书家利用报纸媒体张扬了评书艺术，报纸也通过评书连载拓宽了销路，可谓双方受益，利益共享。

需要说明的是，五四运动前后，由于社会上提倡"科学"与"民主"，提倡"言论自由"，古城北京一时间成为"报馆之都"。

当时有一种时髦说法：

> 在北京成为大人物需有三个条件:
> 一要办大学,
> 二要办报馆,
> 三要多娶姨太太。
> 而报馆比姨太太多且滥,先后共有200多家报馆,100家通讯社。

但是北洋军阀的"军阀政权",对言论钳制的铁腕到处挥舞,动辄抓捕报人,封闭报馆,甚至枪毙记者,即便这样,报业的生命力依然顽强。

说起办报,不该忘记19世纪末康有为等的"公车上书"中的提议:"近开报馆,名曰新闻,政俗备存,文学兼述。小之可观物价,琐之可见土风。清议时存,等于乡校。见闻日辟,可通时务……足以开拓心思,发越聪明……"

康有为还强调:"大抵报馆愈多者其民愈智,其国愈富且强。"

不过,据统计,1895年前后全国只有200多种报刊。

到了20世纪30年代初,私人办报成风,而报馆与社会名流的关系也十分密切,互惠互利又互补。

连阔如说评书说出了影响,说出了名堂,报纸也请他写文章。

下面列举一些有名的、且与连阔如有"业务"关系的报纸。

《小公报》在当时名气可不小,发行量颇大。据史料载,"1935年,作家萧乾进入天津《大公报》,接替沈从文编辑文艺副刊《小公报》。他利用这块文学阵地首次发起了文学征文和文学评奖。他一个人干,自己又筹款,又组稿,又组织评选,写无数的信件,还倒贴邮票费"。

各地同叫《民声报》的报纸有多家,最著名的当属小说《暴风骤雨》的作者周立波曾任副社长的上海《民声报》。北京出版的《民声报》作为地方报纸,主要以娱乐新闻为主,每个版都登有广告,虽没有关于国计民生、社会问题的大文章震撼政坛、文苑,一些轻巧文字也还可读、耐读。要闻版经常登载"国际问题时评"之类视野开阔的文字,而"宋子文患感冒"这样的"新闻"也刊登在头版,便使人忍俊不禁。

《民众报》的报名,取"民众先导"之意,虽属都市小报,却常有微言大义的文章,如"教育立国"。还譬如《呻吟周刊》,显然是取明代鸿儒吕坤的著述《呻吟语》的意境命名,而其广告语亦有大众观念:"若不使贫民挨饿,就天天瞧份与穷人合作的小报。""花两大枚买穷人合作的小报,就送给穷人一个窝窝头啦!"社址是王府井大街117号,从1940年8月起由周报改为日报,有"万花筒"副刊刊载"民众小说"和评书笔述等,有趣的是辟有"儿童新闻"版,专谈儿童教育,另有"老百姓"版、"教育"版、"通俗科学"版等。连阔如于1940年7月30日开始在第3版"评书秘本"一栏,连载评书《金枪杨家将》。

《时言报》,报馆位于宣武门外铁老鹳庙(今铁鸟胡同)北首路西,创刊于1931年,四开一张,以报道社会新闻、里巷琐事为主,副刊多小说连载。此报刊登过连阔如描写宋太祖赵匡胤的评书《三打韩通》,和描写朱元璋的《明英烈》等。尤其是自1935年开始,连续几年连载连阔如以云游客笔名发表的《江湖丛谈》,颇有社会影响。

此外,《时言报》也刊有高豫祝的评书《东汉》。鸟迷的小说《儿女情》。据说鸟迷原名林谷治,字达砚,福州人,是林则徐的后裔,久居北京,喜养鸽,任中学教员。而使《时言报》名噪一时的,是它登载了后来成为著名"七君子"之一的王造时的文章。

王造时与连阔如同岁,皆生于1903年。

王造时反驳梁启超于1923年10月在清华园的演讲——"我对双十节的感想"。

演讲中,梁启超攻击孙中山先生和国民党说:"中华民国之所以闹到这样乱七八糟的地步,国民党是要负重大责任的……"

而王造时则以题为"梁公讲学的态度与我听讲的态度"的文章驳斥之,并发表在校内的《清华周刊》上。

文章的开头与结尾都用了下面两句话:"对于讲学问的梁任公先生,我是十二万分的钦佩;对于谈政治的梁任公先生,我是十二万分的怀疑。"

王造时笔锋犀利,思想深刻。

二十二、而立之年——报刊自由撰稿人

连阔如口述评书秘本《明英烈》和《三打韩通》片断

他说:"在混混沌沌、黑白不分的中国,我们纯洁无辜的青年,已经不知受了多少这些造谣生事者的暗示;在腥风血雨、麻木不仁的北京,我们纯洁无辜的青年,已经不知受了多少这些颠倒是非的压迫;在天真烂漫、不知世故的清华,我们纯洁无辜的青年,已经患了近视病、盲目病,若再有人在这里指鹿为马,那么我们的病将入膏肓,而不可救药了。"

王造时还直截了当地揭露梁启超一贯反对孙中山先生领导的民主革命,并拥护袁世凯,出任袁政府的司法总长。袁世凯倒台后,又组织宪法研究会,出任段祺瑞政府的财政总长。

王造时认为"中华民国之所以闹到这样乱七八糟的地步,绝不是孙中山和国民党,而是梁任公先生和那些勾结北洋军阀,以及热衷于搞派系的保皇党人物"。

文章刊出后,梁启超立即打电话询问清华校长曹云祥,曹令王造时写出深刻的悔过书,并向梁启超道歉赔罪,否则将以侮辱师长的罪过开除学籍。

王造时则耸耸肩膀说:"在学校我是学生,在社会上我是公民;梁先生可以谈国事,我王造时也可以谈国事;梁先生可以批评孙中山和国民党,我也可以批评梁启超和研究系。请问错在哪里,罪在何处?"

《新北平报》报馆设在宣武门外大街314号,和《实报》报馆遥遥相对。

该报创刊于1931年(民国二十年)10月10日,至1938年6月1日改名为《新北京报》,四开一张,内容充实,副刊作者阵容整齐,颇多大手笔。报纸每份售价一分,每月定价三角。1936年4月统计,发行47000份(包括外埠)。其要闻版开设的栏目"老百姓谈话"很有些分量,比如《工农立国不是空谈》、《禁售奖券感言》等言论既有个性,又有锋芒,以启迪民智为本。当然,也登些"北平俗语",如"一分钱一分货,十分钱买不错"之类。著名武侠小说作家赵焕亭,曾在副刊连载小说《剑胆琴心》;陈慎言发表历史小说《三月莺花》、《赛金花》等。剧评家生率斋主笔的"剧话"栏目颇有味道,如《京剧之危机》、《剧界文化程度》、《名士名伶名剧》等文章独具特色。小说家张恨水的随笔也时有所见。在"平话"言论栏目中,载苏林文《小报文艺上的使命》:"领导民众上了文学艺术上的道路,要以处处启发普遍民众为前提。"但凶杀、偷盗、奸淫等社会问题新闻也占有相当篇幅,并配有血腥的新闻图片。更有穆家骐创作的如同流行歌曲一般俗艳的民间歌谣:"天上星星颗颗移,妹有丈夫哥有妻。只要哥妹诚心恋,妹妹丢夫哥丢妻。"

连阔如于1934年7月3日始,在这张报纸上刊登长篇评书《三十六英雄》,还有他的短篇评书《五女捉兰》、《恶虎庄》等也在这里发表。

20世纪三四十年代,每周一期、彩色封面的《立言画刊》(1938~1945年),也是连阔如挥洒笔墨的园地。

《立言画刊》是一本戏剧画刊,7年间共出版356期,戏剧家程砚秋、荀慧生、画家齐白石、书法家张伯英都曾题写刊名,内容为戏剧时尚新闻、历史掌故、人物介绍、剧本摘登、舞台评论等。

在这份寸版寸金的出版物上,"字如蚁聚,图似蜂屯",但连阔如的文字还是常常占据很大版面。

画刊也同时刊载沈从文、萧乾、周怀民、蒋兆和、翁偶虹、徐凌霄、景孤血、郑菊瘦等文学家、艺术家的大作。刊中对于科学知识大篇幅图文并茂的介绍,堪称公益之举。

《立言画刊》取古训——君子"立德、立功、立言"中的立言之意,志在以文章济天下。

其主笔、曲艺史家、民俗学家金受申(《老北京的生活》作者,人称"北京通")的文章,曾引用清初巨儒刘继庄之言:

> 人苟不能斡旋气运,利济天下,徒以其知能为一身家之谋,则不能谓之人。

此亦办刊者心语。

据《神州轶闻录》记载,金受申毕业于北京中国大学(实则先后就读于华北大学、北京大学),专述北京风土人情,上自朝章掌故、礼仪风俗,下迄三教九流、虫鱼花鸟,兼容并包,无所不谈。

金先生常与社会中下层人士往来，所述多为亲身访谈得知。且多与旧京文人诗酒往还，聚则一壶酒、一碟肴，抵掌促膝，清言娓娓，上下古今，山南海北，至足乐也。一壶一碟，谐音"蝴蝶"，当时戏称为"蝴蝶会"。

说来也巧，连阔如与金受申，两人的命运颇有些相像。

连、金二人，同是20世纪初生人，金比连小3岁，是1906年出生；同是京城满族，且同是镶黄旗的旗人；同是早年丧父，前者是遗腹子，后者是6岁失怙；又同为曲艺人士，同在解放后的北京市文联工作，老舍曾极力推荐金到文联就职；还共同筹办、编辑新中国第一份曲艺刊物《说说唱唱》……

两人不同的是，金受申小时候在城门边摸鱼的技术，可不如连阔如，下面会说到的。

金受申对北京的深厚感情和连阔如也是一样的，他说："我生在光绪年，经过民国三十年，对于近代史实总要多注意点。尤以在北京住了多年，祖宗坟墓在北京也有几世，对于风土人情，更应当留意，以尽本地人的责任，这便是我谈北京近代史实和北京通的缘故。"

只举一例，便知金受申笔下的北京风土人情：

> 笔者在民初时，常同二三学友，出东直门到自来水厂后身洗澡，浴乎马坑，风乎土城，渴则找井台，来个"撅尾巴管儿"（北京土话，指对着水龙头喝水）。我每次马坑洗澡时，必由东直门瓮城盆铺买鱼罐，准备摸鱼。苟不得鱼，必向盆铺退罐。铺长一老翁，爱我稚小，看见我们空罐回来时，必笑着说："快来，快来，退给你钱！"

言归正传。

《立言画刊》出版百期时，有读者赞叹其洁士风度有四：

第一不乱捧人，捧则有据，或艺或品总有可赏；

第二不胡骂人，批评为善意，不做有成见的攻击；

第三不揭人隐私，以涉及个人隐私为一件不道德的事；

第四不打笔仗，不追期刊为无聊事打无聊笔仗之风。

连阔如先生理所当然地成为"评书秘本"栏目的座上宾，每期必洋洋洒洒写上数千字，整部《东汉演义》也得以在半个世纪后完整地保存。

在当时的戏曲界，"文人学戏"和"艺人习文"两种情形兼有。

连阔如作为艺人，不仅研习笔墨，且能登堂入室成为报刊自由撰稿人实属不易。

至今，尚有老者回忆："《立言报》报馆在宣武门外椿树上三条，创刊于30年代，四开一张；金受申的北京民俗，景孤血的戏评，连阔如的评书《东汉》，均博得读者好评。"

在文坛，而不是艺坛，人们将连阔如和金受申、景孤血并称，足见对前者文章的敬重。

前面已经提到金受申，他乃研究北京历史特别是风俗掌故的一代学人，在同一治学领域，与学者张次溪齐名。

说到景孤血，京剧界老辈人都该知道，北京有三位"京剧通"，此三人乃戏剧家潘侠风、翁偶虹与景孤血。

景孤血也是满族人，与连阔如交谊甚笃。

这名字的学问大了。"孤"之一字，已让人联想到形单影只；"血"之一字，更使人想到血光之灾，敢以"孤血"命名，需要多大勇气？想这景孤血必是奇人。

景孤血，宣统二年（1910年）生于北京，比连阔如小七岁。他七岁拜名儒马述古为师，学习古典诗文；后拜清末诗人樊樊山为师，研修诗词。可谓少年得志，不满20岁就受聘为《京报》主编。30年代起在报刊发表戏剧评论，笔见锋芒，先后创作剧本《还我河山》、《百花公主》、《程咬金招亲》、《南海长城》、《大闹天宫》（与人合作）等，著有《京剧行当》、《四十年来北京之梨园》等。

景孤血不仅是剧评家，亦是剧作家，这样的一身二任还是比较少有的。他曾与老舍、吴幻荪、哈杀黄、樊放等为编剧同行，交往密切。更先后在《小公报》和《新民报》做过编辑，曾在《华北日报》发表"孤血谈剧"的专栏文章，通过编发连阔如的文章而彼此结识。

连阔如住在骡马市大街路北魏染胡同时,成了《京报》的邻居,与常给该报投稿的景孤血的会面就更加频繁了。

魏染胡同堪称"报馆胡同",内有两家报馆,即邵飘萍主编的《京报》和民初创刊的《实事白话报》。景孤血既是报刊撰稿人,也是文艺界、新闻界的社会活动家,还是民间文艺团体"笑社"的会员。

"笑社"社址在铁门胡同,门口有一副木制楹联:

"此地在城如在野,斯人非佛亦非仙。"

"笑社"宗旨是寓嬉笑怒骂于文章,亦庄亦谐,讽刺时事,揭露积弊,意在振聋发聩。史学家张次溪、老报人成扶平等也是其成员。成员的作品大多发表在邵飘萍先生主办的《京报》副刊。连阔如凭着与景孤血的交情,自然也成了"笑社"的常客。

说到自由撰稿人,那时的水平可不低,戏剧报刊多能约请大家,仅以上海出版的《戏杂志》为例。该杂志既有剧种介绍,又有动态新闻,对剧坛泰斗和新秀更有评介,其作者阵容颇显豪华,其中有严独鹤、景孤血、周瘦鹃、郑逸梅、冰心等,可谓新老作家齐备。更不用说常为《京报》副刊写稿的梁启超、胡适、鲁迅、徐志摩等人了。其时,想在报刊的版面上露脸,分食一杯羹,可谓难矣。而连阔如却做到了。

连阔如的文章涉及面广,也有探讨评书艺术的篇什。

1940年《游艺画刊》第1卷12期,刊登了他的一篇小文,其中谈到说书人的素质和要求共六点:

1.戏剧中分生、旦、净、丑各行角色,而说书则全凭一人学之。

2.戏剧中有布景、服饰、切末、场面,而说书则只凭一张口、两只手、一把纸扇、一块醒木,形容出不同环境与动作。

3.说书人须口齿清楚、嗓音洪亮、气力充沛,且须精晓世态、人情、风俗、习惯、历史、地理、戏剧、小说等以为参考。

4.说书时须将喜、怒、哀、乐表示分明。

5.说书人须能分富、贵、贫、贱、文、武、贼、匪、男、女、老、少各种不同身份。

6.说书人须能学鸡鸣、犬吠、马嘶、笑声、哭声及其他各种声音。

从说书到卖文为生,连阔如又多了一种生命体验,也使他的文化素质和生活质量双双得到提升。由于"卖稿的收入比说书多",几年的笔墨生计,让他因润笔费的丰厚而摆脱了生活的拮据,也扩大了作为一个艺人所不容忽视的社会知名度。在这个时期,他搬了两次家,从宣武区天桥迁到骡马市大街路北魏染胡同,又从魏染胡同挪到西南园3号。

连阔如也曾在《小公报》上开栏送批八字,不愿让人知道,就署名乐天居士。

20世纪上半叶,北京的曲艺艺人,至少有三分之一是文盲。

1950年,据北京市主管文化部门统计,在北京曲艺公会的600多名会员中,有200多人大字不识。连阔如则因饱读诗书而在其中显得鹤立鸡群。评书得以在1911年清政府被推翻后的数十年间,迅速由纯民间艺术发展成为一种为文化主流社会所接纳、认同的"显学",和连阔如借助报刊、广播电台的现代媒介力量以自我宣传、推销,有着直接的关系。

二十三、33岁做《民声报》编辑

正是：
评书大家兼做名记；
书馆文坛两处风光。

连阔如曾经是一位新闻从业者，是正规在职的记者、编辑。

国家图书馆微缩文献阅览室翻拍的报纸胶片资料显示，33岁的连阔如曾经担任北京一家报纸的编辑。1936年10月8日出版的《民声报》第1版（要闻版），刊登了一则消息《本报启事》：

> 本报改组，业已就绪，兹将各部职员名单录次：
> 社长：生宝堂
> 秘书：陈仲虞
> 经理部经理：朱镜心
> 编辑部总编：杨君如
> 编辑：生宰斋、李四明、王芷君、赵大业、刘伏生、孙宝毅、殷福生、高光斗、陈慎言、张醉丐、连阔如、曹风兴
> 助编：王亚民、彭庶春
> 营业部发行：王绍堂
> 广告：张溶川
> 会计：黄运怀
> 庶务：燕辑之。

《民声报》为日报，每天有四个版面，分为1版（要闻版）、2版（文艺版）、3版（小说版）、4版（社会版）。从以上的启事中，可以看到，连阔

如为报社的12位编辑之一。这一意外发现,使连阔如的个人履历表中又多了一重身份——报人。

此前,在有关连阔如的历史资料、他本人的日记、他人的评介文章包括"纪念评书大师连阔如诞辰一百周年(1903~2003年)"的纪念册中,都没有提到他的编辑生涯,实在是一个很大的疏忽。连阔如的一生有多重身份和经历,他是评书家、药铺学徒、流浪汉、广告人、杂货铺店主、自由撰稿人、民俗学专家、著述家、社会活动家、算命先生、习武者、大学客座教授、市人民代表、国家政协委员,同时他还是新闻媒体的在职人员——记者、编辑。由闯荡江湖的民间艺人变成现代报刊的编辑人员,有此经历者,恐怕在整个20世纪都非常罕见。

若论《民声报》的12人编辑阵容,可谓华丽可观,其中有与社会言情小说作家张恨水并列的陈慎言,也有曾致书英国哲学家罗素与之探讨问题的学者殷福生(殷海光),还有作为北平新闻界名票与徐凌霄、金达志齐名的剧评家生率斋,编辑家、社会活动家孙宝毅等,个个编辑的才学、名望都是响当当的。

仅以排列在连阔如前面的编辑张醉丐先生为例,多说两句。其一时声望,只看《旧书信息报》刊载的周继烈先生文章便知:

"吾友贾俊学,近获20世纪40年代珍品木刻两册并散页若干,册子与散页均木刻原拓。册子名为《刻木木刻》,为季刊……封面下部有'刻木木刻季刊社'字样,标记年份为'1944'……散页中有三幅人像,引起我的注意,分别为熊希龄、张醉丐、李世芳,都是在北京长时间活动的人……"

张醉丐,生卒年不详,被后人称为"旧京文人"。

北京大学历史系教授、学者吴小如先生,生于哈尔滨,上世纪30年代移居北京,是张醉丐的远房亲戚。幸亏学界知名的吴小如的文章《张醉丐先生二三事》,被收入由张中行题写书名的《京华奇人录》(1992年北京出版社出版)一书中,才使得今人对这位民国报人多少有些了解。

吴小如文中说:

"张醉丐老先生是先母的六姨父,我称他为姨姥爷(即姨外祖的北京说法）。1935年，我侍先母居北平，就读于育英中学，才知道这位姨老爷就是在当时《小实报》上每天发表一首《时事打油诗》的张醉丐先生。老先生有句口头禅，每逢他同谁讲话，必先说一句'跟某某某您提'，譬如，'跟姑奶奶您提'，'跟小孩子您提'……

我见到醉老时，他已经家道中落（姨外祖母娘家原是满族中富贵人家，醉老则是汉族人），只靠卖文糊口。除给《小实报》写打油诗外，还主编几家报纸，如《全民报》等的副刊，同时也写连载的长篇小说。他写小说每天有定额，用粗劣的片艳纸（区别于马粪纸、高丽纸、橡皮纸、吃墨纸等）裁成便笺式纸条，以毛笔写比芝麻粒还小的楷书，纸满为限。"

张醉丐曾用"慵僧"的笔名，在《小实报》上撰"新韵语"专栏。他的时事打油诗，在版面上总是被强化、突出处理，木刻主图为戴着眼镜的张醉丐头像，右下方框内阴刻"张醉丐"三字，左边通栏刻字两行："终日打油打不尽，油师毕竟多少油。"

这位打油诗圣手的诙谐，见于《咏春联摊》（旧京年节前街头常见）：

　　招贴街头翰墨缘，
　　红笺写得好春联。
　　文人到底闲情甚，
　　借纸学书不出钱。

最让吴小如印象深刻的，是醉老的一句话：

"人总要给旁人留些余地。"

那是1936年，画家张大千在北京书画界因一句"奴视一切"而引起轩然大波。画家徐燕荪反唇相讥："我只奴视一人，即奴视一切的那个人。"张醉丐对此事的看法是："平心而论，张大千画得不错，可是人总要给旁人留些余地。"

说了半天"醉老"、"醉丐"，只是未见其醉，其实，当时还真有一则趣闻，是画家傅耕野（1923年生，别号京华髯翁，1998年书写燕京八景之一

《居庸叠翠》石碑，立于居庸关道旁）爆料：

"醉丐与受申曾在临河第一楼小饮，大醉。走至东河沿，受申一脚踏进果筐，卖果人昂然起立，醉丐连忙道歉，受申反哈哈大笑，说：'没关系，没关系。'"

70年前出版的《民声报》，具有一定的民众意识、民主观念以及世界眼光与进步思想。其中，刊登有吴春迟先生翻译的描写苏联国内革命战争的小说《夏伯阳》，也有许多评介文化巨匠鲁迅的文章，称他为中国青年人的导师，中国失去鲁迅犹如苏联失去高尔基。更有些社论、时评一类的文字关注国计民生，尊重知识和知识分子，断言知识分子是国家和民族的领导人。

当然，由于时代的局限，主要是受到商业利润的驱动，《民声报》和其他小报一样，同时也带有一些负面的信息，对社会造成不良的影响。比如在其小说版上，不时刊有算命的小文章——"八字披露"。

连阔如就是"八字披露"一栏的作者。

他不仅每天在小说版的"评书讲演"栏目中，发表自己写的《东汉》，还在社会版的广告栏里，为自己开的算命馆刊登广告，叫作《乐天居士批命》：

口谈八字一元。细批终身八字分为两元、四元、六元、十元。时间自上午九时起，至下午四时止。来宾只限两位，过时不候。贫不计利，概不空谈。润资先惠函批，外加寄费两角。地点：北平琉璃厂西南园东口路北一零三号。至投函本报请批者，仍在本报二版义务送批。

作为报纸编辑、特约记者的连阔如，不仅发表评书作品，还撰写评书理论文章，采访撰写曲艺人物通讯，留下许多新闻佳作，实乃一管好笔。

譬如，他于1935年2月2日，刊登在《新北平报》社会版的人物专访——《鼓界闻人——白云鹏之访问》，就可作为新闻学教科书中的范文而无愧。

这篇专访文章的副标题为：《大鼓分梅清胡赵增才杨张八门，白云鹏已二十余年未唱蔓子活》

内容如下：

  当今鼓界名流，当推刘宝全与白云鹏，刘声洪壮，以唱华容道、单刀赴会等曲为胜；白调悠扬，以唱黛玉焚稿等哀情曲为胜。惜二人均久未返平，致佳奏难聆，实为憾事。白云鹏自北平新世界倒闭后，即离平赴津沪。日前由津回平度岁，因青云阁玉壶春老板贾凤祥、快手刘等，因近将封台，向白恳唱数日，白慨然应允。连唱数日，记者连日往聆，第一日唱博望坡，二日为樊金骂城，三日为黛玉焚稿，末日为霸王别姬，其唇齿之流利，音韵之新颖，与年俱长，已至炉火纯青之候。记者于赞佩之余，特于昨日前往骡马市大吉巷一号白寓访问，其语言流畅，更知系一风雅士也。

  寒暄后，记者问："先生系何处人？"

  白答："河北霸县唐二里人。"

  记者问："先生从哪年学艺？令师何人？"

  白答："自幼即好歌曲，在霸县时，虽无师授艺，而勤于演唱，本县有陈老先生者，曾为吾指教，自光绪十六年赴津，便在天津演唱，至光绪二十年，有北平鼓界名人史振亭先生到津，敝人即拜史老先生为师，艺业乃进，专心研究，至今已成名，先师早已物故，不觉光阴似箭，余已六十岁矣。"

  记者问："贵行的行话，是否谓唱大鼓为'海轰'？"

  白答："不假，海在江湖俚语为'大'，鼓的敲打之声砰砰，能引人耳音为'轰'，故此管敝行叫作'柳（行话管唱叫柳）海轰'。"

  记者问："在天桥儿演唱大鼓之名角，有田玉福先生者，是否一门？"

  白答："田玉福、程玉海、吴玉奎等，皆吾师之徒。"

  记者问："鼓界的支派为梅、清、胡、赵、增、才、杨、张八门，先生是哪支派？"

  白答："敝人系梅家门的支派。"

记者问:"先生从前使过'蔓子活'(即整本大套,如天津三不管唱大鼓书的黄福才,能说一年半载不换书,为同行所重视)吗?"

白答:"敞人在庚子年前使过'蔓子活',至今已二十余年未唱全本书。现在鼓界的人,因'蔓子活'不能开转(挣钱谓之开转),多改唱'唱片'(零段),'蔓子活'将要失传了。"

记者问:"先生哪年到的北平?"

白答:"光绪二十七年(1902年)即到北平,遂在北平落户。"

记者问:"先生所唱鼓词,是江湖秘本,还是名人著作?"

白答:"例如'华容道挡曹'等,俱系江湖秘本,即口传心授得来。余皆为清末韩小窗先生之著作,词句文雅,穿插紧凑,非今人所能及矣。"

记者问:"天津、北平两处,贵行哪处发达最早?"

白答:"天津最早,原津埠多人,皆好丝弦,如靠山调,津人唱之为最美。北平自庚子年后,始有小广寒、四海升平等书馆,至今小广寒已无,四海升平改为民宅,仅青云阁等,亦实不如津埠设备之完整。"

记者问:"贵行在光绪以上,何以无名角?"

白答:"在旧社会风气不开时,敞行与梨园行受人轻视,及欧风东渐,又经西太后重视,艺人身价渐渐提高,是为艺人成名之第一时期。旋复经报纸宣传,艺人身价更复提高,为发达第二时期。今届第三期,艺人已众,努力则可成名,否则势必落伍矣。"

言至此,记者辞出。

这是一篇标准新闻文体的人物访问记,只有出自新闻行业的行家才能写出,而此时的连阔如正值评书艺术的高峰期,不会有太多时间写作新闻稿件,但他在有限的条件下,还是留下了如此平实、简洁、文采飞扬的妙文,为后世新闻媒介专业人士所叹服、激赏。其中的对话,既巧妙地介绍了被访者白云鹏个人的经历,又勾画出整个鼓书艺术的历史发展脉络,文理清晰,表述自然,张弛有度,收放自如,不是文章经纶老手,难见此等文字功夫。

二十四、与金禅雨先生论争评书起源

正是:
金风禅雨评书源深;
连天阔地去伪存真。

金禅雨,出生年月及事迹不详。只知他曾于民国年间著有一本《妙峰山指南》,较为有名。

1934年8月9日,《新北平报》文艺版上,刊登了署名金禅雨的一篇文章,题目是《与阔如先生研讨"评书的发源"》。

在此后近一个月的时间里,金先生同一标题的文章,共分5次登载,之后连阔如又以《答禅雨先生研讨的"评书发源"》为题,连续发表了5篇争鸣文章。金禅雨的提问锋芒犀利、不留情面,连阔如回答言之凿凿、有条不紊。金、连两位先生舌枪唇剑的辩论,形成一道迷人的学术研讨景观,使评书艺术的历史研究走向具体、深入。

这是距今整整70年前,媒体上第一次公开探讨、争论评书理论问题,可以说开了中国评书理论研究、探讨之先河。

这次研讨的起因,是连阔如发表了一篇文章《评书的发源》:

> 评书这种艺术,在如今已然通行全国啦,各省市,各县市,各商埠差不多都有评书茶馆。
>
> 评书界发展的原因,不外乎"平民化"三字。就以北平这地方说吧,各娱乐场多是贵族化,一些游逛的人,是阔佬们,小姐们。我们平常人是不去的。听评书的主顾,进了书馆,书茶资算在一起,不过一毛洋,可算平民化的消遣之一。直到如今,任你时代怎样变迁,评书这种旧玩艺,依然能够存在,实是平民化的力量。

评书的发源，是北平，不用敝人来讲是社会人所公认的。说评书的发起人，在各报有些文墨人，时常地批评。有说是施耐庵的，有说是柳敬亭的。其实这些个说法，都是附会之词，不足凭信。施耐庵是明朝的大文豪，未必登台拍醒木"时才话表"，柳敬亭更不会"话表时才"。鄙人跟他们评书界打听，多不肯说。数载之间，始能访查明确，说评书发起人是王鸿兴。鄙人曾在天寿堂饭庄，见评书协会同人公祭祖师之时，设有王鸿兴的牌位。王鸿兴说评书的年月，系大清雍正十三年，说书的地址，曾在宫内（有大清雍正年掌仪司注案龙票可查）。评书的支派亦由此传将下来。由王老前人发起，传下来的支派，系三臣、五亮、九茂、十八魁，例如邓光臣、何茂顺、尚魁明诸位老先生。

评书旧日发展的时期，是国孝之期。如遇清某皇帝晏驾，国孝之期，停止娱乐百日。大鼓书、竹板书，便得停止。说评书因为不用敲鼓弹弦，不在娱乐之内，不受停止娱乐的影响。鄙人曾在光绪西太后母子出蒙之后，见有许多的说大鼓书的、竹板书的，怕歇演百日之累，都临时学演评书。旧日国孝之期，实为评书界发展之日。这是鄙人调查的，访问的。

评书的发源，贡献于阅者，不日鄙人将所知道的评书沿革，评书界的新旧人物志，投于本报，以资贡献。

金先生的《与阔如先生研讨"评书的发源"》一文如下：

阔如先生前天，在本版发表了一篇《评书的发源》的大作。见了这个题目之后，不由得高兴起来。因为，敝人夙常最喜欢听评书，尤其对于评书界的遗闻琐事，更爱听的了不得！所以把这篇大作详细地捧读一遍，深感先生广览多闻，并且，以外行的身份，而能说到骨子里，可称是有心人了！然而，敝人对于大作有几点要和先生讨论的，并希望勿吝珠玉，多多赐教，好了。

小说——说书（按评书原名评话，又名平词，就是评演各种小说故事的意思），据《汉书》上说："小说家者流，盖出于稗官，街谈巷说，道听途说者之所造也。"这是说小说怎样由来的。

考小说之作，据《古今小说评林》说："说部实肇于《山海经》，至诸子而蕃衍，汉虞初始别为体裁。"《艺文志》载："虞初周说九百四十三篇，为小说之元祖。应劭曰：其书以周书为本，今多不传。"汉张衡赋里有"小说九百，本自虞初"之句，可见小说不自近代始了。

说书这个名词有两个意义：一是官名，《宋史》："仁宗时，孙奭荐贾昌朝等为崇政殿说书。"宋时的说书，类于清时的经筵讲官。一个是纯粹生意道，《辞源》上说："江湖贸食之徒，于神庙茶肆讲说故事者，俗谓之说书。"——两个同是说书，然而，身份可就差远了。

现在评书，除去《聊斋志异》以外，都是说些章回小说。考章回体实创于宋，而兴盛于元。《七修类稿》："章回演义体，则始于宋仁宗时。"《古今小说评林》："章回体小说，创于元而实仿自宋。"章回小说始于宋朝，当属无疑了。《两般秋雨庵随笔》："小说起于宋仁宗时，太平已久，国家闲暇，日进一奇怪之事以娱之，名曰小说，说之小说，则记载矣。"那末，在宋朝就有"时才话表"了。

《夷坚志》："吕德卿偕其友出嘉会门外，茶肆中，望见幅纸用绯（红色）贴"，其尾云："今晚讲说汉书。"——由此又可证明在宋朝已经有粘贴门报的"话表时才"了。

评书，以讲说章回小说为主体，那末，施耐庵有一部空前绝后的《水浒传》，不仅说书的先生们要恭维人家，就是读过《水浒传》的学者，也得要钦佩大作的吧？

柳敬亭，在评书界里，可以称得起是有名的老前辈。《扬州画舫录》："评话盛于江南，如柳敬亭、孔云霄、韩圭湖诸人，屡为陈其年、余澹心、杜茶村、朱竹垞所赏鉴。"那末，有名说书的又不仅柳敬亭一人了。现在，把柳先生的身世，约略着说一说：

柳敬亭，名逢春，明朝泰州人，本姓曹。年十五，犷悍无赖，避仇流落江湖，休于柳下，乃诡姓柳。善说书，自称学技于云间莫后光，以养气、定词、审音、辨物为揣摩，使闻者欢哈嬉噱，久而忘倦。后入左良玉幕府，良玉败，交游于松江马提督军中，终不得志而卒。

先生说他更不会"话表时才"——是有什么考据呢？

先生说：在天寿堂饭庄，见评书协会同仁公祭祖师之时，设有"王鸿兴"的牌位，敝人于前某日，与同事们在同兴堂聚餐，不意是日评书界也在此有聚会，以为必是书馆请知，后一打听，原来是品正三、刘继业等两门在此摆大知。——不由引起我的好奇心来，遂前往参观。彼时，是故友文岚吉和王殿远二君主香，设驾时，是周庄王、孔子、文昌、苏昆生、柳敬亭五位，文君又提议添供豆棚老祖……其中并没看见"王鸿兴"牌位，他们供的对不对，姑且不论，然而，同是评书界，应供的祖师还不一样，为何？

大凡道听途说的事情，固然不能认为都没考据，不过也别拿他当了金科玉律；比如前边说的王佐原名黄佐，因为传说之误，才以王易黄了，不管他对于说书有这么回事没有，究竟个人的事实，还可以考察呢！像"王鸿兴"的事实，又有人说：王鸿兴是乾隆年间人，他常在西华门外树阴下说书，有给乾隆帝倒茶的太监，每天拿个小板凳也在那里听书。据说，有一天回去晚了，误了倒茶的时间，因追问何以误差，遂以听书回奏，乾隆遂传旨召王鸿兴在南书房说书。就以这件事来说，真可以叫做"屁说"，何以呢？仅为小太监，就能这样随便每天去听书，还管拿一个小板凳，真是笑话，再说南书房是什么所在，就能随便外边叫个说书的，好在先生你还没说到这段。那末王鸿兴是雍正十三年在官里说过，并且有掌仪司注龙票可查；既说可查，当然不是听朋友说的了，请问先生是见哪位名人著作里有这段记载，或是查证掌仪司的档案，有龙票，这张龙票是在王姓后人手里，还是在先生手里，或者是在评书协会保存有呢？究竟是怎么样，望乞先生赐教好了。

以上几点，因为与掌故有关，不过同先生研讨而已。极盼详细见示，以明真相。

8月25日,《新北平报》的文艺版开始刊登连阔如的答疑文章——《答禅雨先生研讨的"评书发源"》:

> 金禅雨先生与鄙人研究的、讨论的"评书发源",已在本报发表。经我读过之后,增加了无数感想!禅雨先生长篇大论,将讨论的、研究的"评书发源",详详细细贯彻到底,我是佩服已极!禅雨先生肯以大文家的资格,与我讨论,与我研究,我已认为荣幸万分了!不过先生是以引经据典、考古论今为立场。我发表那篇"评书发源",是以说评书为业的艺术化为立场而论。
>
> 鄙人是从民国十八年,学习讲演评书,加入评书界的。我曾到烟台、大连、营口、青岛各码头,以及太原、石家庄、张家口、天津、东三省各处。那篇"评书发源"我曾说:北平为评书发源之地,是以说评书为业,艺术化为主体。与习书人、论书人、翻书人、讲书人无关了!
>
> 说评书是北平发源的,以下列的情形,足可证明。说书的这一行,以大鼓书、竹板书、渔鼓简板书为最早。先以外省而论,东三省在早先没有说评书的这行人,就是别处亦是没有。在从前由北平去的,有位牛瑞泉老先生(鄙人的名字连阔如,牛瑞泉系鄙祖师。评书的支派,我们是:瑞、德、致、杰、阔,传下来的。就以瑞字的先生讲,约共八位,是王瑞和、王瑞兴、花瑞生、柯瑞芳、玉瑞亭、范瑞升、英瑞山、牛瑞泉)。牛瑞泉老先生,在东北分出去的支派,是瑞、岳、庆等字。如今东三省,有十八位庆字的说书先生,著名的是奉天书曲研究会会长李庆魁先生,现今他们庆字收徒弟,用的是什么字可就不得而知了。潘诚立未故以先,是常到东三省去的,但传授了几个徒弟,都用的是荣字。就以鄙人所知论,潘先生成名的徒弟,有个樵荣贵先生(樵荣贵的照片,刘继业家中有)。可是潘先生东三省的荣字,不能与北平的荣字并论。群福庆先生,有个徒弟,久在沈阳,叫孔荣清,就与樵荣贵的荣字不同。如今东三省各处,所有说评书的,都是牛瑞泉、潘诚立、孔荣清三个人传出去的北平支派。其余梁殿元等,尚未论及。由以上鄙人所述的

情形，便可证明东三省说评书的，是由北平传出去的。

再以天津来讲，我们这支派，在早年去到天津的有王致久、英致长二位先生。他们这二位在天津收的徒弟，没按北平的致、傑、阔，往下传的是按杰、轸、枢、占四字传下去的。又按志、云、桐三字分出去一个支派。在天津杰字成名的先生有张杰鑫、常杰淼。《新天津报》的《三侠剑》、《雍正剑侠图》，便是他二人首创讲演的。其余顾桐俊、乔云斋、马轸元、杜轸明、孔轸清、桐轸芳、董枢敏、曹枢林等，因为报纸的篇幅有限，不能细讲啦。在天津还、坪、鹤的一派，著名的有周坪镇先生，现在《新天津报》讲演评书《施公案》。他们的鹤字的有郭鹤鸣（即是天桥说书的郭品尧先生）、孟鹤然等十余人。近年由北平去的，有金傑丽、金傑华、陈士和。天津约有七八十位说评书的，由上述的情形来讲，足可证明天津说评书的，也是由北平传出去的。其余的张诚润、黄诚志、徐长胜、胡连城，尚未论及。至于太原的福坪安先生、保定的尤鹤亭、张家口的张豫贵、大连的李凯臣、石家庄的杜轸明，与东三省、天津的情形相同，不用细讲。鄙人所说的，北平为评书发源之地，是以说评书的为主体而发表的。

禅雨先生的大作，有些与鄙人看过的《红叶月刊》里面吻云先生所著的《中国小说的系统》大致相同。禅雨先生实是广览多闻，但是我说的是北平为说评书的发源之地，禅雨先生是考古论今，以著书的发源，非艺术化讲述的发源，成隐于我道的大文豪（柳敬亭）来和我讨论研究，可算是风马牛不相及了。

说评书既系艺术化，俗例难免，应有祖师。以我们北平说评书发源之地而论，我们说评书的人，应以首创说评书为业的人、有流传支派性的人为祖师，不能以荒诞无凭的人为祖师。不能生拉硬扯，强加附会地盲从与混认的。

我们说评书的老前人，是王鸿兴为第一人，以及他传下来的支派：三臣、五亮、九茂、十八魁。

考察王鸿兴应为说评书的祖师无疑了！鄙人曾发表的那篇"评书

发源"，内中言及，王鸿兴为我们的祖师，是为驳正那些个盲从不明、妄加批评，给说评书的头上安祖师的意义。禅雨先生所说著书人与讲书人为评书的发源，我认为是著书与讲书……等等的发源，不能认为说书的祖师。至于《精忠传》的王佐，断臂说书，不能认为他说书的。就是说，他是喜评书的，也是捧评书界。并非我辈自暴自弃，评书界恐无王佐似的人才！在我未入评书界之先，与说书的先生概无联络，祭祖的仪注，摆大知的情形，更不得而知。入了评书界之后，处于晚生地位，诸事服从老先生而已！我们每年同业人，在天寿堂公祭祖师，是为定例。曾记得设驾的时候，供有周庄王、文昌帝君、孔夫子，未见有柳敬亭、苏昆生。禅雨先生，以少数人摆大知的情形，来和鄙人讨论，以他们少数人的成见，来证明他们设驾的牌位，是大错而特错了。并且先生说，文岚吉老先生提议，添供豆棚老祖。老先生的意思，至今议案存在否？先生所见，鄙人所知，皆可作谈话的资料而已！

　　王鸿兴老先生是说评书的祖师，铁证无疑！供周庄王，虽是老前辈，强拉硬扯按在祭祖师之列，我是赞成的。因为说竹板书的先生，说大鼓书的先生，也供周庄王。我们说评书的供周庄王，与他们的情形，大同小异，未为不可。供孔夫子，我最为愿意的！岂只说了书挣钱之后来供先师，在我幼年读书的时候，便供过了。供奉文昌帝君我的成否各半，供柳敬亭老先生，我是不赞成的，苏昆生我是更不赞成的！供王鸿兴不是迷信，是供奉他的精神不死！我们评书界人是一辈一辈地学习他那说书的艺术，来解决大家生活的，供奉他是应当的。

　　在头年国历九月五号，评书协会改选职员。鄙人蒙会众爱护，被选入职员之一，曾在本会召开执监委员联席会议一次，由鄙人提议：祭祖师不必在天寿堂，有些位说评书的同业，因为经济困难，到了祭祖师的时候，没有那一两元钱，不敢去参加，瞧着人家祭祖师。那种情形，不惟可怜，并且有失同业的情感。可以在福海居书馆公祭，最低的用费，每人五角即可能成，大家无不赞成。这个议案，算是议决，通过之后，便是福海居设驾公祭。设驾按牌，由鄙人主张，大家赞成。设驾有王鸿兴祖师之位，这是头年旧历八月底的公祭情形。可是设有孔夫子、文昌帝君、周庄王的牌位，没有柳敬亭等人的牌位。在前年天寿堂祭祖是：群福庆、张虚白、阎伯涛三位先生与鄙人负责办理的，牌位是鄙人写的，仍是以王鸿兴祖师为重，如同平绥铁路铸有詹天佑的铜像一样，没有詹天佑，难有平绥路。

没有王鸿兴，没有说评书的。禅雨先生说，有别人曾谈，在乾隆年间，有个小太监听过评书，以至乾隆皇帝听评书的那篇话，说是王鸿兴老先生，又是大错而特错！你先生说是，传言的人所说的是"屁话"，至于先生问施耐庵不是明朝人，其实你先生又错误了。鄙人的原稿上所说，"施耐庵与明朝的柳敬亭……"，鄙人何曾说施耐庵是明朝人。施耐庵三个字，冠在明朝的柳敬亭的头上，你先生没有看清吧。答禅雨先生终了，先生之才，我是佩服的，并请先生将住址示知！以便专诚拜谒。

连阔如发表以上文章后，金禅雨随后也发表了一篇礼节性的文章《敬谢阔如先生——几句要说的》：

凡是有考证的事情，当然要把考查出来的原句引出，以作证据。不但我这样，恐怕是关乎考证的，都是这样！我想不如说近年盛行于北平还相近点；因为宋仁宗时已有说书的，那时北平在五代石晋已奉送大辽了。至宣和五年，金人才归还燕京六州，大概这个地方那时还没有说书的呢？以王鸿兴来比詹天佑倒是可以，不过，平绥路是由詹天佑督筑的，然而，铁路并不是他创兴的，要说评书道在北平是由王鸿兴提倡起来的可以，说评书是由他发源的，那似乎错了。

先生谓原稿所说："施耐庵与明朝的柳敬亭……"，请您再仔细检查国历七月二十一日先生的原稿，或是也许我看错了！

《新北平报》文艺版的编辑一鸿，是位诗人，也写小说，在连阔如与金禅雨的论战结束之后，写了"抹稀泥"、"和事佬"的一篇编者按：

> 是非讨论,不能明白。金、连二君纯为研究性质,并无另外意见。且与记者均为好友,暇时当为二君介绍,以后面谈,岂不省下若许笔墨。限于篇幅,至此告一段落,尚希二君谅之!

应该说,编辑一鸿的这番话,充分表明中国人"是非淡漠"的民族性特点,什么是"是非讨论,不能明白"?不过是明白的事不便明说罢了。历史上的金、连"评书起源"之争,在今天看来,是有意义的。它促成了评书理论的研究,特别是对评书历史发展、沿革的澄清与梳理,随着最新的考古发现,"评书起源"的问题会越来越清晰地呈现在我们面前。

细读以上金、连两位先生的争论文章,觉得他们都有点儿在自说自话,毕竟说书人的立场与文墨人的立场不同。这一点,连阔如看得很透彻。文墨人总好寻章摘句做老雕虫状,而拼搏在生意场上的说书人却淡化遥远历史,而必得面对严酷的生存现实。而其中,恐怕还有满文化与汉文化的文化自尊在起作用,两人对于同一件事物产生不同观看角度和观感是非常正常的。而另一方面,口传心授之艺人,势必只认口传心授的祖师,不认同那些书本上的祖师;而读书识字之文人,势必只相信文字记载的历史,不承认口头上的传说。这就是为什么我要说他们两人有点"自说自话"。

为什么连阔如那样地不信任"柳敬亭为鼻祖"一说呢?为什么他要决断地说"柳敬亭更不会'话表时才'"呢?

这是一个值得探究的学术问题:柳敬亭作为弹词家鼻祖是不是更恰当?

柳敬亭是在扬州说书成名的,而扬州说书可分为评话、弹词两种形式。评话是只说不唱,而弹词却是边唱边说。为什么要说柳敬亭表演的是弹词呢?有1936年3月6日《南京日报》"万象"副刊上署名侧帽生的文章《柳敬亭》为证。文中说:

> 北方的鼓词,南方的弹词,同是由民歌变化成功的。明末时候的柳敬亭,能唱弹词,也能说鼓词,艺术方面有很多过人之处……恰当那明末时候,国家事糟透了顶,一班有志气的人,正愁着无以自遣,因而抱

着"借他人酒杯,浇自己块垒"的态度,大家都跑去听柳敬亭说书。于是柳敬亭就成了亡国时的点缀品,这实在可以使后人感慨系之的!

柳敬亭的弹词,从文学手段里透露着感伤的气息,虽然不能作为通行说书的标准,但是它在文学上的地位,未可一笔抹杀。例如《秣陵秋》的弹词中有一段说:

"落你兴亡几点泪,谈千古,慨半生湖海,一声高唱万山惊!陈隋烟月恨茫茫,井带胭脂土带香。驼荡柳绵沾客鬓,叮咛莺舌恼人肠。中兴朝市繁华续,遗孽儿孙气焰张。只劝楼台追后主,不愁弓矢下残唐。蛾眉越女才承选,燕子吴歌早擅场。力士签名搜笛步,龟年协律奉淑房。西昆词赋新温李,乌巷冠裳旧谢王。院院官庄金翠镜,朝朝是梦雨云床。五侯门外空狼燧,二水周边白雀舫。指马谁攻秦相诈,入林都畏阮生狂。春灯已错从头认,社党东钩无缝藏。借手杀仇长乐老,胁肩媚贵半闲堂。龙钟阁部啼梅岭,跋扈将军噪武昌。九曲河流晴唤渡,千寻江岸夜移防。琼花劫到雕栏损,玉树歌终画殿凉。沧雨迷蒙韵寂寞,风尘失伴凤彷徨。青衣衔壁何年返?碧血溅沙此地亡。南内汤池仍蔓草,东陵辇路又斜阳。全开锁钥淮扬泗,难整乾坤左史黄。建帝飘零烈帝惨,英宗庸碌武宗荒。哪知还有福王在,临去秋波泪数行。"

上面这段弹词,是在明末亡国的时候,怀吊南京历代兴亡的。我们不必亲自听到柳敬亭慷慨悲歌的唱,就是读一读这段弹词,就会生出无穷兴废之感。可惜敬亭的弹词原本,听说失落的很多。不然,我们更可以读到他许多赚人眼泪的东西哩。

南方的弹词与评话有大大的不同,正像北方的鼓词与评书大大的迥异。前者的文本颇具文学价值,特别强调对人物、事物、景物的铺陈、描绘、刻画,或浓墨重彩,或淡墨飞白,皆有可观,可谓篇篇珠玑,段段彩锦,其文字之美,每每与诗词歌赋难分轩轾,如弹词的传统经典名篇《桃花扇》、《林黛玉》等、鼓词的名篇《子期听琴》、《丑末寅初》等;而后者则更多地强调叙述故事,塑造人物形象,讲究交代故事的来龙去脉、起承转合,诉说人物的喜怒哀乐、悲欢离合，但是文本的文学性较弱，甚至没有像样的文字脚本可供参考，全赖口口相传、心心相印的铭记。从表演艺术形式上论，弹词、鼓词要"先学弹弦后学唱"，弹词演唱以三弦、琵琶、月琴等弹拨乐器伴奏，故由此得名，鼓词也以击鼓板或弹三弦为伴奏；而评话、评书只要学会说就万事大吉了。那么，若仅从上面引用的侧帽生先生的一篇小文看，柳敬亭被唤做"弹词家"恐怕更为妥当。由于中国评书历史研究著述不多，所以暂且引述侧帽生先生的观点在此，聊备一说，于学术无害而有益。

21世纪的今天，我们不仅从清代文献《扬州画舫录》中，找到关于柳敬亭和扬州评话的文字记录，也从宋代孟元老撰写的《东京梦华录》里，看到关于北方评书的记载，如"讲史：李慥、杨中立、张十一、徐明、赵世亨、贾九。小说：王颜喜、盖中宝、刘广明……霍四究，说三分。尹常卖，五代史"。这里的"讲史"，即演说历史故事，也就是所谓"袍带书"；而"小说"，则指演说市井故事、鬼怪故事（神怪书）。而"说三分（三国）"已经有专门的评书家了。更有意思的是，书中还提到评书失传的一个流派——"合生"。"合生"也叫"合笙"，是宋代说书的一支，艺人当场指物赋诗，俗称"唱题目"，诗句多滑稽并带有劝讽意味。再早些时候，如《全唐诗》也有关于听评书"一枝花"的描述，只是过于简略。而汉代陶俑的出土，使今人得见评书艺人表演的风貌。评书起源的年限轮廓，比起连阔如和金禅雨二人笔战的时候，可以说已上推得很远很远，也渐渐清晰起来。

然而，对于连阔如而言，他从这次与金禅雨的笔墨官司中获益匪浅，使他进一步懂得了书籍的庄重、文字的尊严，非空口无凭的说辞可比拟，从而令他在而立之年就开始多向书本请教，多向有学问的人请教，为他将来成为在书本文字上从不草率、非常严谨的说书家而做了铺垫。他自己也一再表示佩服大文人之广阅博览。他手不释卷的习惯，也许就从此开始养成。

二十五、"连阔如广告社"名声显赫

正是：
横征暴敛多行不义；
奋起反抗宁鸣而死。

1939年，"连阔如广告社"挂牌营业。

广告社地址是北京宣武区国门关1号，后又迁至琉璃厂143号，最多时雇佣职员5人，少则3人。广告社有三进房屋，相当宽敞。当时，京城有两家知名百货商店，即协成群百货店（专门经营女子用品）和万宝泉百货店。连阔如请来这两家名店的师傅，为自己刚开办的广告社布置橱窗、展柜等。广告社的主要业务客户，包括最大的两处商品批发大户——亿兆商店、满泰洋行。

"上阵亲兄弟，打虎父子兵"。

连阔如广告社的一班人马，除了门人、伙夫外，全是清一色的毕氏家族人。连阔如的大哥毕毓宝、二哥毕毓璋、大侄子毕振庆负责里里外外的业务。连阔如本人除了经营广告业务，还忙活他自己的评书播讲和批八字。两个哥哥和一个侄子，只是由广告社管吃管住，并不拿月薪，平时个人一应花销包括零用钱，都是由连阔如的媳妇康夫人提供。

广告经营主要采取五种方式：招贴式广告宣传，如在汽车上、公共建筑物上粘贴广告；游走式广告宣传，在街头巷尾打旗子，持说明书，给过路行人发送试制品——雪花膏、肥皂、香水等；影院灯光式广告宣传，承包影院霓虹灯招牌、灯箱等；报刊式广告宣传，在报刊上刊登房屋租赁、买卖、商务出兑、寻人启事、法律纠纷、生日婚庆、讣闻吊丧等等各类广告；电波式广告宣传，在各个广播电台承包时段插播各种广告。

当时，西单劈柴胡同有张益三开办的广告社，沙滩有姚子扬的广告社。但是，要论广告业务的范围、规模和影响，恐怕哪家也比不了连阔如广告社。

连氏广告社号称京城同行"头一勾"。

正因为如此,连阔如才被推举为北平广告社同业公会理事长,张益三、徐阶元、徐绍庭、周励琛、沈幼臣等任理事。北平的商务会下属多家同业公会,有副食品同业公会、杂货同业公会等,广告同业公会是其中之一。

抗日战争胜利后,国民党政府派来的接收大员们恣意搜刮民脂民膏,因连阔如带头抵制政府征收"广告捐",惹恼了当局,一张醒目的白色告示贴在了"连阔如广告社"的门脸上,门被封了,执照也被收缴了。

连阔如一气之下,辞去了理事长的职务。

1947年,经营了整整10年的"连阔如广告社"被迫停业,连阔如便改弦更张,开了一个"连记杂货店",经营各种家常日用品,也兼做广告,买卖一样红火。

连阔如颇有商业头脑,这在艺术家群落里实属罕见。也许是多年闯荡江湖的阅历丰富,使连阔如在生意场上具有运筹帷幄的天赋。他与大商场达成交易,以广告替代货币,支付从商场所购商品的费用。这样一来,资金就源源不断地流入,哗哗作响……

另外一个涌流不止的巨大财源,就是在广播电台包租下来的40分钟时段。广告词由连阔如的大侄子毕振庆草拟,由连阔如自己播发。一经评书大师有磁力的嗓音播发,广告效力就变得巨大无比。

20世纪三四十年代,北平的广播电台共有多家,如位于王府井帅府园的燕声电台、东交民巷台基厂南口英国办的增茂电台、北口意大利开的百力威电台以及中国广播电台、北平胜利电台等。在这些广播电台都开设专门的评书节目时段,并插播广告。王傑魁说《包公案》,品正三说《隋唐》,袁傑英说《五女七贞》,赵英颇说《聊斋》,段兴云说《济公传》,连阔如说《三国》、《东汉》。

由于连阔如的名气大,北京人没有不知道他的,因此他做的广告也值钱,可谓财源滚滚。就说广告社的知名度吧,外地人写信来不用写具体地址,就只写"连阔如广告社"六个字就行,邮递员就能把邮件送到。

二十六、与"祥子"同桌用餐

正是:
接济贫寒体恤苍生;
古道热肠君子本性。

阔绰的连阔如,又干广告,又说评书,又做买卖,又批八字,养活一大家人不成问题。

他的广告社及其他业务收入,承担了同住着的岳父、岳母、媳妇、儿子、一个内弟、两个小姨子,还有大哥、大侄子、二侄子、二哥、侄女等十几口人的衣食生计。进项大,开销大。

他租住的琉璃厂国门关1号宅子,是个小胡同里的四合院。家里雇了一位姓邹的厨子,曾经给北平商务会会长做饭;还有一位姓刘的老佣人,一位姓白的、一位姓宋的乳母。一到中午吃饭时,"连记杂货店"做买卖的五六位伙计也分拨儿来家里用膳,顿顿有鱼有肉。掌柜的和伙计们同席,有说有笑。有位伙计名叫韩长发,连家大门门口挂着的笼子里那只可爱的翡翠鹦鹉,都熟悉他的大名,一到正午饭点,必扯着脖子叫:"长发,吃饭啦!""长发,吃饭啦!"逗得大家都有了好胃口。30多年后,"文革"中,家已安在哈尔滨的韩长发,对从北京赶来专门调查整理连阔如黑材料的人说:"连阔如是我们老板不假,但他和我们一桌吃饭,兄弟称呼,他没有剥削我们。"

北洋药社则是连阔如家的又一宗买卖,由大哥毕毓宝管理。城里有名的万锦堂药店,将其救治孩童的珍贵的药物"回生救急散"在南城的惟一广告代理权和代售权,交给了连阔如。仅这一种药物的广告代理费,就相当可观。而大哥毕毓宝自己也在家制作糖药丸,作为药店的一方货源,同时还销售一些治疗头疼脑热、胃胀腹泻的常用药,这又是一笔收入。

连阔如为去电台说书方便,包了月车,就是老舍小说《骆驼祥子》中祥子拉的那种人力车。人力车即"洋车",属舶来品,原产日本,乃名叫高山幸助的人与两同伴一起发明的,明治元年(1868年)就已面世。也有人说发明者是美国住东京的牧师高勃尔,因夫人患病需要外面的阳光和新鲜空气,便自造人力拉动的双轮车子。同是人力车,北京、南京简称"洋车",上海称为"黄包车",天津唤作"胶皮",而杭州干脆叫"车子"。

20世纪30年代的北平,能包得起月车的,大多是有钱的商人、官员、高级知识分子等,一般人家做梦也别想。坐车的人和拉车的人,可是地位悬殊的两个社会阶层的人,不可想象他们能够坐在一起吃饭。

连阔如一到饭点儿,他就会邀请人力车夫和他一同进饭馆,一同入席,一同吃饭、聊天。旁观者多有不解,常侧目而视。连阔如面色从容,照样谈笑风生,使车夫不至于感到不适。

论性格,连阔如倒真有点儿像明末清初的大说书家柳敬亭,急公好义,慷慨乐施,能挣金亦能散金,全为同情接济穷苦之人。凡是上门求告者,必有所赠。

旧时代曲艺界有个规矩,艺人如卖艺遇到难处,衣食无着,家人冻馁,可以找同行宽裕者请求援助,江湖术语叫做"告帮"。其实,也不论同行不同行、同业不同业,只要有揭不开锅的,或有人开口:"生意亏了本,本钱都没了,能不能帮衬帮衬?"连阔如一准是解囊相助,没有二话。白云鹏唱大鼓红火之时,有个跟包儿的,人称"叶儿爷",甚是一起吃香的、喝辣的。及至白云鹏到了晚年,登台不再叫座,钱也挣得少多了,"叶儿爷"就只好来投靠连阔如,且一直是府上受礼遇的食客。

还有一位叫做魏天崇的江湖医生,也寄宿在连阔如的宅院,有前来问诊的,就看看病;没有问诊的,就在家歇着。像这样的例子,还有许多。

古说书人行侠仗义之风,真乃代有所传。

二十七、披露黑幕写奇书——《江湖丛谈》

正是：

走江湖写江湖奇书；

说评书做评书巨人。

连阔如孤苦无助的幼年，使他非常怜恤他人；饱尝艰辛的成年，没有让他泯灭良知。他冒着遭黑道人暗算的巨大风险撰写的著作《江湖丛谈》，丰富了近代民俗学中江湖历史的一个内容，也为北京作为城市的地方民俗、民艺留下生动资料，具有珍贵的历史和学术研究价值。江湖中人一般不会把江湖内幕形诸笔墨，笔墨生涯之人又不大可能深入了解江湖内幕，这就是40万言的《江湖丛谈》的难得之处。

连阔如用笔名云游客于20世纪30年代发表的"丛谈"，一开始在报纸上

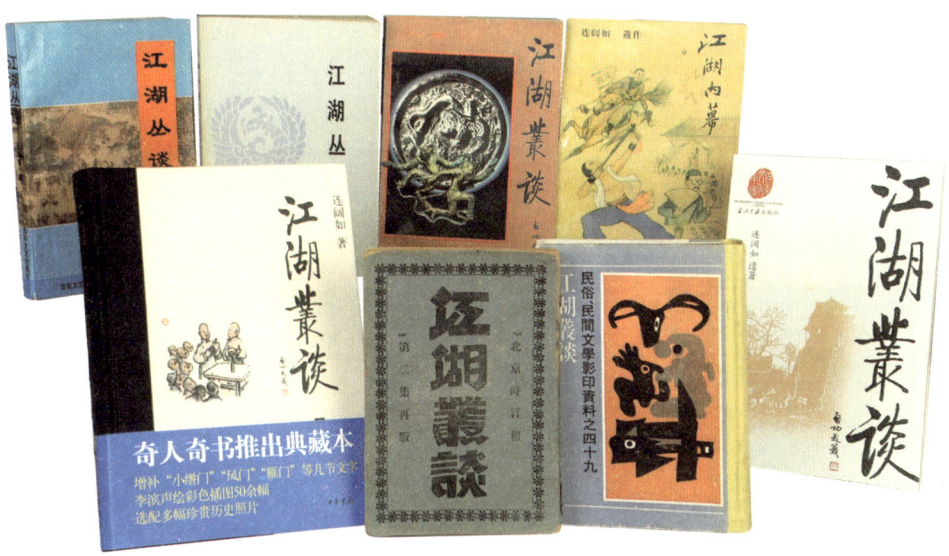

各种版本的《江湖丛谈》

连载,引起社会震动。

他在解释写作此书的目的时说:

> 自幼在外奔走,自谋衣食。对于江湖中的事儿,有个一知半解,所以著述这部《江湖丛谈》。……以我的江湖知识呀,所知道的不过百分之一。不知道的还多着呐。等我慢慢地探讨,得一事,向阅者报告一事,总以爱护多数人,揭发少数人的黑幕,为大众谋利除害,以表示我老云忠于社会啊!

忠于社会,是正直为人的君子之节操,各国各族各朝各代都有这样的执拗者,而人类的文明硕果也正是由这些有良知良能的人所培育和传递。

连阔如于20世纪30年代以亲身经历写成《江湖丛谈》,记载了评书、大鼓、相声、戏法、杂技、武术等的发展沿革,演出状况和艺人传记,并揭露

20世纪30年代,连阔如以"云游客"的笔名,在北平《时言报》发表长篇连载《江湖丛谈》

了江湖行当的秘密行规暗语、医卜星相、保镖护院以及假药、腥赌、高买、骗局等黑幕手段。

读书人有读书人的公用字典，江湖人有江湖人的私密"字典"。江湖人所说的"春点"，就有秘密字典的性质，不向外人道，唯在内部传，为的是掩人耳目，蒙人方便。一个时代有一个时代的江湖术语、暗语，一般人恐怕无从知晓。

暂且在此列一简要"单子"，对照这些正话、术语，仔细琢磨，有点儿意思：

天——顶，

地——躺，

东——倒，

西——切，

南——阳，

北——密，

刮风——摆丢子，

下雨——摆金，

下雪——摆银，

房舍——塌笼，

旅店——窑儿，

吃饭——安根，

挨饿——念唭（kèn），

大便——抛山，

打架——鞭托，

害怕——攒稀，

肉——错齿子，

水——龙宫，

梦——团黄粱子，

牙——柴，
买酒——肘山，
喝酒——抿山，
喝醉——串山，
烧酒——火山，
黄酒——幌幌山，
字——朵儿，
笔——戳子，
刀——青子，
枪——喷子，
车——轮子，
表——转枝子，
帽子——顶笼，
鞋——踢土儿，
男人——孙食，
女人——果食，
老妇——苍果，
姑娘——姜斗，
少女——斗花子，
少男——怎科子，
父亲——老戗儿，
母亲——磨头，
祖父——戗儿的戗，
祖母——戗的磨头，
良家妇——子孙窑儿，
妓女——库果，
男仆——展点，
女仆——展果，

士兵——海冷，

侦探——鹰爪，

和尚——治把，

老道——化把，

尼姑——念把，

官员——冷子点，

高官——海翅子，

洋人——色唐点，

乡下人——科朗点，

傻人——念攒子，

疯人——丢点子，

嘎人——朗不正，

好人——忠样点，

好色者——臭子点，

财主——火点，

穷人——水码子，

赌徒——銮把点，

寡妇——空心果，

麻子脸——梅花盘，

美貌——盘儿嘦，

丑陋——盘儿念嘦，

……

连阔如综述这些江湖人调（diào）侃儿用的"春点"：

> 总计不下四五万言……因为书的篇幅所限，不能全部发表。容敝人写到各门各行的时候，将未曾发表的江湖春点，再一一刊出。……从前江湖人将一句春点看得比一锭金子还重，外行人是一句也不知道的。

到了如今，因为流行日久，外行人亦能耳濡目染地熏上几句。敝人在北平的天桥、东安市场、西单商场以及各庙会，常听见有些个半开眼（对江湖事有一知半解的人称为半开眼）的人，在各生意场儿调几句江湖侃儿，所调的侃儿尽是普通流行的。至于江湖各行隐语，与他们生意有关，外行还是不知道的。

《江湖丛谈》之所以被赞誉为天下奇书，是因为它将一个黑布袋从里到外地抖落了一个遍，让一直不知情的公众了解了通体透明的"黑社会"，揭示了江湖中不法者使用精心设计的各种手段、方法、坑蒙拐骗的招数，及时为社会敲起了警钟，拉响了警笛，发出了警报。

即使在21世纪的今天看来，这部书仍然具有现实意义。比如卖假药的、装神弄鬼的、碰瓷的、假装乞丐的……坑蒙拐骗的营生依旧存在。

二十八、拜京都武侠"醉鬼张三"为师

正是：

京城侠义古风犹存；

武场书坛师徒相亲。

人们但知连阔如说书，却不晓得他练武，且拜过名师。

他拜的师父，是清末民初号称"醉鬼张三"的武林大侠。"醉鬼张三"名叫张长祯，据说曾为清朝皇帝的带刀护卫，为三品顶戴花翎，1901年同八国联军交过手，拜会过义士大刀王五，80多岁高龄时还能身手矫健地"拿猫"。

20世纪二三十年代，关于"醉鬼张三"的传说风靡京城。

一些小报编辑、记者如《小实报》的王柱宇先生，就很想作一篇《醉鬼张三访问记》，并托一位名叫沈三的先生介绍了一年有余，无奈"醉鬼张三"一直婉拒，这就更增加了他的神秘感。甚至有谣传"醉鬼张三"夜半取人首级来去如风……好在有位热心读者给报人王柱宇来函，讲述其与"醉鬼张三"的交往，称老前辈张三爷，乃"醉鬼张三"也，其武术属太极门，住东单象鼻子坑，已愈花甲，面色苍黄，骨瘦如柴，行走垂手躬腰。他出门时，左手提一鸟笼，右手持一长杆烟袋。道高德重，至为扔让，东城一带，没有不知其大名者。信中还讲了一个故事：

> 约在民国六七年光景，时值夏季，雨水甚多。一日正雨，弟因无处可去，便约同院某君在东单西观音寺口内路南一家澡堂洗澡。是时，外面雨大，路上积水，约二三尺深，车马被阻于途，无法行进。忽见一老者推门而入，弟抬眼看时，正是"醉鬼张三"，脚上穿一双新鞋，泥水未沾。弟心中生疑，又不敢问，因其最忌人问武艺之故。一同泡澡后，

三人又相邀去饮酒。出了澡堂，积水犹深，喊一车夫，往返拉人。"醉鬼张三"，并不乘车，如空中悬人，飘然而飞，双足离水面尺许，行至酒馆，鞋袜依旧泥水未沾。

关于"醉鬼张三"的故事太多，真伪难断，但作为拳师的张长祯为后人留下了一套优秀传统拳法——小拳。

行家评价其拳法短小精悍，结构紧凑，注重功力训练，既有实用性又有观赏性，具有良好的强身健体价值，且适于不同体质、不同年龄的人习练。中老年人经常练习小拳，亦可舒筋活血、益寿延年。而小拳的动作并不复杂，只有二十几个拳式，但每一个拳式都是货真价实的基本技击，而招式简洁实用，朴实无华，讲究一招制敌，可称是初学者提高自身功力和技击水平的一条入门捷径。

连阔如已到而立之年，他愿在少年粗通武功的基础之上，登高望远，更上层楼。若能有机会在武艺方面深造，不仅强身健体、自卫有术，更有利于说评书时的表演，比如"架子功"。他若能随"醉鬼张三"练习小拳，当然再合适不过。

说到拜师，同在"醉鬼张三"的门下，连阔如和京剧大师程砚秋两人还算是师兄弟呢。

一开始，"醉鬼张三"并不想收这个已经成为演艺界名人的徒弟，原因简单得不得了，他看见前来求教的连阔如的鞋子上没有土，便平平淡淡地问："你是坐黄包车来的吧？"

"是呀。您怎么知道？"

"你这平时坐车的人鞋上没有土，我这专爱走路的人土里是我的鞋，不一样呵！在这儿坐一会儿就回去吧。我现在不收徒弟。"

连阔如感到莫名其妙。旁边有人扯了扯他的衣襟小声说："下次来的时候，千万走着来！别再坐车！"

大凡各行各业的大师较之常人总都有些怪癖，无癖不成艺。但是，鞋帮上不沾土为何就不授艺呢？道理其实很简单。在武林高手的眼中，鞋上沾土

二十八、拜京都武侠"醉鬼张三"为师

是走得了路、吃得了苦的脚夫所为,习武无它,第一是有在泥土里站得住、站得稳的脚跟。而那些吃穿不愁、出车入辇的富贵人当然鞋不沾泥土,脚不入柴门,眼不见贫穷,也就不值得钻研为穷苦、弱小伸张正义的中华武术。

那时节,北京的街市还没有柏油路面,也没有花砖铺地,更没有草坪,扬尘暴土不稀罕。带着一鞋土、半鞋泥的连阔如再次站在"醉鬼张三"的面前时,这位京都武侠高声、爽朗地笑了,笑得像个孩子,他开始愿意收面前这个徒弟了。

收徒弟是个大事,旧时"徒弟拜师有拜师仪式与无拜师仪式的分别"。

就说无拜师仪式的拜师吧,"一般有两种,一是口盟,又称'寄名',只凭一封信或一句话就算某老师的弟子了;二是'私淑弟子',即指某人特别喜欢某人的技艺,由于种种原因,无法举行拜师仪式正式拜师学艺,只好借观摩他人之机,偷偷用心学习,后来学得真本事,遂自称是某某的私淑弟子"。很明显,连阔如应属无拜师仪式的"口盟"("寄名")徒弟一列。

年届八十的"醉鬼张三",常是连阔如家中的座上宾。

连阔如不在,他的大侄子毕振庆负责接待,每每一顿饭要为武术老人准备一瓶烧酒,二斤肘子肉。老人坐卧形态绵软,一动拳脚虎虎生风。十七八岁的毕振庆缠着老人学武艺,老人不耐烦,只说:"每天用十个指头依次按墙,使身体脱离墙体,越远越好,先由大拇指练起,练到小拇指时最费力气。日久天长,你的十个指头,就可力抵千钧,十指一伸,谁敢近身?"毕振庆趁着兴头练了几个月的功夫,就再也练不下去了,毕竟练武功要能忍耐常人无法忍耐的单调、枯燥。

"醉鬼张三"悉心指导,告诫徒弟:

"武林中人,只认武功不认人。不管你是哪派哪门哪个师父,如果你的功夫不行,就什么也别说。初学者最忌有一步登天之念,本事是多年积攒的。曲有定音,拳有定式,心有定力,世有定理。一个'定'字,就是真功,比如蹲桩,久蹲久悟,每个动作要领了然于心。然后是慢打,从定式过渡到快打。开拳显豁,收势利落,动作越慢气越沉,手掌运力如流云,绵绵软软无骨态,谁料里面是钢筋。——此乃云手。最后是快打,行拳迅疾如

风,出脚快如雷电,动作力似千钧。小拳确是很适合你这样的初学者习练。它虽属内家硬功拳,但一招一式全表现中国传统武术内外兼修、刚柔相济的特点。记住:蹲桩使人立有根,云手使人飘似云,内家功夫全凭两者运用自如,而武术的境界在于:站立于万仞高山,眺望于千层云外。"

在"醉鬼张三"向徒弟连阔如说完这段话的70年后,小拳作为一套易于普及和推广的武术功法,已经彰显于世。有专家称,在京城普及"醉鬼张三"小拳的工作,从1990年开始一直都在进行。如其本门第三代"德"字辈传人陈瀛老师,在北京丰台青塔武校传授小拳及其他"醉鬼张三"功夫,大力培养武术新苗,为继承和发扬"醉鬼张三"张长祯功夫付出了辛勤汗水。会练小拳的人已达千人以上,从而为进一步普及和推广本门功夫奠定了基础。

武林中"醉鬼张三"之门,曾有十六字训诫或曰箴言:

武德英修,奉公守法。仁义为重,师传永做。

其中,"武德英修"又是辈分的排列。连阔如属于"武"字辈的。正因为是北平城大名鼎鼎的传奇武侠"醉鬼张三"的徒弟,在连阔如写作并发表了《江湖丛谈》以后,那些被掀了黑幕、揭了老底的江湖骗子、混混儿、二流子、无赖等,才不敢动作者一根汗毛。当然,"云游客"的笔名也使连阔如得以少惹麻烦。

二十九、为艺人名誉平反：下九流中无艺人

正是：

天有九重哪个曾见？

人分九类我先不平！

凡是接触过连阔如的人，无论鸿儒与白丁，不分高官与百姓，皆交口称赞：

"此公没有一点儿江湖习气，也没有丝毫艺人惯有的自卑，有的是谦逊好学的态度，正直为人的风范，阅历丰厚的睿智。"

连阔如用他的艺术，也用他的为人，更用他对知识、学问的不懈追求，树立起一个大写的民间艺人形象。这形象傲立于当代文化人的行列而无愧。他自幼颠沛流离于动乱的中国北方，社会底层的五行八作都曾一试身手，最终选定评书艺术为终身职业，全凭他的心地坦荡、眼光犀利，认识到这是一种正当、纯洁的技艺，足以借此谋生而无憾。于是，他再无他求与旁顾，身心全部融入这门中华民族古老的传统艺术。他不仅以自身的选择为骄傲，也无时无刻不告诫曲艺同行，不要以艺人的身份自贬，要昂起头颅做人。

说书唱曲，包括唱戏的，从前叫做戏子的那些人，过去都被人称做"下九流"，被人瞧不起。说书的都没什么文化，听书的也都是没文化的人。

总为弱势群体仗义执言的连阔如多年浪迹江湖，又善于探幽猎奇，找来三教九流的内容一核对，发现其中根本就没有艺人、戏子位列"下九流"的记载。所谓三教，乃指儒、释、道，即儒教、佛教、道教。所谓九流，则是上九流、中九流、下九流。

上九流包括帝王、圣贤、隐士、童仙、文人、武士、农、工、商九类人。

中九流包括举子、医生、相命、丹青、书生、琴棋、僧、道、尼九类人。

下九流包括师爷、衙差、开秤、媒婆、走卒、时妖（巫婆等）、盗、

窃、娼九类人。

艺人、戏子有点儿接近中九流中"琴棋"的性质，怎么能说是下九流呢？显然，在这里冤枉了说书唱曲人以及梨园弟子。首先，将人分为上中下各九流的做法，就有悖民主观念、平等意识和现代人文主义精神，是应该用批判眼光对待的。

当然，社会上也流传着另外一种有关上九流、下九流的说法，并称上下九流之间的交往和通婚是有阻力的。

其上九流为：

1.师爷——有学问、有经验的地方官顾问

2.医生

3.画工

4.风水师——又叫地理师，为人看风水

5.卜卦

6.相命——看相者以星宿、阴阳五行断人命运

7.僧侣

8.道士

9.琴师

其下九流为：

1.娼女——分两种：艺妓和妓女

2.戏子——称为优，又叫演员

3.巫者——巫师

4.乐人——被雇用于喜事、吊丧时的打鼓、吹喇叭者

5.牵猪哥——牵公猪到母猪家交配的人

6.剃头——理发师

7.仆婢——奴才

8.拿龙——按摩

9.土工——为人洗骨和埋葬尸体

显然，这后一种上下九流的说法，其道听途说的成分更多，因为从其上

下九流的人物划分来看，多有重叠现象。比如，上九流中的风水师、卜卦、相命三者颇近似，而上九流中的琴师与下九流中的乐人很难分清身份，而上九流中的卜卦与下九流中的巫者也实属一类，故这样一种上下九流的说法颇不足信，当属天下俗人信口胡诌所传的俗言。

真正能登大雅的关于"九流"的划分，是源自古代学术界的一种派别概念，最早出自《汉书·艺文志》，其中记载，先秦学术流派有"九流"一说，即儒、道、阴阳、法、名、墨、纵横、杂、农。《北史·周武帝纪》也有记述："遂使三墨八儒，朱紫交竞；九流七略，异说相腾"。

由此分析，所谓"下九流"，最早的含义应是"不入流"，指学问浅薄，知识有限，不能自成一家，不能成一家之言。而后来者缺少理论素养和学术趣味，却专事插科打诨，便把"九流"用于社会成员等级的排列，一种不尊重生命、不尊重社会分工的庸俗小市民的情味散发其间，污染着社会的文化风气。

"下九流"的说法，显然是对民间艺人的侮辱，不驳不足以平艺人之心。于是，连阔如逢人便说：

> 下九流中无艺人，
> 说书唱曲不丢人。
> 我拿醒木提个醒，
> 此乃堂堂正正人。
> 人无高低与贵贱，
> 却有愚贤与伪真。
> 若分子丑寅卯来，
> 剖开肚皮看良心。

三十、率先在北京"触电"的评书家

正是：
汉俑唐诗宋话本传；
评书播讲连续当先。

——且容啰唆两句，中国历史上自从汉代就有了"说书俑"，其憨态可掬；到了唐代，已经在诗人的描述中有了评书曲目"一枝花"；至于宋代更是留下几十部民间艺人的评书话本。因此，说到古老的评书艺术"触电"，通过天空的电波传送给天下听众，实乃值得纪念的奇观。

20世纪三四十年代，以为报刊撰写"北京通"专栏而闻名的金受申先生，曾在《补谈评书》一文中，谈到首创在北京电台说评书的连阔如：

"从电台广播评书以来，最初只有连阔如的《东汉》，以后中央电台成立（1940年前后），改袁傑英《施公案》，继续的是连阔如的《隋唐》，王傑魁的《包公案》、《小五义》，现在是品正三的《龙潭鲍骆》。在中央分台方面，有刘继业的《济公传》、陈荣启的《施公案》、刘汉卿的《金匮侠踪》以及新改上分台的王傑魁《三侠五义》。"

连阔如成了在北京广播电台上传播评书艺术的第一人。

中国的广播电台发展史，可以说基本与世界同步。

世界广播电台的生日是1920年11月2日，这一天美国匹兹堡KDKA广播电台开始播音。接着，英、法、苏、德、意等国也步其后尘。仅隔两三年，中国境内于1923年初，有了美国人奥斯邦开办的广播电台——"大陆报——中国无线电公司广播电台"，并于1月23日晚首次播音。这座设立在上海外滩一所洋房屋顶的电台，每晚只播出一个小时，播发《大陆报》提供的国内外新闻和娱乐节目。周日有布道、祈祷类宗教节目。但几个月后，北洋政府取缔了奥斯邦所办的广播电台，理由是"不允许外国人在我国私设电台"。值得一提的是，奥斯邦电台开办三天后，就播出了孙中山当日在上海发表的《和平统一宣言》。孙中山说："余切望中国人人能读或听余之宣言。今得广为传布，被置有无线电话接受器之数百人所听闻，且远达天津及香港，诚为可惊可喜之事。吾人以统一中国为职志者，极欢迎如无线电话之大进步。此物不但可于言语上使全中国与全世界密切联络，并能联络国内之各省、各镇，使益加团结也。"

1936年，有专业人士统计，美国家庭拥有收音机的总数为2200多万台，另有汽车上安装的收音机300多万套，德国有700多万收音机听众，法国有173万电台听户（登记者），丹麦有56万广播听众。而中国所有收音机的总数，不超过15万台，集中分布在北京、天津、上海、南京、武汉、哈尔滨等大城市，边疆各省如川黔电台设置计划只在起草阶段，农村各县成立收音室刚有预想，但国家教育部已通令各地公、私立中学，及民众教育馆，均应装置无线电收音机。此时，中国的电台发展到近百家，十之八九为民营。

我国自办的第一家广播电台，是于1926年10月1日开播的哈尔滨广播无线电台。每天播音两个小时，除了新闻、演讲、物价等节目外，还有音乐播放。

北京无线广播电台，是于1927年9月1日开始播音，内容包括新闻、商情、讲座以及戏曲节目等，尤其是京剧的播出颇受欢迎。而电台播讲评书，要等到10年后才兴起。

中国的评书艺术，随着无线电广播的发展，得到一个质的飞跃，"文"一些、"雅"一些的说书人被电台邀请，而听众的层次也上了一个档次。

20世纪前半叶的评书，插上了一只广播的翅膀；而后半叶的评书，插上了一只电视的翅膀。电台和电视，相继使评书的听众人数成几何级数增长，由最初的几十万、几百万人，发展到几千万、几亿人。因此，了解中国广播发展史对研究评书史是必修的课程。

从目前掌握的资料看，苏州是我国最先通过广播电台播讲评书的城市。

其原因有二：

一是这里的无线电最先普及，二是评书市场也很发达。

1935年3月，吴县（苏州）政府工作报告中记载：1934年社会教育一项，由教育局办理艺员登记，共677人，其中仅说书人就有77位。

同年，吴县的《苏州明报》上，已经开办了"无线电"专刊，介绍"矿石机装置法"、"收音机装置天地线常识"等知识。

一日，誉满苏沪的评话家严冠英，与弹词家张慧君、王廷苏、俞韵香，一同光临德德馆堂会，被宾客团团围住，索照片，请签名，颇有影星风采。

城市文化兴盛、商业兴隆的大背景，促成了苏州在1935年6月10日，就首创电台评书演讲。

"无线电机保险社广播电台"尝试播音的特别节目中，有唱片、开篇（小段评弹）、弹词、苏滩（滩簧：说唱故事，后发展为苏剧）、滑稽、歌唱等文艺表演，也有评话（南方评书），由黄兆麟说《三国志》。

继而，"说白清爽，扮相肖真"的严冠英与李亦达，在苏州电台演播评话《英烈传》、《金台传》、《奇侠传》等，石德清在百灵电台演播评话《薛仁贵征东》。

苏州人一直视弹词、评话为"正当高尚之消遣娱乐"，年轻人还喜欢结社研究其艺术，陶冶身心，如"友联社"即其一。可叹小小苏州县城，就有三四家电台，与大城市比肩。

天津在全国氛围内，率先出版了广播行业报——《广播日报》，创刊日期是1935年9月1日，共4版，详细记载了天津本埠4家及中央和北平两家广播电台每日播出的节目。

社长袁无为很是有为，报纸初创时期，伴着印刷机的轰鸣入睡，等宿舍的条件好了却难以成寐。在报纸创刊一周年时，一个剧团致辞："物质进化，天涯比邻。系维电波，贯达无垠。洪钟木铎，白雪阳春。月周一匝，名重三津。"几万读者赞其为"广播指南针"。

或许由于天津是我国最早的通商口岸之一，租界洋楼林立，城市商业发达，为收音机的推广提供了丰厚土壤，所以广播事业居于领先地位，4家电台为：中华电台、东方电台、仁昌电台、青年会电台。

其中，中华电台"最早创办，播音最清晰，广告最繁盛"，大鼓、评

三十、率先在北京"触电"的评书家

书、相声等曲艺艺术,占据了文艺栏目的大部分时间。

值得一提的是,中国惟一一家研究无线电收音、广播学术的专刊《收音期刊》,也于1935年在南京出版,发刊词中说:

> 盖广播电台不仅是一种宣传工具,确是现代最新式之教育工具,较之任何阶段教育的施教方式,均较为简便,而所得效果亦较为宏大……所播送之各种常识演讲新闻歌戏等等,如能笔之于书,公之于报,并于公共场所装置收音机,久之,自足以启迪民智而促进文化。

这时的学者、专家已经认识到,"近今,科学发达人文昌盛一国之文化全赖之科学","无线电广播事业,对于社会教育有莫大之贡献",而"人情好尚不同,寄逸兴于耳目之悦者则一"。

最先在天津中华电台说评书的是陈士和先生,说的是《聊斋》,时间是1935年9月,比北京电台演播评书早了两年。之后,福坪安先生在仁昌电台说评书《狸猫换太子》,张浩然先生在东方电台说《峨嵋七剑》,佟浩如先生在青年会电台说《儿女英雄传》。此外,张士诚先生的《元侠女》、周坪镇先生的《五女七贞》、吉坪三先生的《三续清烈传》、包仲轩先生的《三国演义》、周士鹏先生的《铁冠图》等相继在天津的几家电台播讲。

天津,为中国曲艺的一个大本营,电台有推波助澜之功!

天津是目前所知,继苏州之后电台播讲评书最早的城市。

评书——对中国初创时期的广播事业乃至社会语言文化的普及教育,可谓居功至伟。

上海,虽然是当时的文化娱乐大都市,电台的文艺节目琳琅满目——歌曲、话剧、弹词、京剧、歌剧、西乐款款动人,却偏偏没有评书演播。

南京,虽然是中央广播电台的所在地,但是人们从广播里听不到评书,只能听到大鼓、平剧(京剧)、弹词、国乐(民乐)、西乐等文艺节目。

广州,虽然有广州市电台、西南航空公司电台等,却只播政府报告、演讲、讲故事、国乐、西乐等非常严肃、高雅的节目,没有评书演播。

作为中国广播电台发祥地的哈尔滨，在电台播讲评书的时间，要比北京晚了一两年，直到1938年9月，才有张文清先生演播评词（俗称小书，艺人行话称简册儿，起源于清同治年间，由杭州南词衍变而来）《彭公案》，金庆岚先生1939年演播《打罗汉》，张青山先生1940年演播《洪武剑侠图》。

值得注意的是，当时的哈尔滨电台同时用俄语、日语、满语、中文多种语言广播。

固桐晟先生1940年在奉天（沈阳）电台演播评词《儿女英雄传》。

1937年11月3日至12月31日，连阔如首创在北京电台演播评书，说的是他拿手的《东汉演义》。

此前，电台虽然每天都安排许多文艺节目，如歌曲、相声、大鼓书、民乐、西乐、京剧、儿童故事等，却不曾有评书演讲的一席之地。其原因，主要是电台创办初期，北京地区只有区区1800台收音机（据1928年统计），听众也只局限于高官、要人、巨商、富豪等有钱有势之阶层，作为大众艺术、平民娱乐性质的评书，自然没有市场。到了1932年，七个真空管的广播收音机，市场价是230元；八个真空管的315元，虽然一般市民还消费不起，但是大小商店却可以置办收音机用以招揽生意。随着收音机从昂贵的奢侈品向普通商品的过渡，电台的听众也扩展到百姓之中，于是，评书在电台这个交流平台也就有了用武之地。

自从连阔如"触电"之后，其声名随电波远扬，"评书专家"、"评书闻人"等头衔也相继而来。

不仅是评书，还有其他曲艺形式，如单弦牌子曲、梅花调、京韵大鼓、唐山调、乐亭调、西河调、天津时调、河南坠子以及上海滩簧等，都成了广播电台的"座上宾"。

有人统计，"40年代，北京（北平）广播电台的曲艺节目占了总播出节目的80%，而且每个曲艺节目都是80分钟，大多要求演员代播商业广告。清早，照例是30分钟的行情，此后是瞽者翟少平、王秀清的单弦牌子曲，既有传统段子，又有新编的滑稽新词。9点以后，照例是关顺鹏的竹板书《薛刚反唐》。午后一开始是宋大红的京韵大鼓或郭筱霞的梅花调。下午3点以后是曹宝禄的单弦或王佩臣的乐亭大鼓。5点以后是王傑魁的评书《小五义》，后来是赵英颇的《聊斋》。晚间多是特请一些名演员出台。此外，电台还经常安排传统节日的曲艺专场。"

可以说，电台成了曲艺的大舞台。

那时，与连阔如竞争黄金播音时段的，可不光是评书界的同行，更有许多相声大师、梨园巨擘。如创立了我国有史以来第一个相声研究机构"中国稽语促进会"的张傻子，就经常在电台的正午或下午时间，与搭档高德明合说相声。梨园名宿的名段演唱录音也不时地播放，并作为重点节目处理。但是，连阔如的评书却始终占据着"大轴"的位置。而在评书界里，连阔如先生被不同电台邀请的次数最多，播讲的评书篇目也最多。

醒木惊天连阔如

三十一、四拨儿"书腻子"相互PK

正是：
连王赵品四大天王；
九城茶馆倒海翻江。

话说连阔如在北京的老书场与新开办的广播电台，两处春风得意，四城人士赞誉，八方听众留恋，十多部评书经典传诵——譬如《东周列国》、《秦汉演义》、《西汉演义》、《东汉演义》、《三国演义》、《三十六英雄》、《隋唐演义》、《三打韩通》、《说岳全传》、《金枪杨家将》、《五女捉兰》（《五女七贞》）、《明英烈》、《水浒传》、《恶虎庄》……于是，自然而然，他拥有许多偏爱他的"书腻子"，走到哪儿，跟到哪儿，见人如听声，听声更见人，那时代"追星族"的狂热劲儿同样令人咋舌。

然而，京城之大，能人之多，艺坛之高，江湖之深，皆属无可限量，岂能让一个30岁刚出头的小伙子连阔如把天下艺人的风光占尽？

的确，天下风光不可占尽！

当时的北京，三四十年代的北

位于永外沙子口的书馆旧址，连阔如当年曾在此说书

京，单在评书说讲领域，堪与连阔如比肩的就不止一位，而是至少三位。

这三位的尊姓大名是——王杰魁、赵英颇、品正三。

王杰魁，北京人，生于同治十三年（1874年），以更夫身份拜师王致廉，23岁开始说评书，民国初年已声名鹊起，30年在天桥能容纳三百书座的福海居演出，最擅长说《七侠五义》（《包公案》）。其说书特点是，吐字缓慢，风格细腻，尤其善于使用"变口"（改换各种地方方言），表现不同地域、不同身份、不同性格的各色人物。一些商业电台曾播送其录音。据说，其数百万字的《七侠五义》书稿毁于"文革"期间。

赵英颇，北京人，出生年月不详，1951年去世。拜师曹卓如，因说《聊斋》而负盛名，尤以模拟各种自然声响及人声而著称，曾在电台播讲《聊斋》之片段《席方平》、《续黄粱》、《莲香》、《聂小倩》等。解放后，曾播讲新评书《白毛女》。有言："说书的应该无所不知，百行通，不能说一辈子糊涂书。"

品正三，北京人，满族，生于光绪二十一年（1896年），乃评书世家子弟，父亲文殿成是清末入行。他拜张岚溪为师，21岁登台演出，古文功底扎实，经多年潜心研究，整理修订家传《隋唐》（又名《兴唐传》）。

大致推算，与三位同行相比，连阔如应算年龄最小，学说书最迟，且出道最晚。

和连阔如一样，他们三人的大名在评书界乃至观众中，如雷贯耳。这四人号称"书场四杰"，也大都是广播电台娱乐节目——评书播讲的红人。而且，这三位评书大师也是各有拥趸，各有爱痴，各有轰都轰不跑、甩也甩不掉、听书就会在现场嗷嗷叫好的忠实的"书腻子"。

"书场四杰"——连阔如、王杰魁、赵英颇和品正三，每人拥有一个亲友团般的"书腻子"团队。

这四拨儿"书腻子"也不管在哪里见了面，一谈起说书，都像仇家似的，各持己见，各不相让。就和今日的北京队球迷见到了天津队、上海队或青岛队球迷时，不免十分不忿、"分外眼红"，甚至形成对峙一样。

但是,"书腻子"们各有来头,各有背景,有的是平民百姓,也有的是记者、编辑、作家、艺术家,还有的是商人、官员或军旅中人。这般不平凡的四拨儿"书腻子"们要是相互叫阵、叫板、唇枪舌剑地呛呛起来,也是很可观的一出戏呢。

外界一般是这样评价"评书四杰"的:

关于连阔如,都说他长得帅,嗓音宽厚洪亮,说功、做功、打功俱佳,最大的特点是擅长模仿马的嘶鸣,故有"嘶马连"之雅号。民国文人金松涛在《天桥纪事》中以一首竹枝词赞誉其评书艺术:

> 讲评形容酷似真,
> 何须证史觅前尘。
> 谐谈唤醒痴人梦,
> 柳敬亭君又现身。

说到王傑魁,因华声电台每天播送其评书时行人驻足聆听,而享有"净街王"的绰号。

至于赵英颇,则有"说神让人出神,说鬼让人梦鬼"之赞誉,大号"鬼神赵"。

而品正三呢,外号是"正八套",指其说书路径宽广。

现在,该轮到四拨儿"书腻子"打嘴仗了,说是打嘴仗,实是在打颇有机关和风趣的"文字仗"。

支持连阔如的一方先挑事,他们推举一位前清举人,名叫郭耀先,先写了一首藏头诗——《连阔如说评书最好》,主动来向其他三方挑战。

诗曰:

> 连珠妙语看此君,
> 阔地高天江湖人。
> 如有神助马长嘶,

说表俱佳真英俊。
评点江山露豪气,
书卷文心贯古今。
最爱一声醒木脆,
好个中华曲艺魂!

此诗,既赞扬连阔如的说书艺术卓荦人间,又捎带提及他当时正在刊物上连载、颇受读者欢迎的著作《江湖丛谈》。

属于王傑魁那一方的"书腻子",一看书场——两层楼高的"福海居书茶馆"(俗称王八茶馆)墙壁上张贴的这首诗,把个连阔如说得天下无敌,在北京书场属老大,立马就不干了。他们非要把这藏头诗从墙上揭下来,书茶馆的老板连忙上前阻拦,不住地用好言好语来劝慰:

"唉,这是怎么回事?咱都是来听书的,又不是来怄气的。你看这诗有气,没关系啊,谁还不会写这'酸溜溜'的打油诗不是?我还能给您诹上几句呢,不就是'江山一笼统,井上黑窟窿。黄狗身上白,白狗身上肿'(王打油所作)吗?要不然,我看这么着,你们觉得谁的评书说得好,也写诗一首,我保证也贴到墙上去,比着来,打擂台,好不好呀?"

跟着王傑魁在各个书茶馆听了几十年书的"书腻子",听到老板这么一说一劝,气消了不少,细想也觉着有理,干脆就找人代笔,写诗拿来比试。他们也找来一位文坛写手,名叫霍勉,也针锋相对地写了一首藏头诗——《王傑魁书场真豪杰》,意思是说,你连阔如算什么,不过是假豪杰罢了!

诗曰:

王者无他看此厢,
傑出有我说强梁。
魁首京城谁匹敌?
书香更比花香长。
场面红火人气足,

> 真才实学震八方。
> 豪迈艺坛老黄忠，
> 杰作从来显灵光。

的确，正如这首诗所提到的，王傑魁在"书场四杰"中年龄最长，已经是七旬翁了。

这下可好，看到前面这两拨儿"书腻子"这样两首捧名角捧到无视他人地步的"歪诗"，赵英颇那一方的人又愤愤不平了。

他们不甘示弱，同样由一位会舞文弄墨的高手，叫做高凌霄的，即刻挥笔写了一首藏头诗——《赵英颇神聊最勾人》，来驳斥前两方对手。

诗曰：

> 赵宋天下话本多，
> 英风不减人评说。
> 颇有奇气几代传，
> 神仙也要做看客。
> 聊天聊地聊鬼神，
> 最喜日月不蹉跎。
> 勾栏瓦舍寻常见，
> 人听述异偏红火。

诗中，巧妙地点出赵英颇是说《聊斋》的圣手，可谓"天知地鉴鬼神欣"。

这回好了，该轮到品正三一方的"书腻子"按捺不住，大光其火了。

他们中间，当然也不乏"寻章摘句老雕虫"一类痴迷文墨的书生，一位姓黄名永鸣的老先生，憋足劲要写首盖过其他三方"书腻子"的藏头诗。其诗的标题照例具有当仁不让的气势，叫做《品正三细品最有味》。

诗曰：

> 品人品物品青史,
> 正义正气且正直。
> 三三得九吉祥数,
> 细细体味观者痴。
> 品到深处人警醒,
> 最爱隋唐传如诗。
> 有道皇城书茶馆,
> 味从品来年月日。

这首藏头诗,仅仅抓住品正三的姓,即一个"品"字的特点和内涵,不断挖掘、铺排、演绎,写得颇为传神,亦有味道。

单说这四首藏头诗,可谓各有高妙之处,也各有警策之句,真是各有千秋,以致在相互斗法、比试中,只能是平分秋色。

至此,"书场四家"的四拨儿"书腻子"的PK(中文意思是对比、较量,来自英文Player Killing),总算告一段落了。

三十二、京津两地报刊盛赞"八臂哪吒"

正是:
九州风雷齐聚书场;
八臂哪吒一人风光。

1939年12月30日出版的周刊《立言画刊》,在"播音圈"一版上,刊登了一篇很有意思的人物素描:《八臂哪吒连阔如》。文中称连阔如为"飞天英雄",随空中发送的电波,将评书播讲到千家万户,其行为就像脚踏风火轮的哪吒。

作者评说:

"连阔如以说评书,把几十万人引得一齐入迷,想当初一部《东汉》,光凭一张嘴去说闹昆阳一幕,说得天花乱坠,使人如临其境。连先生以一张利口,把一伙英雄盗寇,说得活灵活现,并且在每天开书的时候,他要说些益世劝人的'开篇',这是与其他评书演员不同的地方,也是连先生的特色。"

"益世劝人"实乃连阔如说评书的一大目的,他不是那种"文章只为稻粱谋"的实用主义者。

文章盛赞:

"连阔如有英雄气象,真如王傑魁所评价的四句:'身量高大,体格魁伟,胸宽背厚,肚大腰圆'。一双虎目,两只大耳,而且是头如麦斗,声似洪钟。演说打书的时候,口吐虹霓,器宇轩昂,嘎啦啦啦啦啦——一阵马蹄声音,真如千军万马,奔来眼底;当嘟嘟嘟嘟嘟——一方铜锣响处,亚赛空天霹雳,钻进耳鼓。听的主儿,为之神移目定,仿佛郅君章真来叫战,巨无霸沙场示威。听说一位伙友,为听《东汉》,居然要退归林下,不做事情了。这可见连阔如的魔力有多大。"

三十二、京津两地报刊盛赞"八臂哪吒"

在当时,大众的娱乐方式之一就是听广播里的文艺节目,新年、春节等节庆日尤其如此。在新年前一天出版的画刊上,刊登连阔如的评介文章,足见媒体特别是广播电台对他的重视。

不仅北京首屈一指的知名文化娱乐刊物《立言画刊》追捧连阔如,就连天津最著名的文艺休闲半月刊《游艺画刊》也一再介绍这位年轻的评书家,对其也多有褒奖。

带彩页的《游艺画刊》由潘侠风主编,创刊于1940年初,一两年时间内,四度刊登有关连阔如的文章。1940年1日(1卷12期),刊有署名啸天的文章《说评书的难处》:

> 说评书一技,常人皆以其不过演述故事而已,并无何难处,实则不然,余以为此道较之演剧演说等难之若干倍,善说者,能使吾人哭、笑、惊、叹……一切感情为之所夺,以至呆若木鸡,此皆凭说书人"三寸不烂之舌"所造成者也。
>
> 说书之难处甚多,即此道中人恐亦难言尽,余曾与评书艺员连阔如谈及此点,所互认为之难处,大约如下:
>
> 1.戏剧中分生、旦、净、末、丑各行角色,而说书则全凭一人学之。
>
> 2.戏剧中有布景、服饰、切末、场面……,而说书则只凭一张口,两只手,一把纸扇,一块醒木,形容出不同之环境与动作。
>
> 3.说书人须口齿清楚,嗓音洪亮,气力充沛,且须精晓世态人情、风俗习惯、历史地理、戏剧小说等,以为参考。
>
> 4.说书时须将喜、怒、哀、乐表示分明。
>
> 5.须能分富、贵、贫、贱、文、武、贼、匪、男、女、老、少,各种不同身份。
>
> 6.须能学鸡鸣、犬吠、马嘶、哭声、笑声,以及其他各种声音。

这是我们所能见到的将评书艺术的特点、难点讲述得最简单、清晰的文字，颇有理论价值。

　　此刊还有一个"时代艺人评介"栏目，曾于1940年12月1日专门介绍评书界的名人："连阔如——他是以一部《东汉》，在电台上，震动了北京市的每一个人。虽然时间只两个月，但'姚期、马武、岑彭、杜茂、妖人刘秀……'成天在人们口中念叨，这样，奠定了他'红'的地位。他的长处是干净利落、斩钉截铁，一方面是嗓音亮冲，一方面是气力充沛和一般老气横秋者不同，但据'傑字辈的老人物'说：'阔如可算青胜于蓝，那孩子也真用功就结了。'"

　　在同一期刊物上，还登载署名右生的《连阔如的评书》一文："……就按连阔如说吧！在今日可算是技术和时运全好，前几年初次在广播电台说评书的时候，每天早上七八点钟就和听户见面，那时说的《东汉》一来热闹，二来是他的拿手好书。当时在电台说书的还不太多，所以自'马武大闹武科场'起，大家都很喜欢听，'姚期赌头争帅印'、'贾复托肠大战'、'二十八宿闹昆阳'……常常整段地盘旋在大家的脑海里。后来有的报纸请他写长篇演义的稿子，连续登载。直到今日自己开了一家广告社，处理广告事宜，兼售各广告商户之药品。又代人细批八字，号叫乐天居士。真是位多才多艺的评书家。他说的书部数很多，如《东汉》、《西汉》等等，全很精彩。他自己曾说自己会的书不止一部，可是都不很精。固然一方面是谦虚之意……在他说的时候，有一个值得讨论的地方，就是常加些解说如讲道似的劝人为善。固然不是他说得不好，但也很不必这样，因为书大都是劝人为善的，恶霸贼匪的结果都被作者安排得很坏。说书的人说的是书，不是讲道，书有书的含蓄，听者自能领悟，正如同一篇文章有它的含蓄，若全盘托出来，就没有文艺价值了。说书的人，说到中间，说一篇孝，论一段忠，这样岂不减低书里面紧张的情绪。天天如此劝，听书人能不觉腻味吗？所以还是只说情节比较好，一方面可增加听众的兴趣，另一方面能在短时间内，说多量的书，那才是两全其美。"

　　1942年，刊有署名韩湘的短文《京津电台双水浒》："北京中央电台娱乐节目有一档子评书,是蒋廷芳说《水浒传》;在天津特殊电台,又有张寿臣说《水浒传》。蒋廷芳虽然说的不如王傑魁、连阔如,然终是评书味,有规矩准谱的。张寿臣则不然,与其说是说《水浒传》,不如说是说笑话了……若讲刀枪架,开个脸谱,说回衣裳赞,一问一答的话白,全不是那回事。若说到给书听,张寿臣说的倒是快。看起来,评书亦有评书的传头。陈士和说半辈子《聊斋》了,对于《水浒》连动亦不敢动。须知说书难,说《水浒》尤难。"

三十三、为尚小云的荣春社排演京剧《东汉》

正是：
说书说戏从不戏说；
做人做事何曾做作。

说来也巧，评书大家连阔如与京剧大师尚小云还算是发小，两人都是在北京城东安定门一带长大的。只是尚小云于1900年1月7日出生，他比连阔如大三岁。二人早年悲惨的身世相仿，连阔如因父亲早亡而随外祖母、母亲艰难度日；尚小云也是幼年丧父，虽贵为清初平南王尚可喜后裔，但仍然靠母亲捡拾皂荚树果籽卖钱糊口。在表演艺术上，两人对马都情有独钟，连阔如学马叫成为佳话；尚小云演《昭君出塞》时的马趟子乃是一绝。"马趟子"，是京剧表演程式之一，包括转身、挥鞭、勒马、三打马、高低亮相等动作。

连阔如与尚小云的交往，因在荣春社合作排演京剧《东汉》而进一步加深，成为挚友。

荣春社，是一个戏剧团体，兼具京剧教学与演出两项功能，由尚小云于1937年在北京筹办，1938年正式成立，地点在椿树下二条1号，即尚小云故居，是一个宽敞、大方的三进四合院。

当年，尚小云正是在自己的家里开办了自己的梨园科班，意在为国粹艺术留下珍贵种子，有殷殷厚望于将来。果不其然，多少年后，正是由荣春社毕业的这些京剧高材生，散布四方，为九州大地上的京剧舞台增添亮色。

自创办到结束，跨度10年，前后招收两科学生，学生最多时有400多人，堪称科班教学兴旺。

三十三、为尚小云的荣春社排演京剧《东汉》

所有学生按照"荣、春、长、喜"四字排名。

第一科中,凡是学文戏的学生名字中间一字,都必须是"荣"字;而学武戏的名字最后一字为"春"字。第二科以此类推,凡是学文戏的,名字中间一字为"长";学武戏的,名字最后一字是"喜"。

学生们依照个人兴趣、条件、能力分行当学戏,中途改行当无妨,如同国外大学自由转学科、转科系,都是为更好、更合理地选才、育才、成才。

尚小云既是投资人,又是总经理兼授课教师。据其后辈所述,为办此荣春社,他变卖了7处房产。每年岁末,遇到学生演出"封箱戏"《四郎探母》,尚小云就立一招牌:"今晚特为酬谢观众,尚小云饰萧太后。"借此助学生们一臂之力,马上便有众多观众、票友前来捧场。

荣春社排演京剧《东汉》时,因年龄不大的学生们对汉代历史陌生,在舞台上找不到塑造人物的感觉,尚小云便马上想到了正在广播电台说评书《东汉演义》、也在报纸上连载同名评书小说的连阔如。他专程邀请连阔如来做京剧《东汉》的演出顾问,要他多给学生们讲讲东汉那时代是怎么回事,光武帝和王莽都有哪些故事,马武、岑彭等"云台二十八将"又如何……

这样,连阔如便和尚小云先前聘请的王凤卿、尚和玉、程继先、郝寿臣等教师一样,常在荣春社"执鞭"授课。

连阔如给学生们说《东汉》的戏,为了提高大家的兴趣,就先从"云台二十八将"说起。

这些汉光武帝麾下的骁将,皆是汉朝中兴、一统天下的开国功臣。开国功臣可不都有好运,飞鸟尽而良弓藏,狡兔死而走狗烹,历史上这样的悲剧一再上演。其他朝代不讲,只说汉朝汉高祖刘邦,帮助他打天下的那帮功臣惨死的惨死,发配的发配,最好的结果是解甲归田、安度晚年。至今,人们说起汉初三大名将韩信、彭越、英布的下场来,心中依然不平。

但"云台二十八将"却是一个例外,这与光武帝刘秀是西汉皇族后裔、汉高祖九世孙的身世有直接关系。一般说来,草根一族若一下子时来运转当上皇帝,会非常害怕自己的根基不牢,出于恐惧的当权者最容易干出荒唐的草菅人命的勾当来。

等到东汉的第二位皇帝当政，追忆随父皇打天下的28位功臣，并命令画师描绘出28幅画像悬挂在洛阳南宫的云台。后世民间传说，这云台28位大将对应天上28个星宿。即便到了清代，依然有年画《东汉二十八宿全图》，画上的大将个个威风。

历史上，堪与这"云台二十八将"画像相媲美的，是唐太宗李世民为怀念一同建国立业的将帅们，令阎立本在凌烟阁绘制的"二十四功臣"图像。有诗为证：请君暂上凌烟阁，若个书生万户侯？

因为尚小云的长子尚长春要在京剧《东汉》中扮演武状元岑彭，所以连阔如细致入微地描述了岑彭的性格，使得尚长春的表演栩栩如生，在前门广和剧院演出时赢得满堂彩。

连阔如说，作为汉朝的中兴名将，岑彭在"云台二十八将"中位置排在第六，但是，他的性格色彩鲜明、征战功劳卓著、智勇双全、信义彪炳、胸次磊落、以德怀人皆可排第一。

而《后汉书·岑彭传》也正是这样评价的："中兴将帅立功名者众矣，惟岑彭、冯异建方面之号，自函谷以西（冯）、方城以南（岑）两将之功，实为大焉。"

扮演岑彭，捎带着就熟悉了一个典故——"得陇望蜀"，史书上明明白白地写着："人恐不知足，既平陇（甘肃），复望蜀（四川），每一发兵，头鬓为白。"

三十四、吴佩孚大宴宾客，连阔如拂袖而去

正是：
唯大英雄方可惜才；
鲜有富婆真能垂爱。

吴佩孚虽是军阀，却好文墨。

时人称，吴佩孚平生最慕关羽之为人。他每以云长自况，故亦好读《春秋》，并爱模拟关羽以字缀成之风雨竹，其文曰："不谢东君意，丹青独立名"，常以之赠其友人或部曲。

他曾于洛阳西宫大建营房数千间，为训练新兵之所，专设少年团招收初中学生，加以特殊训练，使其成为基本干部，对之期望殷殷。与其他一些军阀一样，民族自尊心未曾泯灭。他痛感八国联军强加给中国人的债务繁重，曾于西宫外植树木四万万株，恰合四万万全国同胞之数。谓人曰："十年成林后，每株以十元代价计之，当可以偿清中国外债。"

今日西宫之郁郁青青者，皆吴所遗赠。

饱读诗书的吴佩孚，曾自撰对联自律：

得意时，清白乃心，不纳妾，不积金钱，饮酒赋诗，犹是书生本色；
失败后，倔犟到底，不出洋，不走租界，灌园抢壁，真个解甲归田。

1937年"七七事变"后，日军曾邀请他出任北平维持会会长，他严词拒绝："叫我出来也行，你们日本兵必须全部撤出中国去。"据说吴的强硬态度，很使日本人恼火。

吴佩孚一生中，只有张佩兰一个老婆。

董必武曾经这样评价：吴佩孚虽然也是个军阀，但他有两点却和其他军阀截然不同。第一，他生平崇拜我国历史上的伟大人物关（羽）、岳（飞），他失败时不出洋，不居租界……；第二，吴氏做官数十年，他统治过几省地盘，带领过几十万军队，他没有私人积蓄，也没有田产，有清廉名。

1937年的一天，连阔如被吴佩孚邀请去参加一个大型宴会，实际上，是被请去捧场说评书。这天，在北京和平门内吕祖庙（应为道观，供奉吕洞宾泥塑神像）内，召开"救世新教"大团圆聚会。"救世新教"乃民国初年成立的一个新宗教组织。其教义糅合了儒（礼）、释（佛）、道（易）、穆（回）、耶（天主教）、新诸教之理论。解放以后被列为反动会道门而取缔。

当晚，京城各界名流云集，张灯结彩好不喧闹。连阔如本不愿参加这样的"堂会"，无奈好友好言好语再三相劝，说什么"这吴大帅虽算不上国之上将军，但毕竟是一名震九州的'藩将'，位高权重。咱评书艺人老老实实卖艺为生，虽不攀附，也犯不上得罪弄枪使炮的。请都不去不给面子，这不明摆着得罪人么？"连阔如一想，说得也有道理，于是就揣上一柄醒木，正装到场。

吴大帅见34岁的连阔如浓眉如簇，杏眼圆睁，虎背熊腰，器宇轩昂，先就有了好感，再念他说《东汉》说《三国》声名赫赫，更是青眼有加，便主动上前握手说：

"兴会兴会！今天能把您请来，就如同请来评书界的关云长啊，好身手，好武艺，待会儿就看你耍青龙偃月刀了，哈哈哈哈……"

连阔如恭身作答：

"久仰久仰！早闻吴将军大名，早知道您熟读《三国》，满腹经纶，今日一见，果然名不虚传。晚生如有冒昧，还请海涵！"

吴大帅捋了捋不甚浓密的胡须笑了：

"哪里话，哪里话，到了这里，就是到了我的家了，随意随意！"

三十四、吴佩孚大宴宾客，连阔如拂袖而去

客人太多，吴大帅也来不及过多寒暄，便转身去招呼旁人了。连阔如不好饮酒，也不吸烟，便独自一人，找到院子里一清静角落坐下，安详自在地品茗。

这时，只见一位个子高高、清癯瘦弱的老人，拄杖走来，白髯似雪，在故都的晚风中飘舞。

仿佛飘然而至的老人，拱手问道：

"您可是连阔如先生？"

连阔如马上起身回应：

"晚辈正是。"

老人不再多语，信手从怀中掏出一柄偌大的折扇。折扇打开之际，犹如孔雀开屏，霓虹倒挂，流光溢彩，美不胜收。连阔如看得目瞪口呆，心旌摇动，五色迷离。这展开的巨大折扇是一幅宽广的画屏，上面不绣花，不绘草，不描云，不写鸟，画的是《水浒传》中梁山泊好汉一百单八将，个个神情迥异，姿态不同，活灵活现，呼之欲出。

老人说道：

"孩子，这是我为你画的，你收好。我听过你演说评书《水浒》，听得我忘记己庚，如入仙境。我一直想把这种感觉还给你，在我的有生之年。你把《水浒》的故事和人物说活了，就是为中国民间艺术添了生气。老朽身无长物，更无其他技艺，惟有区区画笔一杆，聊表敬意。我只想嘱咐你一句，你将来不管做什么，都不要忘了自己是说书人。说书人有说书人的骨气。"

连阔如见扇画并无落款，忙问老人尊姓大名。未及开口，老人早已转身离去。

捧着一柄折扇，如同木雕泥塑一般，连阔如一派茫然。

一声声女人的尖叫，将连阔如从木讷中惊醒。

吴大帅的夫人，引着一行穿着富贵的达官显贵的家眷从这里走过。她冷不丁瞥了一眼穿戴略显寒酸的连阔如，用不屑的口气说道："咳，这是谁啊？怎么什么人都请啊？说书唱曲的人怎么也来啦？"

连阔如性情耿直,又逢年轻气盛,哪里受得了这番白眼和奚落,心想:"什么吴大帅、张大帅,管他什么帅不帅,今天,连阔如我还不伺猴(候)了!"

于是,他昂头,挺胸,噔、噔、噔……大步流星地走出了吕祖庙。

回到家,连阔如23岁的夫人康玉明,听说丈夫从吴佩孚的宴会上拂袖而去,吓得一夜未成眠。

三十五、称评书为"伟大艺术"的第一人

正是：
人间绝技古今几多；
评书艺术奇葩一朵。

对于评书这门艺术，连阔如既探究历史梳理传承，又琢磨当今品评人物，留遗响于后世，开学术研究之风，可称中国第一位评书理论研究者，善莫大焉，功莫大焉。

连阔如是自古以来包括评书界评价评书为"伟大的艺术"的第一人。当他这样说的时候，他对自己所投身的这一民间艺术的挚爱之情表露无遗。过去，我们大概只听说过京剧是国粹，却想不到国粹中能否包括评书。世上有许多说书人、评书艺术家、曲艺艺术研究者、理论家，也有许多关于说唱艺术的论文、专著，我们何曾见到过对评书艺术这样充满热烈激情和昂扬精神以及高贵自信的断语——"伟大的艺术"。

评书艺术伟大在哪儿？

评书艺术是汉语文化中的史诗，至少在缺少鸿篇巨制史诗的汉语文学艺术上，它起到了只有史诗才能起到的强化民族意识和精神，强化民族认同感和文化认同感的作用。比如，评书的传统书目正好可以将中国历史串联下来，《列国演义》、《西汉演义》、《东汉演义》、《三国演义》、《隋唐演义》、《五代残唐》、《杨家将》、《说岳》、《水浒》、《明英烈传》、《清宫秘史》、《儿女英雄传》等，俨然构成一部生动形象的中国通史。只不过它更像是一部故事性的、通俗的、普及版本的中国通史而已。与西方文学艺术史相比，我们中国虽然没有荷马史诗，却有具有史诗风范的评书，其中的诗词歌赋的文学性堪称经典，而它所承载的数千年间的政治、经济、文化、军事的历史沿革与变迁，又比史诗承载的更加广博、丰富、具

体、翔实。"思接千载，视通万里"，难道不正是中国评书尤其是袍带书的格调吗？

　　在印刷业尚未完善与发达的漫长历史中，评书艺术作为口头文学弥补或填补了文字语言通行不畅所造成的文化空白与文明死角，扮演了一个传承历史文化和民族精神的"说教者"角色。汉代那尊富态的说书艺人的石刻，展现了两千多年前的文明传承者的生动形象。评书这一口口相传的艺术在社会群体中普及中国历史、文化、风俗、礼仪、道德和传统知识，也教化底层民众，濡染文明世风，宣扬英雄业绩，传授语言文化。在以农耕文明为特色的封建社会中，大字不识的农民和上不起学的城市贫民，说起《三国》、《水浒》、《西游记》中的人物、故事来头头是道，什么"桃园三结义"、"青梅煮酒论英雄"、"风雪山神庙"、"倒拔垂杨柳"、"三打白骨精"、"大闹天宫"等段子都能倒背如流，据此，他们获得了民族认同感与历史感，从而拥有一个鲜明意识："我是中国人。"评书所表达的是深深的、盘根错节的民族情结，那些撂地说书人的功劳不可小觑。

　　人类文明史中早期最伟大的智者、思想家、哲学家，都是口传心授的宗师，孔子、耶稣、穆罕默德、释迦牟尼、苏格拉底……无一例外地只是说书，并不写书，根据他们的对话整理成文的书籍，却成为文化经典、文明基石、文学珠宝，散发着亘古不朽的光泽。

　　《论语》是孔子的学生或学生的学生根据老师的谈话编著的，《圣经》据说是圣灵口授的，《古兰经》被认为产生于阿拉伯语形成之前。最极端的例子，恐怕就是古希腊哲学家、数学家毕达哥拉斯，他甚至故意不留下书面的东西，原因是他不愿被任何书写的词语所束缚。因此，人类许多伟大导师的学说均是口传的。

　　古代拉丁文有句谚语：说出的话会飞，写下的东西留下。这句谚语有两层意思，既说出了书面语言的耐久性，也赞美了口头语言的灵活性。口头语言被看作是"长了轻盈的翅膀"，是"轻快的、神圣的"。

　　我们从东西方的文化经典文本中，了解到孔子和耶稣等用口头语言讲述的生动故事和人生哲理，其夹叙夹议的风格与评书无二，那么我们称这些面对弟子和众人终日滔滔不绝却"述而不作"的先哲为说书人，不是很恰当吗？

没有标准的母语，就没有母亲之邦。

评书对祖国语言文化的贡献居功至伟。

评书——特指北方评书，对汉语发音和抑扬顿挫的语调起到规范、示范的作用，积极促进了现代普通话的普及。评书的书场和书馆，是私塾和识字学堂的延伸，也是专门的语言学校的"分校"；台上的说书人，是不在学校名册的语文老师、不在编制的教学先生。人们热爱评书，其原因之一，就是能够从中尽情享受汉语语言的清澈、透亮、光洁、跳跃的魅力。优秀的评书艺术家无不是语言大师，他们的发音准确，吐字清晰，用词凝练，语句生动，说景历历在目，说人栩栩如生，说情款款入心，说理条条在论，有"'话'落惊风雨，'书'成泣鬼神"的语言绝技，成为广大民众的语言模仿对象，一口纯正、流利、高贵典雅又生动传神的汉语，得以在中国及世界各地发出表达民族气质、情感、精神和思想的独特声音。

评书艺术博大精深，它像海纳百川一样，吸取大千社会的无穷知识以自补，"一事不知以为深耻"——是说书人特有的职业心态和求知意识。每一位说书家穷其一生，不断在知识、阅历、性格、修养等方面完善自我，才能最终掌握评书表演艺术的精髓，做到炉火纯青，左右逢源。

的确，真正认识到评书乃"伟大的艺术"的人尚属个别，更多的人只将评书当作一种不登大雅之堂的消遣，很少注意其珍贵的艺术价值。甚至有些人包括所谓的文化人，在言谈话语中对说书人有不屑之意。

评书的传统经典文本，一部动辄百万言，如王少堂口述《武松（十回）》80万字，陈荫荣口述《兴唐传》140万字。仅扬州地区在解放后整理记录的书目就有20多部2000多万字，其中包括评话艺人浦琳的原创作品《清风闸》（《皮五辣子》）。如按每部书百万言计算，十部书就是千万言，百部书就有万万言，岂不是一笔丰厚的口头文化遗存？

除了在评书理论上首创"伟大的艺术"这一提法，连阔如还率先提出"大众化"这一概念。

"评书的艺术是大众化的"——在连阔如早期的文章中就有这样的语句。

他的评书表演艺术技能一直伴随着评书艺术理论素养提升。正是基于这种认识，连阔如始终提倡"拜听众为师"，"向同行学习"，"请高人指点"，"从生活讨教"。

每一门艺术的真正繁盛自其艺术流派的兴盛起。而中国评书的流派传流自明末清初的柳敬亭始。最先以"评书流派"为学术论题进行深入研究的，是江湖艺人连阔如。其研究成果包括许多观点、见解以及收集的资料，都为后人一再利用。中国曲艺史上，连阔如在"江湖艺人"和"理论学人"两种角色中可以转换，他既是来自民间的艺人，又是民间生成的理论学者。

连阔如认为："说评书是由唱大鼓书演化而来的，因其年代久远，评书界的支派流传得更广大了，使短家伙的与使长家伙的渐渐地疏远了。"

他解释说，过去，唱大鼓书的因使用长长的弦子（三弦），又称使长家伙的；唱竹板书的，又叫使短家伙的；说评书的也叫使短家伙的，是因使用醒木而言。

连阔如在探讨评书流派时所勾勒的历史也颇为生动：

"清朝评书盛行的时代，还没有出现评书茶馆呢！北平老人凡50岁以上者，都听过拉顺（露天空地说书）的玩意儿。在那评书的场地，用几十条大板凳排列好喽，当中摆设一张大桌，上置木制香槽一个，内放鞭杆香一根。又放铁板一块，小钱笸箩一个，每逢说完了书打钱使用。说书艺人到了场内，往凳子上一坐，掏出手巾放在桌上，把扇子也撂下，然后拿出所用的醒木。开书的时候，总先说几句引场词。引场词，最好以扇子、手巾或醒木为题，说一套赞词为美。"

视评书为"伟大的艺术"的连阔如，以其伟大的心力和才具，成就了伟大的评书业绩。

三十六、英千里说:"连阔如是爱国的"

正是:
英雄千里有缘相会;
爱国志士天下一家。

英千里之父英敛之,是"破落旗人的后裔",曾在茶馆当过茶童,靠刻苦自学成为一代鸿儒。

英敛之与康有为等一道进行"百日维新",失败后,被慈禧列入黑名单,逃亡日本,归国后,创办了辅仁大学和华北地区最大的一家报馆——天津《大公报》。

英千里不辱家门,12岁漂洋过海,远赴英国剑桥大学读书,弱冠归来,任辅仁大学教授、秘书长,是天主教徒。

而英千里的大公子,就是尽人皆知的话剧表演艺术家英若诚。英若诚的儿子是演员英达。

"七七事变"后,英千里以研究明末学者顾炎武为名,与同校的文学院院长沈兼士等,组织建立京津两地的秘密文化团体"炎社",从事抗日宣传及向后方国统区运送沦陷区学子的地下工作。"炎社"名称的由来,乃为明末清初之际,顾炎武的母亲曾经嘱咐儿子:"汝不得侍二姓。"顾炎武真就不敢违母命,隐居讲学,不事"伪朝"(清朝)。1939年,"炎社"规模扩大,发展为以辅仁师生为中心的"华北文化教育协会"。与此同时,在延安,"边区文艺界抗敌协会"(文协)主席是吴玉章,主持工作的副主席是丁玲。

从"文教协会"的组织者英千里嘴里说出"连阔如是爱国的",那意思再明白不过了,就是看重了这位民间的知名人士,要发展他成为会员。

此事交给了"华北文化教育协会"总干事、教师郝德元。

郝德元乃京剧大师"活曹操"郝寿臣之子。他尊父命，压抑着唱戏的心思，苦攻学问，最终成为留美的博士、学者。

郝德元在88岁高龄时，忆起大半个世纪前、青年时代的往事，思路依然清晰而敏捷：

"那是1940年前后，连阔如在广播电台里有心说，英千里在收音机前有心听。偏巧，就是星期天早上的一段时间，也不怎么就让英千里的耳朵逮着了。这叫有心人碰有心人。

连阔如加说一场《西汉》中的'博浪沙（今河南原阳县）'，讲的是公元前218年春天，强秦'灭六国、四海一'之后，一位威猛大力士，用铁锥刺杀秦始皇的故事。铁锥没有刺中秦始皇，可天下人为力士的壮举所鼓舞，终于奋起反抗。

这个故事可是有寓意的，一上来就要大铁锥，那不就是说要大家别闷着，该动武就动武，该出手时就出手，一齐起来抗日嘛。

因为这事儿，连阔如还被广播电台辞退了。

日本统治下，敢这样说书，没有点儿胆量可不行的。也算是英雄惜英雄、惺惺惜惺惺吧，英千里马上给我派活儿，去联系连阔如，让他加入到我们的抗日地下组织'文教协会'中来。我们的'协会'成员虽是教授、学者多，也需要各界名流的参与呀。"

领命后，郝德元颇费了一番思量。

"连阔如是北平鼎鼎大名的说书家，人说，'千家万户听评书，净街净巷连阔如'。我是辅仁大学教育系教书的，从个小助教往上爬，教的是统计学。我教书，他说书，风马牛不相及，谁也不认识谁。怎么接近？我想出一个主意，连阔如在琉璃厂附近国门关1号开个算命馆，号称'乐天居士'，找他批个八字，也算是个进阶之道。"

郝德元进了连阔如的算命馆。

外屋，一圈椅子摆在那儿，郝德元和大家伙儿一样排队，25岁的郝德元平生第一次进算命馆，见到长他整一轮——12岁的连阔如，只说了一句话："连先生，您给我算算。"连阔如照例问了他的生辰八字，也一一为他解释。可

三十六、英千里说:"连阔如是爱国的"

是,郝德元醉翁之意不在酒,连阔如说的什么一概没听。这就算是一面之交留下个印象吧。

郝德元回到家,动员父亲郝寿臣亲自出马,去帮他结识连阔如。

郝寿臣当时在梨园行,既有"活孟德"的美誉,又有"活鲁智深"的口碑,论爱国情感,也是刚烈汉子,与梅兰芳不谋而合,蓄须明志,深居简出,不愿登台,不屈服于日本侵略军的淫威。

说到梨园名宿的耿介爱国心,有田汉诗为证:"留须罢舞尊梅大,洗黛归农美玉霜。更有江南伶杰在,歌台深处筑心防。"这里的"梅大"指梅兰芳,"玉霜"乃程砚秋,"伶杰"则为周信芳。

郝寿臣爽快地答应前去拜见连阔如。

郝寿臣来到"连阔如算命馆"算命,让连阔如吃惊不小。

郝、连二人,一个唱戏,一个说书,相互倾慕已久,只是不曾相识。连阔如比郝寿臣小17岁,真真是个小老弟,他在给老大哥批八字的时候,略显迟疑。

"您的戏,我看过不少!"

"您的书,我也在话匣子(收音机)里听了好长时间,就是没机会见面。连先生的《三国演义》,叫人听得上瘾。听到书中的'捉放曹'一段,和我在舞台上演的《捉放曹》正对心气儿。"

"晚辈在此,怎敢给郝先生算命?"

"哎,连先生不必客气,但说无妨。我家犬子前番来过,对我称赞起连先生的风度如何如何,我也是冒昧到此拜会一下连先生,交个朋友。"

"本该我去登门拜访,只是求见无由,今日总算了我一桩心愿。"

"改日约好,一定到寒舍坐坐。您的府上在何处?"

寻一吉日,郝德元径直来到连阔如家,请连大哥到外面餐馆小酌。酒足饭饱,郝德元亮出底牌:"我们学校有个协会,叫华北文协,搞地下抗日。我的老师沈兼士、张怀是头儿。会员大多是教授、学者、高级知识分子。你愿不愿意加入?说书家应该带头以国事为重,号召人人为国家出力。再说,加入抗日组织,既是爱国行动,个人也有前途。"

一听说加入地下抗日组织的"地下"两字，连阔如多少有些含糊。

"地下"可不是什么好词，"地下宫殿"、"地下安眠"、"地下有灵"，都挺不吉利。

他转念一想，多结识有知识、有文化的人总是件好事，再说自己的儿女将来上大学能有个依靠或有个便利不更好，于是，二话没说就答应了。这是身家性命全悬着的事啊！可是，连阔如觉得，往大了说，精忠报国在《说岳》的书里有讲，而"父母爱其子，为其计深远"，在诸葛亮的文集中有论。

郝德元终于如愿以偿地把连阔如请进了"华北文化教育协会"。

"文协"会员们包括教授、学者、艺术家，经常在中山公园里的来今雨轩聚会，说是聚会，实是开会。

连阔如和郝德元一同出席。见连阔如头戴水獭帽子，穿高领外衣，怀里的扣子也不系，郝德元便开玩笑说："三哥真够谱！"

席间，连阔如见到了刚从日本宪兵的监狱里被放出来的英千里，还有名士徐毅伯，剧作家吴幻荪……

郝德元向连阔如介绍说："这是我的老师英千里先生。"

英先生对连阔如说："我是满族人，你也是满族人，咱们算是少数民族，参加一个组织好极了，我欢迎。为了抗日聚首，大家就不用客气了，国将不国，何以为家？今后我们就以患难之交相处吧。1931年'九一八'，国耻难忘，整个东北三省，数百万同胞，沦陷在日军的铁蹄之下……1937年卢沟桥事变就不用说了，咱北京人更是痛心疾首。记得连先生与景孤血先生是好友，景先生是《小公报》的编辑，而《小公报》的社长李德平在'七七事变'前几个月，当上了北平市新闻检查所所长。他这所长，就是抗日英雄——二十九军将领张自忠委任的。连先生还在《小公报》上连载过评书《西汉演义》吧？刘邦的《大风歌》中唱道：'大风起兮云飞扬，威加海内兮归故乡，安得猛士兮守四方'——说的就是保卫国土，项羽更是'生当作人杰，死亦为鬼雄'的楷模！连先生不说自明，我很佩服您在电台播讲'博浪沙大力士刺秦'的勇气，听者毛发尽竖，恨不同仇敌忾！连先生，我知道您是爱国的,让我们携手共赴国难吧!"

说完,递给连阔如两小张油印文件。连阔如未及细读便掖在台布底下。

英千里的滔滔一席话,说得连阔如连连叹服:"到底是有学问的人,说话堪比说书,情到理到。比说书人多的是胆量和作为。只是没想到文人亦不怕坐牢,刚出来就又犯禁!"

连阔如不仅成为"文教协会"会员,还被推选为五六位委员之一。当连阔如和这些大知识分子们坐在一起时,仿佛是一位牧羊人走进了雅典的学园,和哲人们愉快地聊天。可别小看了这位来自民间的"牧羊人",他具有吟游诗人的才艺和书斋鸿儒的智慧。博览群书和阅历丰富,是连阔如能够来往于群儒的资本。

多少年后,谁也想不到,只因英千里的一句话"连阔如是爱国的",连阔如便为此付出了晚景凄凉、惨遭迫害的沉重代价。

三十七、郝德元逃跑时转念一想：别去连阔如家了

正是：
虎穴之中文人硬骨；
人有急难不累亲朋。

就因加入"华北文化教育协会"一事，几十年间，连阔如与郝德元成为一生的知己，也成为一对难兄难弟。

"华北文化教育协会"的发起人、组织者中，有中国近代史上的著名学者"沈氏三兄弟"之一——沈兼士。

二三十年代的北京，有一种说法："北平文化界之权威，以三沈二周二马为最著名。""三沈"又号称"三贤"，即沈士远、沈尹默、沈兼士。"二周"为周树人、周作人。"二马"是马幼渔、马衡。

"华北文化教育协会"就设在辅仁大学内。沈兼士是辅仁大学教授兼文学院院长。

辅仁大学旧址就在庆王府和恭王府，一为男生院，一为女生院。胡适曾任校董事长。

"七七"事变后，北平被日本侵略军占领，辅仁大学成为爱国文化人的聚集地。

曾任国民政府教育次长（副部长）的校长陈垣，号援庵，拒绝与日伪统时期的政府合作。当时，北平内城分为五个区，王府井一带为内一区，西单一带为内二区……校长陈垣正在家中歇息，忽有巡长代表内五区署长来请："我们署长想请您过去谈话。"

陈垣冷峻回话："你抓我，我跟你去。你请我，我不去。"

巡长灰溜溜地离去。

三十七、郝德元逃跑时转念一想：别去连阔如家了

学校举行运动会，大操场上，陈垣训话："当年，孔夫子也开运动会。命子路执戟，把守大门。凡战败之将、亡国之大夫、认贼作父者，不得入。"

北平解放前夕，胡适曾代表蒋介石政府，通过电话，花费一个半小时，力劝陈垣坐飞机离开大陆。陈垣还是决定留在北平，后来担任北京师范大学校长。辅仁有此硬骨铮铮的校长，必不乏有民族骨气的师生。

作为陈垣手下的文学院院长，沈兼士也有惊人之举，他当时曾兼任故宫博物院文献馆馆长，由于日本人来接管，他便辞去职位，不愿拿日本人的薪水。

校园里，沈兼士与英千里等共同领导"华北文教协会"，沈任主任。沈兼士还为保护中华文化遗产做了功德无量的好事。1922年，清室遗胄欲将沈阳文溯阁所藏《四库全书》，以120万元的价格出卖给日本人。沈兼士致函民国教育部，言辞恳切，以为此事不妥，遂起到遏制作用。沈兼士热爱祖国，一往情深，他曾在抗战沦陷区用甲骨文撰写一副对联：

九州无人御虎兕，万方今日竞龙蛇。

山河破碎时志士仁人的激愤之情，跃然纸上。他挂帅的"华北文教协会"，直接关系到连阔如解放后政治生命的定性问题。

"文协"的日常工作是印发地下文件，暗中向会员们通报国内战事；物色爱国名人、文化人，发展会员，扩大组织；护送爱国师生逃出敌占区，奔赴大后方。郝德元作为总干事，是一位活跃分子。他关系多，门路广，向后方输送了20多位爱国人士。他疏通敌伪军特务营长，派穿伪军制服的士兵，护送师生经过鬼子炮楼，先到安徽亳县的中转站，找中学校长张治兰联络接头，再转往重庆、成都等地。张治兰的丈夫是伪军"曲线救国"的驻军司令。由于郝德元活动频繁，日本特务早有警觉，再加上国统区（区别于解放区与敌占区）派来的人在郝家聚餐点菜的发票作为证据落入敌手，特务便开始盯梢。

1944年3月11日，正在辅仁大学校园散步的郝德元，被告知有一陌生人正在门房等他。

看门老大爷见陌生人形迹可疑，就先将其稳住，派一学生私下里通知郝老师。

郝德元凭着做地下工作的警觉，立即意识到情况不妙，给家里挂电话，也得到有"陌生人"在家门口等他回来的消息。他知道自己正被日本特务搜捕，万分火急，便从小后门溜出校园。

他先给最有胆量、最可靠的女同学——康有为的外孙女黄小姐打电话，求她帮忙到他家把秘密文件烧毁。安排妥当，他的第一个念头就是到大哥连阔如家去躲躲，但转念一想，生死关头，别再连累别人了，遂掉头隐没在偏僻小巷中。

郝德元只身逃到重庆，在沙坪坝南开中学幸遇父亲郝寿臣的知交、南开大学张伯苓老校长。

张校长说："梅兰芳之子梅葆琛也到这里来了，他愿当工程师，你呢？"

"您看我做什么好？是做党务呢？还是干教育？"

张伯苓校长并不直接回答，只是用天津话问："你喜欢嘛呢？"

"我愿教书哇。"

"那你就教吧！"

郝德元就在此当上了英文教师。

自从郝德元离开家以后，连阔如就隔三岔五地过来探望年迈的郝寿臣老先生。

三十八、农历四月十八日,不再祭拜祖师爷

正是:
敢问祖师可有祖师?
平地高楼全凭有志。

中国盛产祖师爷,三百六十行都有自己的祖师爷。

有人认为,是因孔子提倡"祖述尧舜,宪章文武",于是,农工商艺各行各业就都觅死觅活地寻找自己的人文始祖。

正如《淮南子·修务训》里所说:

> 世俗之人,多尊古而贱今,故为道者必托之于神农、黄帝,而后能入说。

有的祖师爷,来路较正,史有所录,足迹可靠,如相声的祖师爷"穷不怕"(连阔如认为相声创始人之一为清初张三禄),梨园祖师爷是李隆基(一说喜神),造纸祖师爷是蔡伦,木匠祖师爷是鲁班,品茶祖师爷是陆羽,醉鬼的祖师爷是刘伶,中药祖师爷是李时珍,军事祖师爷是孙子,儒家祖师爷是孔子。

一般认为评书的祖师爷为周庄王,也有说书艺人祭拜孔夫子、文昌帝君或柳敬亭。

1949年5月15日(农历四月十八日),北平曲艺公会的四五百名艺人,在东小市的药王庙开年会。

与往年不同的是,会场没有出现香火、烛台和纸马,也没有出现食物等贡品,更没有人在大殿里神灵牌位前跪下磕头。大家伙儿全都愣住了,难道评书祖师爷文昌帝君也不需要敬一敬了吗?文昌,乃星官名,又名文曲星或

文星,是中国神话传说中主宰功名利禄之神。那么,帝君又是怎么回事呢?帝君是道教所信奉的主宰功名禄位之神,传说姓张,名亚子,居住在蜀地七曲山(今梓潼县北),故又称梓潼帝君,晋代当官,后战死。到了元代仁宗延祐三年(1316年),人们将文昌、帝君两者合二为一,称呼为"辅文齐化文昌司禄宏仁帝君",简称文昌帝君。评书艺人尊文昌帝君为祖师爷,每年恭谨供奉,从清朝末年到民国时期一直延续不断,就像鼓书艺人虔诚祭拜祖师爷周庄王一样。

曲艺公会的艺人们围拢过来,有些懵懂又不知所措。

他们问连阔如既然不拜祖师爷了,又该做什么。

每年红桥东小市药王庙举行团拜祖师爷的盛会,事前各路艺人,如说相声的"小蘑菇"常宝堃、侯宝林,鼓界大王白云鹏等,都曾举办义演,把挣得的钱捐献给曲艺公会,用作开年会的花费。

早先,公会还筹款在左安门外买下两三亩地做阴宅,一旦有穷苦艺人去世,就先停灵于黑窑厂的三圣庵,同行们一齐吊唁,并一同凑钱办理后事。也有本土、外地的艺人,逢着揭不开锅或撂不了地的时候"告帮",公会就招呼大家帮忙,搞"搭桌演出"。曲艺人的这种互济善举,很像20世纪二三十年代北京正乐育化会每年组合梨园行,于旧历年底要演的封箱戏,即义务戏,又称合作戏、"窝窝头会"(因窝窝头为贫苦伶人食物),意在赈济同业中的贫苦人,每每各京剧大班名伶荟萃,戏码精彩。

多年来,曲艺公会已然成为艺人们的主心骨,而祖师爷仿佛就是大家伙亲情扯不断的共同祖先,大家以先祖名义互相帮衬。现在,连祖师爷都不拜了,那么义演、捐款、聚会还有什么意义?

连阔如一贯喜欢锐意求新,苦心求变,只为能更好地跟上时代,顺应潮流,适应新的社会环境。将古老的评书艺术与现代化的传媒——电台、报纸结合起来,就曾是他身体力行的事业。将民间化的评书艺术和商业化的广告业捏合在一起,也是他的作为。现在,他凭借敏锐的政治嗅觉,预感到评书界带有封建迷信色彩的老一套做法,肯定不能见容于新政权、新社会。

他用平和的语调对艺人们说:

三十八、农历四月十八日，不再祭拜祖师爷

"我们能不能从今天起，就不再拜什么祖师爷了，也不再烧香磕头了，那都是老令儿、旧观念、旧习惯，是迷信思想。让文昌帝君还在庙里过他自己的清静日子，我们大家呢，在中国人民解放军军管会所属文化接管委员会的领导下，继续好好说我们自己的评书。干脆就把每年农历四月十八日拜祖师爷的日子，改成一个曲艺节，我们在一起聚聚，聊聊，你们说这样行不行？"

连阔如将祖师爷祭拜日改为"曲艺节"的提议，一致通过。

三十九、周总理称赞:"一人就是一台戏"

正是:
恩来总理盛赞评书,
一人之戏且看阔如。

新中国成立初期,北平演艺界,共有三个同业公会:国剧(京剧)公会、评剧公会、曲艺公会。

北平曲艺公会全体通过了一项具有历史意义的决议,大家一致推选连阔如为北平曲艺界惟一代表,去出席在中南海召开的首届全国文学艺术工作者代表大会。

当军管会所属文化接管委员会的刘乃崇先生,向大家宣布选一位北平曲艺界代表参加全国文代会时,许多年迈的曲艺家在悄悄拭泪。他们太激动了,旧社会被看作"下九流"的艺人,如今也挺身前往国家级的代表会议,并和国家领导人共议文艺大事,这实在让人感慨万千。

"全国文代会能让咱说书唱曲的人参加,和人家念书的、写诗的、演戏的人在一起?这会是真的吗?"——许多曲艺艺人都不大敢相信,从前在天桥拉场子撂地卖艺的人,被人看不起的人,会有今天这风光和福分。

从历史上看,中国人向来看不起演员,不礼貌地称之为戏子。更有顺口溜说"王八戏子吹鼓手"。戏子被认为是从事贱业,与皂隶、媒婆等而类之,连科举考试都不允许参加,以致一般人家都不愿意让子女学表演。我们实在弄不清楚为什么旧时代的人看不起艺人,艺术表演可是需要天才的啊?或许,并不是所有阶层的人都瞧不上戏子,唐朝有为琵琶女作长诗的白居易,五代十国有为宫娥慨叹"教坊犹奏别离歌"的李煜,现代则有为柳如是立传的陈寅恪,他们对伶人的平等、关爱、怜恤之情,代表着有教养的中国文化人的素质。事实上,知识、教养程度越高者,越不会看低艺术和艺人,

三十九、周总理称赞:"一人就是一台戏"

相反,文化教育程度越低者,越不懂得艺术的高贵与艺人的可敬。

第一届全国文代会,于1949年7月2日至28日在北京召开。毛泽东、周恩来等领导人到会并讲话。

文代会上的曲艺界代表为数不多,但代表着全国近10万曲艺艺人。会上,戏曲、曲艺的代表提出要求成立国家级专门学会,经主席团研究,决定成立戏曲和曲艺两个筹备委员会进行筹备事宜。中华全国曲艺改进会筹备委员会于7月22日成立,推选王尊三为主任委员,连阔如和赵树理为副主任委员。

北平市各界代表会议纪念章

京剧界的代表有梅兰芳,评剧界代表有赵富成,话剧界代表有曹禺,舞蹈界代表有戴爱莲,音乐界代表有马思聪,电影界代表有蔡楚生,文学界代表有郭沫若,翻译界代表有傅雷,民间文学界代表有赵树理……而曲艺界代表有连阔如。

曲艺艺人与国家领导人一道出席国家级文艺代表大会,这在五千年中华文明史上,也是第一次!

曲艺家们就憋足了劲儿,想在大会上、众人前好好地表现一下。以连阔如率队的曲艺家代表们,身穿赶制出来的灰布衣裳——男士中山装、女士列宁服,整整齐齐,在许多其他艺术门类代表们长衫、大褂的衬托下,显得格外引人注目。他们中间有些人是从曲艺公会借钱做的衣服,但穿着效果很好。

戏剧评论家刘乃崇认为,"1949年作为代表参加全国文代会,是连阔如一生的转折点"。

连阔如在大会上,说了一段自编的新评书《夜渡乌江》。他感到新旧社会两重天,他感谢共产党、感谢人民,心里有话,不吐不快。

醒木惊堂,嗓音高亢,连阔如运足气力,把那段红军征战乌江边的往事

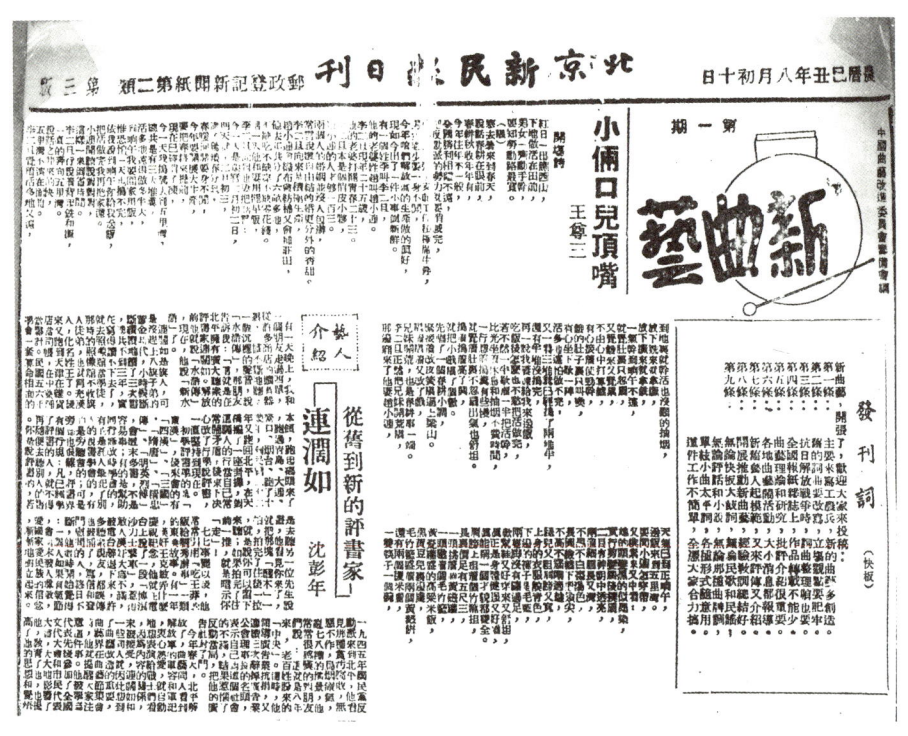

《北京新民报》新曲艺专栏

说得有疾有缓、有声有色。说书人的表情、语言、动作所表达的气势，突兀如峭壁千寻，跌宕似倒海翻江，足令天地动容，日月改色。

连阔如的好友曹宝禄（单弦艺术大师），在他的回忆录《曲坛沧桑》中，记下了当时的场景："他配合着表述，还模拟了红军英雄人物与狂风巨浪搏击的动作，给人以神完气足、火爆有力、酣畅淋漓的感受。他整整说了一个多小时……"

周恩来显然被连阔如的评书魅力所感染。

他在做报告时说：

"现在有很多文工团的演员同志们，要求领导给他们购置钢琴、小提琴、大提琴、洋鼓、洋号……这些乐器都为你们准备了，可是目前还不能发给你们。因为全国还没有完全解放。我们传统的大锣、大鼓还不能丢掉。这

三十九、周总理称赞："一人就是一台戏"

几天开会期间,你们要向他们学习(指曲艺席)。他们有的只是一把弦子,有的是一面鼓,他们就唱起来了。北平刚刚解放几个月的工夫,他们就排练出那么多新的节目来,这很了不起啊。"

周恩来又说:

"方才连阔如说的那段评书,一人就是一台戏。他只用一块方木头(醒木),往桌上一拍,就讲起红军长征《夜渡乌江》的故事,并受到大家的欢迎,可见曲艺是一支轻骑尖兵。你们每个文艺团体的同志都要向曲艺界的同志们学习。"

连阔如一生到过无数的书

连阔如 白凤鸣 曹宝禄合影

场说书,惟有这次在中南海怀仁堂的表演,令他刻骨铭心,终生难忘。不光是因为国家领导人在场,也不止是得到周恩来总理的表扬,更重要的是,他看得比生命更宝贵的评书艺术,能够被国家的主流文化所承认和接纳,并且在崭新的一个历史时代开始的时候,拥有了美好的发展前景。

《夜渡乌江》的评书段子不长,只有个把小时,但是,它在中国曲艺史上的里程碑式的意义在于,承前启后,衔接起新旧两重天、两个时代。它为一代评书艺人赢得了在主流媒体的话语权,利在当时,福泽后世。

连阔如勇于接受新事物、主动适应新时代的做法,使他成为当时曲艺界甚至整个文艺界的表率。

四十、前门箭楼上,带头表演"新曲艺"

正是:
箭楼无箭仍是箭楼;
曲艺缺艺不成曲艺。

解放初期,北京的戏剧和曲艺还没有"分家",属于同一"行当"。在唱新戏、说新书方面,显然是戏剧界人士占先。他们很容易地从传统戏剧剧目中找到适合新社会的作品,如京剧《三打祝家庄》、《逼上梁山》等,拿来就演,与革命时代的氛围相合拍;可评书就不同了,《水浒》虽可说,其中封建迷信的糟粕不少,一般说书人不知该怎么说出新意来。带头迎接挑战,闯过时代变迁这一关的非连阔如莫属,不光是他的评书功夫老到,还由于他知识渊博,头脑灵活,善于接受新鲜事物。

连阔如把刚学来的社会发展史知识、阶级分析方法、唯物论和辩证法,都融合进评书《水浒》的人物与事件的评点中,像模像样,不觉牵强。从前,武书文说听说过,可旧书新说却未闻,连阔如是中国说新评书的开山之人。

连阔如说:"将《水浒》的内容,加以批评分析再说出来,像宋江立场不稳希望招安的讲法,解放以前我不会这样说的。"

那时常听连阔如说《水浒》的人,还是一直赞叹:

"连先生不止是说事件本身,而且对当时的历史背景、官制、礼节、生活习惯、民间风俗、地理山川以及武术拳脚、战争场面,都讲得头头是道,听得出他的历史知识、社会经验非常丰富,听了真长见识。"

连阔如不仅从新的角度、用新的观念说《水浒》、《三国》,他还率先自编自演了红军二万五千里长征的新评书段子,实地采访、收集资料、写下日记,准备创作一部完整的"长征"大书,但突如其来的政治风暴,毁灭了他费尽心血创作的作品。

四十、前门箭楼上,带头表演"新曲艺"

大众游艺社成立,报纸上发讯息

连阔如说新书的场地,一是前门箭楼的大众游艺社,二是广播电台。当时北京新的曲艺场所,还有前门小剧场、西单游艺社、大众剧场(原华乐戏院)等。

1949年10月,前门箭楼上的大众游艺社成立,连阔如任社长。

如今,关学曾、孙砚琴等老曲艺家还能记得当年在箭楼上卖票、演出的情景,每天有大鼓、单弦、快板、相声等新曲艺表演,大轴节目就是连阔如的评书。在大众游艺社成立大会上,不少男女演员穿着解放军军装,显得英武、神气;也有些老演员还是着一身长袍大褂,也透着喜庆,大家合影留念。连阔如曾在电台播讲了新改编的评书小段《芒砀山刘邦起义》、《陈胜吴广揭竿起义》,还改编了作家赵树理的小说《李有才板话》、《三里湾》,以及原创的新评书《夜渡乌江》、《飞夺泸定桥》、《强渡大渡河》、《智取娄山关》等,为广大听众所津津乐道,并重新整理了长篇评书《三国演义》、《东汉演义》……连阔如和广大正直的艺术家、民间艺人一样,以朴实的感情,热爱新中国,拥护新政府,对新生活充满美好向往,他说:"说坏书或是把好书说坏了,就会阻碍人民劳动生产的积极性,对社会主义建设起危害作用。"他因身体力行地创作、表演新评书,成为整个曲艺界的带头人。

当时,连阔如做监事的北平曲艺公会,共有600名艺人,三分之一为文盲,要完成新政府提出的创造"新曲艺"的工作显得很棘手。连阔如便向军管会文化接管委员会文艺部旧剧处的刘乃崇建议:"要在曲艺界开展扫盲工作。"

曲艺艺人扫盲班很快就成立了。

连阔如还联络了几位曲艺艺人来义务授课。这些曾因交不起学费而读不了书的艺人,谁不愿意免费受教育呢?授课时,教室坐得满满的,人人珍惜这个迟来的受教育的权利。文化知识一时间不可能掌握,但艺人们竞学新词却全无阻碍。

几位穿着列宁装的文化干部,整天在京城各个曲艺演出场所巡视,手里拿个小本本,不停地记录。他们有权决定税收额度,如果节目内容比较"严肃、干净",就可免去10%到30%的税;如果节目是歌颂共产党、新中国和新生活的"新曲艺",就可以将税全部免掉。减免税还只是赢利多少的问题,而"巡视员"掌管着安排艺人演出地点、时间、场次的权力,同时握有枪毙节目或禁止演出的市场生杀大权。

扫盲班开办不久,"北平市戏曲、曲艺讲习班"也开学了。据戏剧评论家刘乃崇回忆,参加者为京剧、评剧、曲艺演员共450多人,其中曲艺演员占半数。讲课的有剧作家田汉、戏剧家马少波、导演欧阳予倩等。第一期讲习班结业时,连阔如回顾了自己40多年的生活经历,说他在26岁以前曾"卖卜为生",等到觉悟那是迷信骗人,才发愤改学说评书。20多年间,在书馆和电台,他的听众达数十万人,现在以曲艺代表资格参加中华全国文学艺术工作者代表大会,对于自己转变思想,改革旧艺术内容,有很大帮助。他表示,愿意以自己的经验,在今后组织不同的业务小组,和大多数同业人士一起创作新曲词。

四十、前门箭楼上,带头表演"新曲艺"

后来在连阔如组织的两期讲习班上,参加学习的曲艺艺人达到了533人,约占曲艺艺人的百分之八十以上。报纸报道:"曲艺界由于该会负责人连阔如、曹宝禄等人的积极领导,起带头作用,所以表现得最好。"

北京市戏曲界讲习班徽章

人们的穿戴是新的,口号是新的,曲艺节目的词是新的,一切都是新的,就连解放军军管会的文化干部对艺人的称呼也一样新鲜——"文艺工作者",艺人们听着舒服,品着有味,觉着温暖。

在连阔如的带动下,曲艺艺人在前门"箭楼曲艺厅"每天演唱新曲艺,又和新华广播电台合作,每天中午用固定时间播唱新曲目,前后坚持了三年,扩大了新曲艺的影响。评书家赵英颇等开始播讲《一架弹花机》、《罗汉钱》等新评书,曹宝禄演唱了新岔曲《新五圣朝天》、《三勇士推破船》,关学曾推出了新琴书《小姐俩拾棉花》,顾荣甫、尹福来、魏喜奎等表演了新单弦、新梅花调《大生产》、《解放军横过小西天》、《李大成救火》等。京韵大鼓"少白派"的创始人白凤鸣,创作了一篇新鼓词《1950年新年献词》,全文发表在元旦那天的《新民报》上。

新曲艺产生的心灵动力,是艺人们获得了他们从未感受过的荣誉感。几十年后,当曹宝禄先生在晚年撰写回忆录时,还清楚地记得欧阳予倩讲课,引用了周恩来总理在全国文代会上说的话:"对于戏曲和曲艺演员,在旧时代是爱好他们,却侮辱他们,今天呢,在新中国,我们要爱好他们,就要尊重他们。"

在新社会受尊重的不仅是曲艺艺人,还有曲艺本身。

翻阅北京市文联大事记,连阔如的足迹依稀可见。

北京市大众文艺创作研究会会徽

1950年2月3日，北京市大众文艺创作研究会主办的《大众文艺通讯》创刊，创刊号上发表的有王亚平的《创刊词》，周扬、赵树理、田汉在成立大会上的讲话，苗培时的《大众文艺创作研究会筹备经过》……连阔如的《我对大众文艺创作研究会的希望》等。

5月17日，北京人民艺术剧院艺术厅，召开北京市文学艺术工作者联合会发起人大会。丁玲、王瑶卿、王亚平、艾青、李广田、李伯钊、沈从文、连阔如、张恨水、齐白石等133人出席。文化部副部长、全国文联副主席周扬和中共北京市委宣传部部长邓拓应

1950年5月，王瑶卿、老舍、连阔如在北京市第一届文代会上献旗

四十、前门箭楼上,带头表演"新曲艺"

邀到会讲话。老舍作了《让我们团结起来》的讲话。艾青、欧阳予倩、李伯钊、王亚平、连阔如、徐悲鸿、赵树理、程砚秋、凤子、李广田、尚小云、苗培时、胡蛮、王松声、焦菊隐、齐白石、曹宝禄、俞平伯、田间、罗常培、周巍峙等35人被选为北京市文联筹备委员会委员。

同日,北京市文联筹备委员会召开第一次会议,推选老舍、李伯钊、赵树理、王亚平、凤子、王松声、苗培时、连阔如、端木蕻良等11人为筹委会常委。

5月19日,北京市文联筹备委员会常务委员会召开第一次会议。老舍、赵树理、王亚平、凤子、王松声、苗培时、连阔如、端木蕻良、胡蛮、张梦庚等10人出席。经研究决定:一、北京市文代大会于28日在劳动人民文化宫举行。二、成立代表资格审查委员会、起草委员会、提案整理委员会;推选老舍、赵树理、王亚平、杨振声、尚小云、欧阳予倩、连阔如、祖田工、胡蛮、老志诚、徐悲鸿、金紫光、李伯康、戴爱莲、田方等16人为代表资格审查委员。

6月5日,北京市文学艺术工作者联合会召开第一次理事会,推选丁里、王亚平、王松声、田间、田汉、老舍、李伯钊、李广田、佘世光、金紫光、周巍峙、祖田工、洪深、胡蛮、马可、连阔如、梅兰芳等25人为常务理事。组织联络部部长李广田,副部长王松声、连阔如。

11月23日,北京市文联召开抗美援朝文艺作品座谈会。王亚平主持,汪刃锋、卞之琳、方成、汪曾祺、胡蛮、连阔如、杨振声、凤子、臧克家、赵树理、罗常培等26人参加。

1951年3月12日至5月底,以廖承志为总团长,陈沂、田汉为副总团长的中国人民赴朝慰问总团赴朝,北京文艺界有23人参加了由部分曲艺杂技演员组成的"赴朝慰问团曲艺服务大队",领队张辅臣,队长连阔如,副队长曹宝禄,演员有高元钧、侯宝林、郭启儒、

中国人民赴朝慰问团徽章

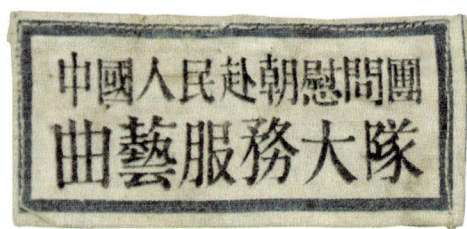 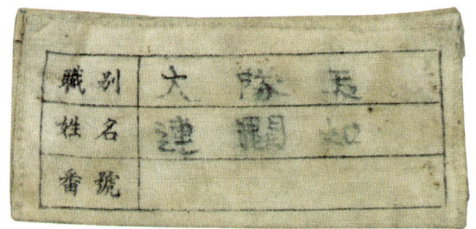

赴朝慰问团曲艺服务大队胸牌

魏喜奎、高凤山、孟宪友、孙砚琴、尹福来、顾荣甫、金业勤三兄妹等。

1952年11月26日，北京市文联和北京市人民出版社联合召开通俗文艺读物编写座谈会，宋匪我、连阔如、方白、张恨水、陈慎言、孙玉奎等40余人出席。老舍主持会议并讲话说："全国各地开展速成识字运动以后，广大学员迫切需要通俗文艺读物来巩固学习成果，希望通俗文艺作家们担负起这一伟大任务，市文联愿尽力协助作家解决一些创作上的困难。"与会者一致认为，编写通俗文艺小册子，是迎接即将到来的文化建设高潮的具体表现。

12月17日，北京市文联举行春节文艺创作座谈会。老舍强调，新中国一天天在迅速迈进，群众文化生活一天天在迅速提高，我们写作品，也要求在质上更提高一步。连阔如、张恨水等40余人到会。

四十一、对相声演员李文华直言相劝

正是:
生活真实不可照搬;
艺术真谛全在提炼。

1952年春节前夕,相声演员李文华还是北京一家兵工厂的工人。但他喜欢说相声,也喜欢写一些相声段子。

1月29日出版的《新民报》副刊上,登载了25岁的李文华创作的相声《回头是岸》(原名《贪污分子的尿》)。

这是一个根据真人真事编成的相声。

过了不到半个月,一篇批评文章就在同一家报纸上刊登出来,指责李文华写的相声格调不高,直接说人"撒尿"不雅,有庸俗噱头之嫌,不符合艺术的审美标准,并希望作者警戒之。

这虽是善意的批评,但毕竟是批评,而且是在报纸上公开批评,多让作者丢面子呀。李文华心里别扭,本来以业余作者的身份写出相声来,刊登在报纸上挺露脸的,没想到被人家给批了一顿。

李文华觉得自己冤,实在想不通,他捧着这张报纸,找到连阔如,想让他为自己说几句安慰话,至少从他那儿得到几分同情。

连阔如却非常直率地说:"人家说得对呀!相声是逗乐的,但不能光从逗乐出发,还要讲究艺术效果。现在不是说推陈出新吗?我们出新了,但还要推陈,把那些糟粕的东西去除掉。不是总说要普及提高文化、艺术吗?光普及也不行呀,还得提高,提高人们的欣赏水平。你的相声就是'提高'得不够。人家批评到点子上了。"

听了比自己长20多岁的连阔如如此说法,年轻的李文华心里觉着顺畅多了,也对连先生性格的坦率、耿介、心直口快而留下深刻印象。

李文华便请教说:"我写的那段相声,可是真人真事,我按照生活的真实,实实在在地写了,怎么还会错呢?"

连阔如便开导他说:

"写在纸上和在演出场地说在口上的东西,光用真人真事的标准来要求可不成。作为艺术的相声,就不能局限于真人真事,要做艺术化处理。譬如,打嗝放屁、拉屎撒尿,谁不打嗝放屁、拉屎撒尿?——要说,这可是确确实实的真实生活吧?没错,是真实的生活,我们大家都这样。但是,这是我们大家在生活中做的,却不是非要拿到台上去说的,你明白吗?这个道理很简单:艺术与生活不同。观众从艺术里听的看的,要比在生活中听的、看的高出一些才对!要不,要我们这些艺人干嘛?要艺术干嘛?

——对了,现在应该说要我们这些文化艺术工作者干嘛?

你说呢?

过去,我们都是为了一个饭碗去说相声、说评书。

有一天,等我们把这个饭碗端好了,吃饱了,突然觉得还有些什么东西比这个饭碗更沉一些、更重一些。那是什么呢,是服务社会,就是现在人们常说的服务人民。这才是比饭碗更重的东西,比饭碗更重的东西在我们心里头儿,它摸是摸不着的,不想也不知道。

我们要服务好,先得学习好,多学习文化知识,就可以提高我们的艺术水平,就能为国家创造新曲艺。

你还年轻,路还长呐!"

李文华受到连阔如这一番开导,顿时豁然开朗,就势请连阔如帮助办一件事:"我在北京市文联,和工人业余作者李学鳌一同被分配到文学小组里。开会时一瞧,都是大文人,什么老舍、丁玲、张恨水、苗培时……我跟他们在一组,跟人家都说不上话,李学鳌写诗还能沾上边,我就不成了。能不能把我调到曲艺组去?"

连阔如当时是北京市文联的理事、组织联络部副部长,这件事很快就办成了。

李文华也乐了。在曲艺组里,他与连阔如、曹宝禄、侯宝林、孙玉奎……在一道谈话、聊天，觉得到了自己的家。

对于连阔如在1957年被错打成右派分子，李文华感慨道：

"连先生耿直、敢说话，尤其敢为我们曲艺艺人说话。他被打成右派就是因为他说了实话。他曾说过文联工作存在的一些不足之处，比如'文联不联、理事不理'的现象。也说到一些曲艺艺人生活、从业都有困难，需要政府出面帮助解决。别人都知道，却不敢说，或没有来得及说，可是他说了，谁让他是说书的呢？不管说什么，都能说得实在、在理。"

四十二、"别只顾拆城墙,要好好补文化"

正是:
前人留下古老城垣,
一朝拆除万代喊冤。

拆什么不能拆文化,毁什么不能毁文明。

明清时代,北京的城墙与城门有"内九外七、皇七禁城四"之说。

"内九"指内城墙共有九门——正阳门(前门)、崇文门、宣武门、阜成门、西直门、德胜门、安定门、东直门、朝阳门。"外七"指外城墙有七门,墙总长度28公里,高10米,门为永定门、左安门、右安门、广渠门、广安门、东便门和西便门。"皇七"指以天安门城楼两侧为起点的红墙,环绕着紫禁城共有七门——天安门、地安门、东安门、西安门、大明门(大清门)、长安左门和长安右门。"禁城四"指紫禁城有四门——午门、神武门、东华门和西华门。外城之中有内城,内城之中有皇城,皇城之中是紫禁城。

20世纪50年代初期,北京城墙的存废之争以"废弃派"胜利而结束,从而也结束了一座完整古城的生命。

当时一种观点断定:"城墙乃古代防御工事,现已完全失去作用,并正在阻碍和限制城市交通的发展……"

另一种观点,即建筑专家梁思成和陈占祥两人提出的"梁陈方案"。该方案具体建议:"在北京城西再建一座新城,而长安街就像是一根扁担,挑起北京新旧二城,新城是现代中国的政治心脏,旧城则是古代中国的城市博物馆。"

梁曾呼吁:"世界封建时代名都大邑中,北京城是惟一得以完整保留下来的。保留它具有保护世界文化遗产之意义。"

他还建议,把宽阔的城墙顶部开辟为登高游览的地方,把护城河加以修

四十二、"别只顾拆城墙，要好好补文化"

砌并注以清流，对两岸进行绿化，形成环城立体公园，并配以有轨电车。市民于暮霭时分登上阜成门，西眺落霞成绮，东望北海如碧。

他断言：如果拆掉北京城墙，50年后一定要后悔！

但事实上，47座城门城楼、箭楼和角楼，如今仅有3座残存。

1949年，刚解放时，连阔如家住骡马市一带的棉花八条11号。对门3号的一对夫妻陈光明、刘素荣常来串门，亲如一家。

刚一解放，跑买卖的陈先生失去了营生，被政府派去挖城墙。挖城墙的都和陈先生一样，是二十几岁失了业的小伙子，成千上万人，挥锹舞镐，用了至少半年多的时间，硬是将好端端的北京城城墙的绝大部分夷为平地。"文革"中，仅存的少量城墙，如安定门、德胜门城墙也被拆掉。

陈先生拆了一天城墙，累得腰酸腿疼，拉着媳妇，带着孩子，到连阔如家来"入伙"。

连阔如对年纪还轻的小陈说："别只顾着拆城墙，要好好给自己补补文化。拆东西谁不会？学东西就难了。没有文化可不行，无法在社会上立身。趁着还年轻，不如参加个文化补习班或夜校，学一点儿知识算一点儿。"

陈先生虽然没什么文化，但毕竟年轻，悟性也好，马上就从连阔如的话里，听出个子丑寅卯。做小买卖的经历，使他的想法很简单：人的一辈子，就是干活——拿钱，或者说："我干活，你给钱"。至于说为谁服务之类的念头，从来就没有想过。"为社会服务"——这样的话，他听着好新鲜，也觉得好像有点儿道理。

连阔如故居

当时，北京市民政局开办了一个少数民族政治训练班，培训学校校长是马玉怀，陈光明和刘素荣都是回民，又刚刚得到连阔如的指点，便高高兴兴地一起报了名。

从此，陈光明白天拆城墙，晚上补文化。从右安门工地，走到东四牌楼清真寺训练班，足有十几里路，学习的路总是很漫长、很艰苦。半年的政治训练班培训很快结束了。陈光明夫妇的同班同学里有满族人、回族人、蒙古族人……他们一起学习了"语文"、"算术"、"地理"、"社会发展史"等基础课程。

半个世纪过去后，陈光明、刘素荣夫妇还能清楚地记得连阔如说过的话。晚年，陈氏夫妇住在宽敞、明亮的楼房单元里，五个子女个个孝顺。当了大半辈子公交车司机的陈光明老人说："连阔如当右派差了点儿，为社会服务、为人民服务都是他告诉我的，他比共产党还共产党。"

当连阔如说"别只忙着拆城墙，要好好补文化"时，他说出了一个道理：在一个缺少文化人的国度里，"补文化"是最关键的。没了文化，什么都能拆，不拆城墙也会拆别的。

四十三、中国曲艺家协会奠基人之一

正是:
曲艺艺术登堂入室;
国家文脉一脉相承。

中国曲艺的历史以1949年为界限,标志着一个曲艺新时代的开始。

正是在1949年7月召开的中国文学艺术工作者第一次代表大会上,曲艺才作为一门独立的艺术,第一次与其他七大艺术——文学、雕塑、绘画、音乐、舞蹈、戏剧、电影平起平坐,获得了自己在国家文学艺术殿堂的席位。

说书人和大作家在同一个屋顶下开会,在同一个厅堂就餐,同时被国家领导人接见、祝酒。这一变化非同小可,它从社会习俗和文化观念上彻底改变了曲艺艺人被人瞧不起的命运,也从根本上改变了曲艺艺人的生活方式和社会地位。当年流落街头卖艺为生的数以万计的江湖艺人,在新中国的土地上被人们尊称为"艺术工作者",恢复了他们本来已经丧失了的人权。

中国曲艺家协会的前身,叫做中国曲艺改进协会筹备委员会(简称曲改会筹委会)。

曲改会筹委会是第一个全国性的曲艺团体,它的倡议发起人是当时的文艺名人,共计50多位,其中有周扬、丁玲、梅兰芳、周信芳、赵树理……当然还有曲艺艺术家王尊三和连阔如。起名叫"改进"协会,意在改旧曲旧书为新曲新书,从而适应新社会、新生活。

一时间,演唱新曲艺节目成为时尚。

这一时尚的形成也有一个客观原因,当时的演出场所的节目审查员,每天都写汇报,将曲艺节目分为三等。好的,减免税;较好的,收取15%的税;不好的,不仅征收30%的税,还在剧场分配上加以限制,并在报纸上如《新民报》登载批评文章。

在此背景下，连阔如被推选为曲改会筹委会副主任，担起了让旧曲艺适应新时代的重任。

曲改会筹委会的地址，在朝阳门内北小街吉兆胡同31号。

这是一个老式的四合院，北房是曲改会筹委会的办公地，南房是赵树理、王松声的办公室，东房归赵枫办公，西房属吕冀办公。连阔如在北房内有自己的一张办公桌。作为副主任，他当然要到这里办公，和大家聊天，沟通情况，商讨曲艺的现状和改进措施。

曲改会筹委会曾与北平新华广播电台联合组织了"曲艺广播实验小组"，每天在电台轮换演出，唱的都是新曲词，并把唱的曲词编印了《广播曲艺》，发到各地电台以推而广之。这个活动前后坚持了17个月。

连阔如积极参与这一工作，他同时也在电台、在书场和其他场合说新书。北京市文委旧剧科科长张梦庚在工作总结中说，曲艺界积极演唱新词，受到了群众欢迎，"效果最好的是连阔如说的《万里长征渡乌江天险》，在群众中说过三次，每场都有一千左右听众"。

1950年2月，在北京解放一周年后，中国铁路工会第一届代表大会上，连阔如代表中国曲改会筹委会到会祝贺，送了一面锦旗，上面写着："你们把人民铁路修到哪里，我们把'新曲艺'唱到哪里！"

后来，由中国曲改会筹委会组成"'新曲艺'实验流动小组"，沿铁路线演出，在列车上、主要车站演唱，演出对象是车上乘客和铁路职工及其家属，10个月中，共走了10个省市，演出晚会190场，观众达35万人次。

时隔不久，"大众文艺创作研究会"在赵树理等人的倡议下正式成立。

在全体大会上选出赵树理为主席，王亚平、连阔如、郭玉儒（工人作家）为副主席，辛大明为秘书长，连阔如还分工负责创作研究部。成立时有会员100多人，半年以后发展到418人。

创研会组织大家创作新剧本、新曲词，并与中国曲改会筹委会合编了《新曲艺丛书》，出版了20辑，收入94段新曲词；还在宝文堂印了"新曲艺普及本"，共出了80本；评书故事方面，有《李闯王》、《太平天国》、《长征演义》等多种。创研会还编辑出版了《说说唱唱》月刊，一直出了60多期。还与中国曲改会筹委会共同在报纸上编了《新曲艺》周刊、《大众文艺》周刊。

11月27日到12月10日，文化部召开了"全国戏曲工作会议"，会上连阔如以代表资格当选为主席团成员。毛主席把会上提出的"百花齐放"与过去提出的"推陈出新"结合起来，成为戏改工作的原则。由周恩来总理签署发布的《政务院关于戏曲改革工作的指示》，成为对戏曲、曲艺工作的指导文件。连阔如在这几次制定政策的会上都担负起责任，成为曲艺工作中执行政策的带头人。

1953年10月，第二次全国文代会决定成立"中国曲艺研究会"，连阔如被任命为副主席，和赵树理、王亚平、韩起祥一起，协助王尊三主席工作。

连阔如作为中国曲艺家协会的奠基人之一，当之无愧。即便是我国新时期文化学术重大工程之一——由罗扬主编洋洋百万言的《中国曲艺志》中的"北京卷"，也没有忘记"连阔如在三四十年代的电台说评书《三国》、《东汉》，在1949年率先编演新评书《夜渡乌江》……"

中国曲艺研究会成立合影

中国文学艺术工作者第二次代表大会会徽

在20世纪50年代初与连阔如共事几载的罗杨,曾任中国文联副主席、中国曲艺家协会主席,他回忆起连阔如时,惋惜地说:"我还记得,在解放初期的北京,连阔如在曲艺界的声望最高。他为人谦逊,博学多才,喜读书看报,最关心时事,观念新,也追求新知。1953年10月连阔如当选中国曲艺研究会副主席。在1976年粉碎'四人帮'后,我被组织委派恢复中国曲艺家协会正常工作,马上就想到了连阔如。得知他早在1971年就含冤去世了。太可惜了,也太不幸了……他是一位热爱中国共产党、热爱社会主义新中国、热爱中国曲艺的评书家,其离去是中国曲艺界的不幸和不可挽回的损失!"

1949年中国曲艺改进协会筹备委员会成立,连阔如成为中国曲艺家协会的奠基人之一。

四十四、举荐郝寿臣当北京戏曲学校校长

正是:
寿臣花脸梨园巨擘;
阔如袍带书场奇人。

连阔如是以说"袍带书"(即长袍衣带书,指相对于"武书"的"文书")为主的,所以这里称"阔如袍带"。

评书大家连阔如与京剧大师郝寿臣的交情已非一日。

当郝寿臣的独子郝德元被日本特务搜捕逃往重庆时,连阔如就经常到府上拜访,代为照看。日本投降后,郝德元又拿了父亲500银元做盘缠,去美国留学。而郝德元留洋之时,又是连阔如或亲自登门看望,或让"连记杂货店"的伙计过去照看,别的干不了,帮助年事已高的郝寿臣先生跑跑腿交电费,还是可以的。

除了友情,评书巨擘、京剧名家更有在艺术上彼此吸取、借鉴、滋养的缘分。

郝寿臣乃中国现代戏剧史上举足轻重的人物。

三四十年代,谈到梨园花脸,便有"南金北郝"之誉,即南方有金少山,北方有郝寿臣。

郝寿臣出生于清光绪十二年(1886年)五月十日,河北省廊坊市香河县人,比连阔如长17岁。

1942年旧历四月初七,当郝寿臣56岁生日时,正式宣布留须,告别了驰骋40载的舞台。在京剧舞台上,与郝寿臣合作最久者,有杨小楼、高庆奎。郝曾与高庆奎排演《赠绨袍》、《青梅煮酒论英雄》、《重耳走国》等,与杨小楼合演《野猪林》、《坝桥挑袍》、《战宛城》等。个人独有之戏有《荆轲传》、《醉打山门》、《鞭打督邮》、《牛皋下书》等约计百余出,

在花脸中为会戏最多者。

20世纪40年代评论家红叶称：

> 郝一生得意，在表情得法，譬如演曹操戏，必将曹操的奸猾心理，形容到面部表情，即小节过处，亦必留心体察……郝居常语人，不论去何角色，上台则即是他，将本人"郝"忘掉，才能称职，方可叫"戏"。郝之做戏处处认真，每次演戏，无论冬夏，必汗透重衫，一生最忌演戏马虎，故生平不滥收徒，不滥交友，每以衣食来处不易言，自奉甚俭，虽成名角，往往徒步代车……梨园中，笃奉耶稣教者，名角中仅郝一人。

连、郝二人，在为人为艺两方面，都有许多相似之处。

唱戏说书本不分家：戏是唱的书，书是说的戏。

于是，人们总说："为戏学书，为书学戏。"

评书艺人多是博古通今的杂家，而戏剧演员又不能不熟悉些历史掌故。

评书家与戏剧家往往容易成为朋友。

20世纪40年代初，在京剧界与郝寿臣、侯喜瑞同是净角、并称"花脸名角"的金少山，就经常怀抱着狮子狗或肩托小毛猴，摆足了架势坐在书场里听书。

而评书家没有不能唱两嗓子京戏的。

连阔如和郝寿臣一见面，就有说不完的话。郝寿臣在舞台上是"活曹操"，唱的也是《三国》戏；连阔如在书馆里说的是袍带书，说《三国》更是拿手。京剧与评书的表演形式不同，但人物心理、性格刻画却同样讲究，这里的奥妙太多，探讨起来，自然有许多话题。

郝寿臣和连阔如的对话，有时像是对对子。

郝说："京剧演员讲究'唱、念、做、打'。"

连说："评书艺人要论'表、白、评、开'。"

郝说："京剧表演注重'手、眼、身、法、步'。"

四十四、举荐郝寿臣当北京戏曲学校校长

连说:"评书表演强调'说、演、评、噱、学'。"
郝说:"京剧演唱要求'抑扬顿挫'。"
连说:"评书说讲需要'起伏跌宕'。"
郝说:"唱戏的分寸是'不温不火'。"
连说:"说书的感觉是'不卑不亢'。"
郝说:"京剧艺术'唱人唱事贵在唱神'。"
连说:"评书艺术'说天说地难在说心'。"
郝说:"登上戏台要全神贯注,做到五记:'记唱腔,记台词,记人物身份性格,记举手投足规范,记表现精气神。'"
连说:"走进书场要倾心投入,做到五忘:'忘己事,忘己貌,忘座有贵要,忘身在今日,忘己之姓名。'"

郝、连相知,终生莫逆。连阔如一生独立不倚,仗义为人;郝寿臣则有自己的座右铭:

为人立志自琢磨,莫在人前说奈何。
雪里送炭君子少,锦上添花小人多……

1952年,市长彭真亲自关怀、过问的北京市戏曲学校筹备成立。当主管文化的负责人王松声询问谁最适合担任校长一职时,连阔如举荐说:"郝寿臣先生最合适!你们就找他!"

戏剧评论家称,郝寿臣先生的艺术风格可用"厚重"二字概括。厚重的不止是风格,更是其人。圈外人不知,除了开创"架子花脸铜锤唱"的郝派艺术,在200多个剧目中扮演过160多个人物以外,郝寿臣还是一位京剧脸谱和服装设计的革新者。而郝寿臣抗日时期罢演京剧的壮举人们记忆犹新。他热爱祖国、民族,戏剧知识渊博,性情厚重,又添锐意创新的勇气,是新中国新北京百废俱兴时期一代戏曲学校校长的最佳人选。

郝寿臣早与"校长"有些缘分。他盛年时的至交中,就有一位大名鼎鼎的校长,名叫张伯苓。此公是天津南开大学的创始人、校长、知名爱国教

育家，也是周恩来的老师。张伯苓先生提倡"公能"教育，故南开校训为"允公允能，日新月异"，意在培养青年"公而忘私"、"舍己为人"。他这样解释"公"："维其允公，才能高瞻远瞩，正己求人。"学生能力既在"公"的基础上培育，将来也为"公"所用。所谓"日新月异"，指人人不但接受新事物，还要能成为新事物的创始者；不但能赶上新时代，还要能走在时代的前列。学校还提出"德、智、体、美、劳、群"全面发展的素质教育方针。张伯苓一生结交了两位梨园知己，一是梅兰芳，一是郝寿臣。

张伯苓与郝寿臣互相倾慕。张伯苓爱看这位铜锤花脸老弟的戏，一到北平就登门造访，也钦佩身为基督徒的郝寿臣干净，不吸烟，不饮酒，不赌牌，全无不良嗜好；郝寿臣曾在张伯苓引领下，参观了这位大教育家在天津开办的幼儿园、小学、中学和大学，敬佩这位兄长廉洁自律，兼那么多职只拿微薄的一份工资。

1951年南开大学校长张伯苓去世，1952年北京市戏曲学校校长郝寿臣上任。

郝寿臣出任北京市戏曲学校校长十年，实行七年制教育，校董事会的成员都是梨园名宿，包括梅兰芳、王瑶卿、萧长华、谭小培、马连良、张君秋、李少春等。舞台前辈王少楼、侯喜瑞、叶盛章等曾长期执教。首批京剧学员120名，年龄由6岁到12岁不等，业务课为主，文化课为辅。学员不仅学艺，平素的举止行为都有高标准。在郝寿臣校长严厉而苛刻的督导下，北京戏曲学校教学成绩卓著，培养出了李玉芙、张学津、孙毓敏、李崇善、孟俊泉、宋静媛、李雅兰等一大批艺术家，包括后来的北京京剧院院长王玉珍。

四十五、彭真委派赴朝慰问团曲艺大队长

正是：
曲艺名家心系国家；
远赴沙场舍生忘死。

1951年3月，寒冷的朔风依然刺骨，鸭绿江还没有解冻，由北京市市长彭真亲自指派的中国人民赴朝慰问团曲艺服务大队大队长连阔如，率领北京和天津两地的曲艺艺术家们共二三十人，来到朝鲜抗美援朝志愿军的营地，为勇敢的官兵们表演节目。慰问团团长为老革命家、外交家廖承志。

中国人民志愿军是于1950年10月19日入朝作战的。"雄赳赳，气昂昂，跨过鸭绿江，保和平，为祖国，就是保家乡。"《志愿军军歌》是当时最流行的歌曲。仅仅4个多月后，连阔如所率领的曲艺服务大队就驰骋在战场上，为志愿军官兵们慰问演出。此时，正是抗美援朝战争初始的关键期，志愿军正通过第五次战役向三八线挺进，战事异常惨烈。半年多时间的五次战役共歼敌23万人。

从北京出发前，连阔如又一次荣幸地受到周总理的接见。周总理对慰问团的全体成员说："你们是祖国派去的，是代表中国人民的……"

据《中共北京党史纪事》记载：

"1951年1月23日，中国人民保卫世界和平、反对美国侵略委员会发出《关于组织中国人民赴朝慰问团的通知》。"

同年3月，由首都各界及各地来京代表团组成了中国人民赴朝慰问总团，廖承志任总团长，副总团长有陈沂、田汉等。总团下设文工团。

北京的部分著名曲艺杂技演员组成了曲艺服务大队，领队张辅臣，队长连阔如，副队长曹宝禄，演员有高元钧、侯宝林、郭启儒、魏喜奎、高凤山、孟宪友（快手刘）、孙砚琴、尹福来、顾荣甫、金业勤三兄妹等，

共23人。演员们以能参加慰问团为荣,纷纷表决心,一定要全心全意为战士服务。

慰问团于同年3月12日从北京出发,5月底返回。

在朝鲜期间,慰问演出是在战火纷飞的战场上进行的,演员们在战斗英雄光辉事迹的鼓舞下,深受教育,他们克服一切困难,在山坡、坑道、山洞里热情为战士们演出。尤其是天津的相声演员常宝堃、弦师程树棠4月23日牺牲于朝鲜沙元里,更激发了演员们对美帝的仇恨,增强了爱国思想,提高了觉悟。许多演员表示还要参加第二次赴朝演出。慰问团回国后,不顾疲劳,立即分赴全国各地进行演出。

曲艺服务大队名家荟萃,除连阔如任大队长外,副队长是著名的单弦大师曹宝禄,北京的队员有相声大师侯宝林,还有魏喜奎、关学曾、尹福来、孙玉奎、孙砚琴等,天津的队员有相声艺术家常宝堃(小蘑菇)、赵佩茹、富少舫等。

解放初期,国家还处在千疮百孔、百废待兴的时候,经济拮据,但是,慰问团成员的待遇却相当不错。每个人都领到了一份大米、罐头、肉松、茶叶、纸烟和水壶,还有一个内装绷带、药水的急救包。一到丹东过鸭绿江大桥,就遭到美国飞机的轰炸,不得不躲进防空洞。过江后,曲艺演员们身着戎装,乘坐伪装树枝草叶的军车,跋涉在崎岖不平的高地。志愿军指挥员选拔了最优秀的司机——要么是战斗英雄,要么是经验丰富的军官,确保演员的安全。即便是这样,危险还是层出不穷。

汽车在盘山公路上疾驶,只听见炸弹飞来的"啾——啾"声,刺人耳膜。随着一声声巨大的爆炸声,车上尘土弥漫,谁也看不清谁。"叶盛兰哪儿去了?"——有人大声问。只见《群英会》中的那个"周瑜(叶盛兰曾饰演)"被连阔如压在身下,一时还爬不起来。连阔如身为大队长,怎能让队员有什么闪失?更何况任中国京剧院一团团长的叶盛兰乃国家京剧艺术之瑰宝人物呢?连阔如不顾个人安危,舍老命将其掩护在怀中,日后成为一段佳话,被同行们传诵。

志愿军战士们就在三八线附近的山坡上列队,然后在指挥员的命令下齐刷刷地坐下，个个正襟危坐，大气不出，鸦雀无声地观看曲艺大队的慰问演出。演出情形可不像电影《英雄儿女》中所表现的那样，场面火爆，气氛热烈。

连阔如表演的是他拿手的评书《水浒》中的一段"武松打虎"。一上台，他先是代表曲艺大队向官兵们表示致意和慰问，接着，就是评书开讲的引子：

"我们的志愿军战士就是那赤手空拳三拳两脚就把老虎打趴下的当代英雄好汉——武松。小米加步枪，跟赤手空拳差不多。而老美就是武装到牙齿的老虎，不打不成，不痛打不成。你们瞧，那美国五星上将麦克阿瑟将军蓄着老虎须，美洲虎要到咱亚洲来吃人。下面请听武松……"

年轻的、大多来自农村的、乡音久违的战士们，还没听评书大师连阔如演说评书，先就被他的一番火热言语所打动，早就有些迫不及待了。

战士们最爱看连阔如那特有的"把式"，即一招一式都干脆利落的"刀枪架"，颇有京剧舞台上武生的威风。挥舞纸扇的手臂当空一划，只听"嗖"的一声，凝固的空气中仿佛有一颗子弹飞过。正应了电影导演姜文的那句话——"让子弹飞一会儿"。

轮到北京曲剧创始人之一孙砚琴上台演出时，情况可就不太妙了。

她刚唱了半段京韵大鼓，敌机就来轰炸了。纷飞的炮弹在不远的四周炸响，志愿军将士们却面不改色，没有听到指挥官的命令就一动不动。只有十七八岁的孙砚琴不禁有些慌张，唱词虽然没忘，但只是勉强能唱下去，艺术家们领教了什么叫无敌军队的铁的意志和钢的纪律。

不幸的是，相声艺术家常宝堃牺牲在慰问演出的途中。

曲艺服务大队回到国内后不久，常宝堃被追认为中国共产党党员、革命烈士。

常宝堃艺名"小蘑菇"，父亲常连安是老一辈相声演员，原籍北京，满族正白旗人。常连安幼年家贫，七岁丧父，衣食无着，被迫卖艺，后与儿子"小蘑菇"合说相声，先在各地撂地，后在京津进园子、上电台，名噪一时。父子俩舞台搭档14年之久，并多行善事，曾于40年代初，在启明茶社捐款助赈,合演一场相声《苏东坡吃鱼》,得500余元,悉数送给《实报》社,转交广济寺办粥厂施舍,获赠"恺悌为怀"匾额一方。1951年,天津市曲艺工作团成立,常连安任团长。儿子牺牲后,他很长时间不愿涉猎对口相声。

连阔如也经历了一次死里逃生的劫难。

凌晨3时,空袭警报将大家从沉沉的睡梦中惊醒,探照灯在天空织网,闪光弹刺人眼目,爆炸声震耳欲聋。慌不择路的演员们,都只穿着内衣内裤四散躲避,向着远处的山野奔跑。连阔如被重磅炸弹掀起的气浪甩出去好远,重重地摔在坚硬物体上。等他清醒过来时,觉得浑身疼痛。幸亏多年习武锻炼,否则这一摔,早不知散架到什么程度呢。他发现自己躺在一个深有几丈的大坑里,正处在这个天井的底部,他想赶快爬起来,却浑身无力。

曲艺服务大队的驻地喧闹开了:"大队长失踪了,不见了。"

大家都吓坏了。

中国人民赴朝慰问团曲艺服务大队在丹东,第二排左起第十位为连阔如

四十五、彭真委派赴朝慰问团曲艺大队长

战士们和演员们一起分头去寻找,直到残星寥落,晨光熹微,就在绝望之时,有人站到一个大坑的边沿上高喊:"快来!快来!大队长在这儿哪!"当人们磕磕绊绊把连阔如抬上来时,他已经被冻得四肢发僵。只听他笑着对大家说:"你们带把锹,顺便把我埋了不就得了?还往上抬干嘛?"

十几年后,连阔如患了半身不遂,活动极为不便,就和在朝鲜战场这次受跌受寒有直接关系。

在朝鲜慰问演出的几个月中,连阔如听到最多的两个字是:"祖国。"他想得最多的也是两个字:"祖国。"当一个人身在异国他乡时,会更加清晰地体会到自己的民族属性和国家籍贯。这种鲜明的民族和国家公民的角色意识,会让人在感情和心理上,对自己的祖国产生强烈而深刻的眷恋。连阔如在想,用评书报国。这是他到抗美援朝前线慰问志愿军所获得的最大收获。

1951年10月,中国戏曲研究院曲艺实验工作团欢宴中国曲协常委作家并为胜利归来的连侯曹孙等同志洗尘留影。第一排左起为孙玉奎、刘乃崇、王尊三、侯宝林、连阔如、赵树理、王亚平、曹宝禄

四十六、远赴川藏动员民众抗美援朝

正是:
天路朝天青藏高原；
笔记万言报国肝胆。

1951年5月，深入抗美援朝前线慰问演出的征尘未洗，在天津刚与在战场牺牲的相声演员常宝堃遗体话别，连阔如又接到政府委派的重要任务，任赴朝慰问团西南分团宣传工作队大队长，远赴祖国的大西南地区——四川、西藏，为沿途两千多个县市的民众做汇报表演，号召大家戮力同心捐款、捐物，踊跃支援前线。

作为说书家的连阔如，正好施展他的天赋口才。刚解放的西部贫困地区的平民百姓，听了连阔如等介绍朝鲜战场上志愿军英勇杀敌的事迹，民情激奋，纷纷捐款、捐物，妇女捐头饰，老人捐鸡蛋，孩子捐出压岁钱……男子汉则要求当兵上前线。

几个月前，由北京市文联、全国文联、全国妇联、全国美协和叶恭绰、徐悲鸿、梅兰芳发起，由北京书画界联合组织了"抗美援朝书画义卖会"，老舍、叶恭绰、徐悲鸿、梅兰芳、陈半丁、叶浅予等都献出了自己的作品。在接下来举办的"抗美援朝书画义卖展"中，文物界共捐献了500多件文物，94位书法家义卖了174件作品，筹款1亿8千万元（旧币），全部捐献给抗美援朝总会，指定购买药品。

为响应全国文联关于捐献"鲁迅号"飞机的号召，北京市文联邀请市各文艺团体代表座谈，老舍带头捐献了戏剧《龙须沟》、《方珍珠》的上演税800万元（旧币，下同）；赵树理捐献稿费500万元；李伯钊捐献200万元；凤子捐献500万元外，又捐献金戒指两枚，并声明以后每月捐献她薪金的10%。

四十六、远赴川藏动员民众抗美援朝

最为人称道的,是常香玉捐献飞机的义举。

常香玉自述:

> 我和(丈夫)宪章商量,咱们捐献一架飞机吧……我们把存留的金子送到银行兑成钱,把汽车也卖了,可相差还是很大。于是,我们排演了优秀剧目《花木兰》。剧社在全国各地整整巡演了两年。有些观众当场就把身上戴的镯子、耳环都摘下了。在广东演出时,一位香港同胞得知我们剧社要为国家捐献飞机,非常感动,当时就把手上戴的金表捐了。就这样,两年的时间,我们为捐献这架飞机整整攒了15亿人民币(旧币)。

中国人民赴朝慰问团西南分团宣传工作队——曲艺服务大队成员如下:队长连阔如,副队长吴长宝,队委高元钧、陈亚南、白凤鸣、于少章、顾荣甫、尹福来,队员陈亚华、陈海荪、马兴奎、罗荣寿、黄德义、石长岭、石连璧、王志浜、刘德志、关金凤、张大兰等。

连阔如在长途旅行、做报告、表演的间隙,坚持每天写日记,几个月内,沿途记下三四万字当地人文、地理、民俗等方面的详细情况,很有史料价值。连阔如的生前好友苗培时先生,将这些珍贵的日记一直妥善保存到现在,并交还给连阔如的女儿连丽如,使之成为了解、研究一代评书家连阔如的第一手材料。

现选取日记的一些片段,以知晓那个年代的连阔如和宣传队

1951年,连阔如赴朝慰问后南下四川等地宣传普通话,并考察当地风俗人情

的踪迹：

5月31日

川西成都新津机场，39团谢副团长：

我们的绿大肚飞机，飞2200多公尺。为了进军西藏，空投军粮，要飞过二郎山、折多山、海子山，到甘孜、昌都。国民党反动派留下46（型）旧飞机，飞机上没有电器设备，留用的技术人员很好，找材料自己装，并试着飞往康藏高原等地。我们又没有这种经验，还好，有积极分子，完全靠地图，五次试航。初次是西南号47（型）爬山，重山难过，失败了。再试时，天气又不好，以王洪智为首的想出办法，如同牛拉车的拉高一次，休息一次，然后再爬。最后试飞康定时，发现一高一低的山，有个口子，飞机从这个口子，小心谨慎稳定穿过去。我军都是惊奇非常，能够到达甘孜、昌都，空投一切用品，支援进藏的解放军。飞机运粮解决了很大困难问题。那时，进藏部队不买老百姓的食粮，没办法，饿了吃地老鼠。若用牦牛往西藏运粮，到达目的地的粮食只剩下空皮子。

天气多变，运粮回来，云过山口，封了口，飞机找不着。不从山口的云洞飞过去，只好往高空爬2600公尺，轮声失当，飞机被气流压下来，下降猛烈，我们人从地板上往上颠，把脑袋撞个大疙瘩。机舱里运粮的同志们也撞伤了……前方战士希望多送粮，我们每架飞机每天只投两次。十天能有八天天气不好，前方战士总不断地来电报，说粮食不够吃。我们也着急，路远，油不够来回用的。我们不是工程师，也不是工匠，只是外行人，从飞机上找零件，安装油箱，多添汽油。早晨进飞机还不热，中午进飞机如同进到烤白薯炉一样。

魏国斌、张尚仁，都是工作最好的飞行员。

7月30日

西康省抗美援朝分会李主席讲：

西康省有53万5千多平方公里面积。农业生产不够。雅安的粮食，要靠川西邛崃等。地下宝藏甚多。汉源县产石棉最好，有人说是世界第二石棉区，现在改为石棉县了。汉人藏人有3375017人，藏人约有五六十万，彝人120万左右，少数回民。共有三个专区：西昌专区（有浙江大）、雅安专区（占六县一市）、康定专区（有四十多县）。少数民族的工作，还没出什么偏差。信教自由，民族平等，打破了汉人、藏民的隔阂。乌拉制度是否应当取消，要他们自己决定。

何谓"西康省"？作者张哮在散文《消失的省份》中慨叹：

"大概40岁以下的人已经很少有人知道我国历史上曾经存在过的一些省份了。如：绥远省、辽东省、辽西省、松江省、西康省和热河省等。西康省，旧为川边特区，省会康定，民国十七年九月建为省。雅安在隋为雅州地。清为四川省雅州府附郭首县，为建昌道道会。县城居青衣江上游，北倚天险关，东据蒙山，左岷江而右大渡河。扼西川之咽喉，当番汉之界线，又是四川通往西藏之驿路，贸易往来颇盛。20世纪50年代的西康省下属的雅安专区包括的县有：雅安县、荥经县、汉源县、石棉县、天泉县、宝兴县和芦山县。其中雅安和芦山两县被称为雨城。"

以前，国民党反动派看不起少数民族，不把他们当人看，叫他们苗子、番人，（用）以彝制彝的办法，使他们不和，打冤家。有人说：

"官占坝，汉占坡，苗子个个住山窝。"

不卖盐，彝民成年吃不着盐。土盐产得少，只能喂牲口。现在卖给彝民盐吃，价格低廉，他们很受感动。彝民不适用文字生活，生病画符念咒，见汉人不论保长、甲长都要叩头。文字不通，工作困难，在长征时，他们很怀疑，刘伯承将军和小叶达交了朋友。有少数民族回来宣传，现在平等待遇，不叫他们叩头了。他们到北京见毛主席有怹才信以为真。彝民送东西，我们不要，说明道理，感动他们。

藏人彝人都相信毛主席、共产党如同医生一样治病救人，说工作干部是毛主席派来的，见了汉人说是新汉人。彝民觉悟了，把国民党隐藏在彝民区的特务送了出来，交给人民政府。从前，彝民赶场（赶集）都带着武器，防备人抢他东西，现在参加了各种会议，各民族平等待遇，选他们的人为自治区的委员。参加了政权，觉悟高了，说国民党说得好，只说不办，共产党说了就办。他们的要求是医药。生活细节，语言习惯，文艺理论，（都）不谈民族的婚姻问题，免得他们说我们宣扬他们的丑事。

抗美援朝是从机关干部、知识分子入手，由和平签名运动起……

西康省交通困难，县到乡500华里，到西昌有十天上下，通气不便。专署到县两三个月，省里见了公文已经过时了。西康省干部缺乏，县委书记兼县长。封建势力雄厚，剿匪清特、反霸斗争、土地改革工作更多，更困难。这里恶霸是土皇帝，生杀予夺和古时的部落差不多。解放前，不敢过雅安的铁索桥。

凉山区域的彝民，分为黑白。黑彝是贵族，勇敢善战，爱打仗，不事生产。白彝叫娃子，是黑彝的奴隶，生产劳动。黑彝一家都是有多个娃子。他们种大烟，换国民党的武器，打枪技术精而准确。彝民也有租汉人地种的，他们还有小手工业。

8月13日

过去的藏民，受帝国主义反动派的利诱，不团结，内部不和，以能打仗为光荣，以能杀人为光荣，以杀人立威为光荣。

现在，解放西藏进军困难，先遣部队没粮米，吃地鼠，挨饿一个月，也要保全三大纪律八项注意——军人革命的优良传统，更要保持民族政策。

藏民见解放军给他们扫院子，劈柴挑水，丝毫不用藏民的东西，住牛棚。感动得藏民拉解放军到他们家吃糌粑，喝酥油茶。土司命藏民把粮食拿出来，专卖给解放军，并且不说你们汉人、我们藏人，现在是一家人了，是一个大家庭的人了，彼此团结互助，不打冤家。从前，两三个人不敢走路，都是很多人备战式地出来，现在一个人空手也走路，不断地研究讨论，怎样办事才不违反毛主席的民族政策。在清代，从赵尔丰起就打冤家。现在好了，彼此团结了。虽有少数的不好，大部分是团结的。

1950年11月25日，成立了西康省藏族自治区人民政府。主席桑吉越希，副主席夏克招登、苗逢澍、阿旺嘉措、洛桑钦巴。28位委员，藏民20人，回民1人，彝民1人。

建立政权——

在自治区的20个县，建立县区两级人民政府。康定、泸定、雅江、乾宁、丹巴、九龙、理化、稻城、定乡、德荣、义敦、巴安、道孚、甘孜、德格、邓柯、石渠、白玉、瞻化、炉霍。

20个县70多万人口，藏族占4/5，余者为彝族、回族、汉族。

根据共同纲领、民族政策，各县各区两级人民政府，都先后成立起来。吸收各民族有威望的优秀分子参加，（任）县长、委员、区长、处长。有史以来，藏族人民自己掌握了政权。

建立军队——

在过去，就没建立过民族的军队，自己想办，也受国民党的镇压。现在遵从共同纲领，在人民解放军的领导下，成立了藏民解放军。他们要求和人民解放军一样，帽花没到时，他们要求帽子和解放军一样；老解放军的服装有油泥，他们新的服装也弄些油泥，决心要做朱总司令的解放军。藏民见到共同纲领、民族政策逐步实现了，参军时，是他们自动报名的，也都经过全家同意的。

有捐马的，有捐枪的，卡宾枪也献出来了。他们说，从前好汉不当兵，现在是好汉要当兵了。

培养干部——

中国人民解放军赶走了帝国主义反动派，为了少数民族自治，要培养干部，成立了中央民族学院、西南民族学院，经过学习后分配到各县工作。各县送来的学生150名，学习财政经济，学习政治，学习文化教育。从前藏民不喜念书，学生是各家摊款，派个学生看成最困难的经济负担。

教育——

各县的工作人员为人民服务,成立小学校。从没有教员起,发展到有教员与学生也不容易。

经济建设、贸易工作——

藏族人民生产落后,工具也不好,半工半农的生活,也有全部游牧的生活。喂马牛羊猪骡的,不会生产,不会种地。康藏高原,野兽、药材很多。成群的野兽容易打,没处卖钱。过去(有)土匪抢夺,(卖钱)也是困难。

现在,自治区成立后,贸易发展。也准许藏族人员种茶叶(树)了。过去不准藏族种茶,卖羊毛,国民党也不给钱。现在用羊毛换边茶,从6包换起,到8包10包了。有张兽皮也能卖钱,养羊也好了。

2万多包茶叶解决了,过去喝不着茶的,也喝着茶叶了。学习东北几马拉车,改善生产的工具,二郎山、康定等地,开荒耕种的,也逐渐增加。

牛数虽多,常患牛瘟,死亡率也高。从东北调来许多兽医,解决牛瘟传染。开始时,他们不肯给牛打针。一个起带头的,拉他的病牛打防疫针,结果医生走后,病牛好了,好牛没打针的死了。现在,他们不害怕了,有牛就愿打预防针。打完了针不让医生走,他们愿意管医生的饭吃。

抗美援朝——

藏族自治区抗美援朝从1950年12月开始,先从干部开始,苗主席领导大家学习。留用的人员中有崇美的思想。将组编好了,每次读报讲解,然后讨论,分工来做工作。除了居民委员会,康定的喇嘛寺也都抗美援朝,他们说,把美帝国主义解决了,才能安心念经。

组织抗美游行示威,他们由100多里(外)骑马赶来,各民族的(都)参加。喇嘛用纸糊的美帝人物杜鲁门、麦克阿瑟等念经焚烧,咒死敌人。干部、学生、百姓、军士一齐签名,要求和平,反对战争。

七八个人一组,进一步订立爱国公约。不生产的喇嘛寺也生产了。安觉寺的老喇嘛做衣服,用8000元的工钱捐献,又向贸易部门订合同,去挖大黄卖钱捐献。青年的喇嘛带干粮进山砍柴卖钱捐献。

有十几个喇嘛要到北京见毛主席,（想）往朝鲜去看看,（被）劝说回寺。

九龙县县长彝族人,自带老百姓上山捉土匪特务,谁家也不准留坏人。现在为止,响应抗美援朝总会三大号召,捐献了7亿2千7百多万,已然入库的有2亿多。（我们从甘孜回来是9月1日,已有8亿5千万了。）

8月16日

康定军分区樊执中司令员报告：

……国民党反动分子散布谣言。特务汤元培、汉人特务傅德全等,是刘文辉留下来的。谣言说我们杀人放火,群众不了解,（因）害怕关门不出来。有少数藏人在红军那时,对共产党有认识,试探性地来看我们。

刘文辉等盗走军粮,我们没吃的。由成都到雅安一带剿匪,夜出昼归,对于三大纪律八项注意、民族平等、信教自由（等）民族政策严格遵守。那时,关外还有敌人结合土司反抗（过折多山叫关外）。把傅德全匪争取过来,是一个团。十八军进军西藏,又增加了粮的负担。

（根据）中央民族政策,要教育先进（藏）的部队,向藏民如何宣传。藏民来看时,先向他们道歉,当初红军在这里,蒙藏民的协助,借过你们的粮。我们北上抗日,是有功的……

成立民族政权开代表大会时,大部（分）都来了,也有少数观望的,派他的娃子来了。开完了会,都明白,都欢悦了。对我们部队挑水、打柴、减食,不加重他们的负担,非常感动。剿匪时,他们拉解放军住在经堂（过去国民党匪是不能住喇嘛寺的）,说"毛主席是大菩萨,你们是小菩萨"。他们还卖粮支援前方。

藏兵团——

建立藏民武装,通过人民武装保家卫国,各个分区都推选百多人,积极训练。巴安、甘孜等地发展成为"藏兵团"。他们认为这是毛主席的民族政策好,是光荣的,也是以前没有的事,参军的时候,喇嘛吹着乐器欢送，活佛喇嘛上台讲话，情绪高涨。丹巴来了一个营过高山，没有一个掉队的。内有剿匪功臣四五十人，藏人的豪性最强，今年他们的功臣还要多的。民众拥护自己的政权，中层人的地位提高了，上层人物在过去有的与国民党有联系，内心怀疑，又怕土地改革，还有反动统治思想，从前他们做坏事，现在没办法，不靠近共产党是无路可走，堪布、日库是进步的。

喇嘛寺反对开荒地，说赶走了山神。经过说服，"开荒种地多生产，老百姓好有钱往庙里送，供养喇嘛好念经"。

十八军进军时，老百姓生活提高了，用牦牛运粮，物价稳定。如果不发展生产，就是脱离群众。

西康省的气候——

高原以昼夜为冬夏，

河谷因纵横判冷暖。

坡坨随高低定温度，

山岭以阴阳别寒暄。

注意事项——

康地多水。泥潭中死水不可饮，山上雪水可饮，含有矿物质，能助健康。最好带水壶、太阳镜，以免受雪的紫光线刺激眼盲。

行走时，多带甘草冰糖，翻山路时，含于口内，减少气喘；带茶叶、辣椒、生姜烧水喝。

高原煮水，温度不到百度即沸，饭煮不熟。煮饭时，锅盖扣紧，不许漏气，或煮数次。

有时下冰雹，天黑风大。在漆黑地方，窥见一条条光线，雪地雷音小，见此光景，应找地方隐蔽。

康人不吃鱼，我们吃时，勿借他锅。鱼肚之类东西别吃，防肚胀。

别叫番人、蛮子，因为番蛮是（指）野蛮人。

民歌——

木雅雪山高耸，

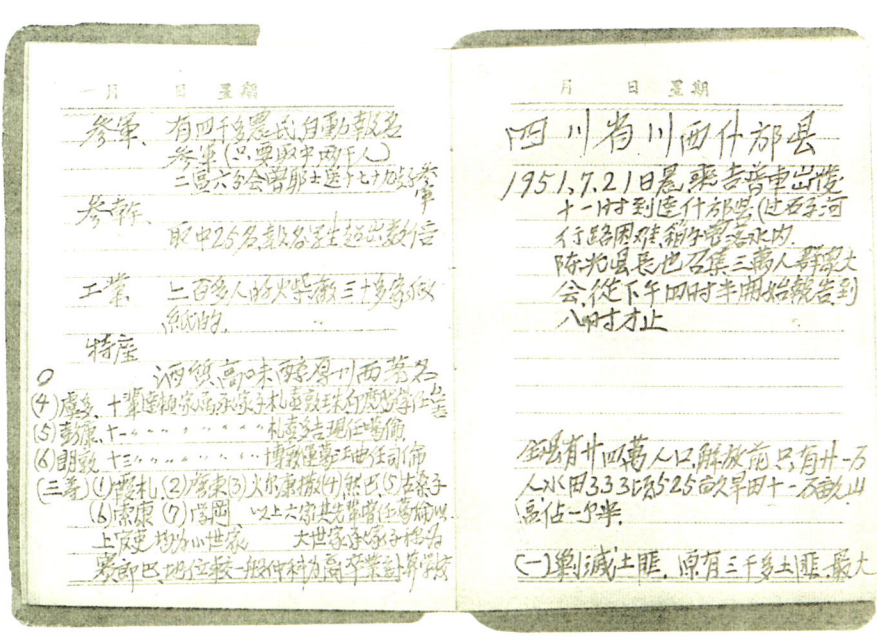

1951年，连阔如赴朝慰问后南下宣传普通话，在西康、雅安等地每天坚持撰写日记，所记内容均为当地民俗及风土人情

金沙江水长流,
农牧布满山野。
经济繁荣了,
解放军来了,
乌拉苦役废除了。
骑上自己的马儿,
采办茶盐去吧,
东山口山头上,
现出了红的太阳。
衣裳单薄的人民,
如今可饱享阳光。
汉茶堆成一片,
高度超出东山,
我们大批的青年,
前途比江水还长。
谁说康藏高原是不毛之地?
这美丽的鲜花就盛开在康藏原野上!

8月21日

何参谋长报告:

我想任何方面的事,都要经过艰难困苦,文艺工作者也是一样,才能做出一套完整的东西。

我们由雅安到甘孜,预计25天,每个人背20天的粮食、军用品。过二郎山最困难,牲口驮250斤吃的。人吃马吃,到了甘孜,什么都吃光了,只能杀了马吃。

宁隔一山,不隔一水。飞仙关铁索桥被敌人破坏了。滥池子原有八大桥,是用竹绳子拴在两头上,来往个人都困难。我们先修八个木桥,用竹篓子装石头修成便桥。一夜山洪暴发,冲毁了八个木桥。自然界的无情够厉害。由重庆动员工人修桥，为了长久，改修钢骨铁桥。底下的桥基，是步兵、工兵修建的。以人的生命向水的急流做斗争，牺牲了300多人的性命才修筑好。另外，还有100多人受了伤！

铁索桥——

康定、泸定两县有之。尤以泸定铁索桥为大。该桥在清康熙四十五年，四川巡抚能泰、提臣岳升彪奏建。桥长31丈，宽9尺，底九条铁索，左右栏四条铁索。上铺木板，横在索上。长板顺上，可以行人。两端建桥亭，设卡征捐。每三年小修，每五年大修。桥东铸铁牛、独角兽各一，桥西铸铁蜈蚣一条（统治阶级弄这个镇物惑人）。

班禅与土司——

昔日，英国人主使达赖把班禅赶出西藏。班禅往国民党内活动，想运动回归西藏。蒋介石以为有利可图，命班禅回去。班禅走到甘孜时，达赖、堪布等派兵截阻金沙江，回不去了，又想在康省西北发展势力。班禅之卫队长宜多，与孔萨女土司交好，结为夫妇。刘文辉等也想和孔萨结婚发展势力。孔萨女土司不愿与汉人结婚，刘之团长张镇中追求不得，打仗被藏兵打败归降，受辱自杀了。刘文辉调大兵将孔萨、宜多赶走，班禅退往青海。宜多转道南京，有孔祥熙等势力写信回康，刘文辉无法，孔萨、宜多又在甘孜恢复土司地位。解放军成立藏族自治区，孔萨、宜多任文教处长。孔萨女土司，名德清旺母，也为区委员。

格达活佛被毒死——

在甘孜白利喇嘛寺，曾接待过朱总司令。那寺内的格达活佛，在红军长征时，就受到朱总司令的影响。他很进步，保护过红军。当地老百姓也把红军战士当作自己的子女收养。如今他要到西藏各地去宣传民族政策。走到昌都，特务在茶内放了毒药，把他害死了。

长期建设西藏——

往近说，十年建设；往远说，二十年也不止。开发西康，建设大西南，改革生产，争取建设成功，把东方的文化留下来，把落后的社会改造成幸福、快乐、民主、自由的社会为止。我们这一代，是为人民服务,下一代的人享福。我们这里建设的工人,什么成分的人都有,不肯前进,就是落伍的,在内地也是落后的。我们一个人做三个人的事。每天吃二斤大米,由成都新津运来。每车粮运到甘孜用七桶汽油,不算对机器的消耗……

骑马上山——

上山你不骑我不算马,下山我不牵你不算人。

……

天葬——

一般人死了,由喇嘛打卦,应当如何葬时就如何办理。天葬的喇嘛打法器,众人围观,用刀割尸,天鹰食之,碎骨和糌粑喂之,食尽者为30天,否则有罪,鹰不吃了。

火葬——

庙中大喇嘛有地位的死了,有钱买木柴焚尸火葬。一般人经济、势力均办不到。

水葬——

一般贫人和小孩死了,多用水葬。

土葬——

汉人死了土葬。据传藏民有罪的,使用土葬。

他们的丧葬,不只是封建迷信,也受到经济的限制。

8月26日

修建洪主任(报告):

过去说此地——康藏,以为空气稀薄,土地不肥,人民野蛮。可是我们来之后,了解的完全不同,除了地形较高、空气稀薄,可是对人利多害少。以阳光来说,比别的地方强17度,一磅牛奶合一两酥油,土地很肥,一年可收两季。如萝卜在7月种,到11月收,(一颗)可以长到12斤,菠菜一颗要有两三斤,豌豆如两个花生大,巴安苹果很有名,道孚的葱比四川还好。

甘孜县人口有25000，青稞年征65万斤，百分之五的征粮。1斤种子收7斤粮米，长的草同青稞一样多，因地多，牲口又要吃草。在雅鲁藏布江，天气暖，先收麦，又可以再种豆子。以人口算，粮食较少，但可以补救。矿产金子很多，矿苗有900里，甘孜沙金每年可出300斤。昌都石油，可供世界200年用。宁静有条臭水河，假使不是石油，便是铁矿。在腾格里海可能有铀矿。离此地4天路程有煤。西藏出盐碱，每年运出到尼泊尔的有2300万斤，换小米。

西康372万多平方公里，每平方公里合4个人，牦牛有40万头，山羊30万头，绵羊40万头，实际数目，超过去了。

藏民生死之调查——

我们汉人生小孩，是件喜事。藏民生小孩，以为肮脏，有在牛棚生的，也有在厕所生的。生完小孩，当天还照常劳动，也没人道喜。三天满月的俗例，容易生病，也不请医生吃药，到寺内由喇嘛打卦诵经，耽误儿童的生命。患白喉、肺炎、天花的，死亡率很大。传染死的，男女花柳（病）死的很多，人口不增加。当喇嘛、病死都使人口减少，封建迷信、不讲卫生，真是影响颇剧。解放后，我们医生治好藏民小孩疾病，喇嘛反而不满意，没通（过）他们的关系，看病必须经过他们的许可。我们的医生也真伟大，不嫌他们脏，搬到他们家去住，把小孩的疾病彻底治好。

解放后的西藏，发展生产，改革经济，讲求卫生，有共产党的领导，藏族人民的人口、物质生产，一定增加而繁荣。

驮运边茶——

西藏人民日常的生活，食生牦牛肉、羊肉等酥油糌粑，喝酥油茶。酥油茶是水煮，边茶内放酥油，不但喝了解渴、充饥，也少生肚胀等病。一般贫苦的藏民喝不起酥油茶，吃不起海带菜，还生气累脖子。

边茶，产于川南、川西等地，以雅安、天泉、荥经等县出产最佳。过去，国民党反动派以及川康军阀们，统治藏民，边茶加重税捐，不但在经济上剥削藏民，还不准藏民种茶树。官僚资本家、奸商等作祟，操纵茶价，增加藏族人民经济上的负担，更使种茶的农民时常遭受意外的损失。边茶的生产，不只不发展，不能提高，还打击了种茶的农民情绪，生产减少，改途求生。因此，川康出产的边茶不够藏民的用度。边茶产量，按西藏人口计算，每年需要3000万斤。雅安、天泉等地年产四五百万斤，受虫害影响，产量有减无增。年中损失约百分之二三十。

边茶经营业在雅安有十家。两家联营，两家合营，本少，难以经营。与公家合作，公私兼办六家成立，还用老一套方法经营，每包边茶以18斤半装包，按20斤计价，一斤半的人工包装费。在雅安，售价每包3万余元，运至康定，则售六七万元，到拉萨，每包约合金价1两。在成都雅安路上，有大部分劳动人民背运边茶，来往不绝于途。从雅安、康定往甘孜、德格等地，汉人背边茶，藏民用骡马驮运边茶，络绎不绝。

在解放前，经营边茶业的富商，欲购买大量边茶一批一批地运往拉萨。每批有五六百匹骡马驮运边茶，他们身穿藏民服装，有几百支枪保护自己，防患（范）土匪。每趟往返，须在半年之久。运到拉萨时，以边茶换金银、麝香、藏红花、兽皮、药品，返还时，可获重利。经营边茶业的东家，来财容易，生活奢华，鸦片麻将、嫖赌纳妾，玩乐享受，骇人听闻。在解放后，反动派的货币贬值，损失了资本，解放后无枪运茶，劳资关系有些偏差，处理不当，资本缺乏，有的联营，有的合资公营。情况虽然如此，在川康的商业，还以边茶为大。在抗美援朝过程中，爱国教育提高了雅安边茶业人员的政治觉悟，纳税成绩最佳。税务局颁给抗美援朝纳税光荣证一件。

生活在4000公尺以上高原的藏民，对于边茶的需要，正如对糌粑、酥油一样，感到不可缺少。边茶经营最盛时，每年输入藏区曾达50万包（每包16斤），同时，以边茶换回的土产，估计羊毛200万斤，虫草3万斤，以及贝母、麝香和兽皮等也不少。边茶对于沟通康藏贸易有很大的作用。

——在写日记之外，连阔如还收集、整理了许多有关西藏历史、人文、

风土人情等方面的资料,并用标题注明:

西藏语言——

唐代,西藏有语言无文字。藏王松赞干布,大拓疆土,威胁四邻,深信佛法,重视文字。派大臣吞米桑布扎往印度学习,以梵文之字母为根源,取藏地语言中需要音韵,略加删减,为四母韵、三十父音,字母音韵拼成字,积字成句。制成藏文楷、行、草三种书法。关于文字运用方法等,著有八论,以资遵习。书法由左而右,以烟为墨汁,以竹削锥为笔。

拉萨语为西藏标准语,日喀则语次之。西藏语言,自藏人视之,则甚粗俗,且发音差别甚大,故康(西康省,即四川西部)人亦不能洞悉藏语。

西藏政治——

西藏尚在神权封建时代,喇嘛握有政治经济大权。耕地、牧地两种,归政府、喇嘛、贵族三者所有。

十四代达赖父之采邑,年收青稞3万多克(每克20斤)。

封建大地主百七十余家,大小不同。

英人调查,贵族中,帕拉家的田地,至少有1400个田庄,13个牧场,年收英金5000磅,纳税2200磅。贵族拉鲁家,有四五十名农头目,牧头目五六十人。

西藏大地主霞扎、拉鲁、饶葛夏、桑珠颇章等犯罪,取消资格,没收土地,囚禁放逐看管,降为平民。

藏人性格——

诚实忠勇,外柔内刚,服强,软弱。虽操作行动较为迟缓,然工作踏实,有持久性,服务忠勤。

藏人态度——

沉默从容,重视礼貌。在群众交际场合,颇少狂谈高呼之声,与人交谈善辩多疑,心中不以为然者,常隐忍思考而后出其口。其诵佛经者，多略知因明辩证法也，故颇善言辞。一般人民未受教育，保持坦率、憨直之性格，极易行动，故犯罪行者多有之。经营工商业者习染若干，居城市人民也与农村农民不同，狡诈好利。

藏人体格——

极为壮健。因生高寒之地，隔塞之区，物资缺乏，生活艰苦，自孩提及壮老，皆在刻苦锻炼之中，又因从事牧业关系，肉食奶油，在家睡于地，薄褥一具，露宿荒野雪地，羊皮袄一件而已。

四十七、宋世雄小时候的偶像

正是:
电视名嘴不忘前贤;
广播评书阔如昨天。

哪里有上世纪二三十年代老北京生活的印记,哪里就有评书大师连阔如的"声音"。

评书是语言艺术、口头文学、说表技巧、舌上功夫……所有这些特点,都与今天仍靠一张嘴吃饭的电视、电台节目主持人有关,也与舞台上的话剧演员、影视演员们有关。

这就一点儿也不奇怪了,当媒体记者采访北京人民艺术剧院名演员杨立新时,他说起个人的业余爱好,爱好读书是一项,尤其喜欢读描写老北京评书和说书人的书。比如连阔如,凡是与他相关的书籍、文字介绍都找来读,体味老北京的生活,学习前辈评书大师的艺术、为人、语言技巧,获益匪浅……

国内如此,国外亦然。

美国电视台播出的节目主持人或演员的"脱口秀"(英文Talk-show的音译),有人物、有故事、有情节、有议论,可以说就是中国评书的"变种",只不过被搬上屏幕而已。而所有国家的电视新闻评论节目,难道不都是根据现实生活中发生的"故事"加以评说吗?那不正是评书以"评"为灵魂的表现吗?

1903年出生的连阔如,将他"声音"的磁场带到了2011年的一次文人雅集。

这次文人聚会,正赶上一年一度的世界读书日——4月23日,也正好是全聚德三元桥店20周年店庆。

店庆气氛热烈、红火，名流荟萃。

女经理林琳颇有经营头脑，将老北京的胡同文化纳入传统饮食老店，特别安排铅笔画胡同的名画家况晗，以其题为《留住胡同》的画展揭幕为庆典增色。而墙上的对联写着："品京肴京味京腔京韵，悟都市都风都府都情。"

席间，体育节目主持人宋世雄、钟瑞夫妇，北京京剧院著名演员王淼，国家京剧院著名月琴演奏家李世英夫妇，画家况晗夫妇等相谈甚欢。

顺便提及，李世英的父亲李多奎是京剧表演艺术家，善演老旦，代表剧目是《钓金龟》、《打龙袍》。戏剧作家、评论家翁偶虹题写《李多奎君碑铭》，赞曰："金玉其声，菊坛君子，其人永葆德馨。"

随着现场几位身着旧式服装的小伙子，逼真地表演老北京走街串巷的叫卖声，厅堂里的嘉宾们感觉回到了从前，人人浮想联翩，特别是上了年纪的人兴奋不已。传统味道颇足的叫卖声此起彼伏，座中几位老人各自的童年记忆也被唤醒。

著名体育节目主持人宋世雄，以其惯有的激情和语速，描述了他的广播电台中的前辈名人连阔如。真是光阴荏苒，世事沧桑。今日已是古稀之年、离开演播室的名嘴，很是由衷地仰慕昔日演播评书的名嘴，可惜昔日名嘴再听不到后人的击节叹赏：

"我是北京生、北京长，曾在第三十一中学校上学。从十二三岁起，就常听连阔如说评书——注意可是'连'阔如，是连续的'连'，连续播讲的'连'。

他可是我的偶像。

那时，没有电视，电影也不普及，电脑更别提，还没有发明，平时的娱乐就是听听广播。连老先生的评书说的那叫好、那叫绝。他底气十足，表现力强，嗓音洪亮，声情并茂，尤其是学马的嘶叫，你能想象得到驭手纵身一跃，马鞭起落时，只见四蹄腾空、烟尘飞扬，或是一骑绝尘，或是万马齐奔的场景……

四十七、宋世雄小时候的偶像

我相信中央人民广播电台或北京人民广播电台一定还存有他说评书的资料,可以去找找。"

原先也在中央人民广播电台工作过的宋世雄夫人——钟瑞,也态度恳切地附和着说:"应该去找找,会找到的。"

到哪里去找啊,录音资料恐怕是再难找到了,但是,还可以到人们残存的往日记忆中去找……只要后世人们的生活记忆尚在,或者说清醒的判断力还在,那么,那些再也找寻不到的东西的价值仍在。

1950年9月25日,为庆祝建国一周年,中央人民广播电台为曲艺界老艺人录音。站立者左起为马彦祥、田汉、徐迈进、沈德元、柳荫、王讴、王丹,坐者左起为王傑魁、韩洁远、白云鹏、德俊峰、金晓珊、王文瑞

四十八、李滨声向连阔如讨教评书艺术

正是:
读史留心见从己出;
行路放眼景自他来。

漫画家李滨声与连阔如一同出席1953年北京市文联代表大会,如今已经80多岁高龄。

漫画家李滨声,在文代会上总是找空儿,缠着知天命之年的连阔如问这问那,听老艺人谈天说地,知道连阔如善说《三国》,就拿三国故事来讨教。

连阔如说:"我说的曹操,可不是戏台上抹个大白脸的曹操。只把曹操看成是奸雄,多少有点儿曲解其人。单说他在北方屯田,就很不简单,让军队在不打仗的时候种田又养猪,亏他想得出。曹操势力的强大,和他有政治远见、为人豁达很有关系。读小说《三国演义》若是用心且细心的话,就能读出些味道。比如,第五回中,描写袁绍在高官云集的大帐中商议战事,军中一个又一个大将被阵前的华雄轻易斩首,使袁绍等分外焦急。这时,只听见立于阶下的关羽高喊:'小将愿往斩华雄头,献于帐下!'袁绍问关羽任何职,公孙瓒答:'跟随刘玄德充马弓手。'袁术怒曰:'汝欺吾众诸侯无大将耶?量一弓手,安敢乱言!与我打出!'而曹操却站出来说:'此人既出大言,必有勇略;试教出马,如其不胜,责之未迟。'在曹操的心目中——英雄不问出处,用人不计亲疏,仅这一点,比之当时一般王公大臣就显出'识'高一筹。当关羽斩华雄后,张飞大叫:'俺哥哥斩了华雄,不就这里杀入关去,活拿董卓,更待何时?'又是袁术大怒:'俺大臣尚自谦让,量一县令手下小卒,安敢在此耀武扬威!都与赶出帐去!'这时,还是曹操知情达理,全不被陈规陋习所羁绊,他脱口说道:'得功者赏,何计贵贱乎?'一般读者不大注意在这些简单对话中,表露出曹操豁达的胸襟和超

拔的见识，的确非同凡响。那么，他最终成就霸业也就无足为奇了。看来，读古典小说，也需要处处留心，多加体味。"

罗贯中创作的小说《三国演义》中的曹操，与陈寿撰写的史书《三国志》中的曹操，两者需对照着看，才有味道。

连阔如说，曹操深谙用人之道，是其独到之处，"唯才是举"这一成语乃由曹操所创。《三国志》里将魏武帝的想法说得明白，"自古受命及中兴之君，曷尝不得贤人君子与之共治天下者乎！今天下尚未定，此特求贤之急时也。若必廉士而后可用，则齐桓其何以霸世！今天下得无有被褐怀玉而钓于渭滨者乎？又得无盗嫂受金而未遇无知者乎？二三子其佐我明扬仄陋，唯才是举，吾得而用之"。

对于"明扬仄陋，唯才是举"的方略，曹操有进一步的解释："夫有行之士未必能进取，进取之士未必能有行也。陈平岂笃行，苏秦岂守信邪？而陈平定汉业，苏秦济弱燕。由此言之，士有偏短，庸可废乎！有司明思此义，则士无遗滞，官无废业矣。"

正因如此，史学家陈寿评曹操时多溢美之词，而对刘备和孙权却有所保留，他说："太祖运筹演谋，鞭挞宇宙，揽申、商之法术，该韩、白之奇策，官方授材，各因其器……终能总御皇机，克成洪业者，惟其明略最优也。抑可谓非常之人，超世之杰矣。"

在陈寿看来，刘备乃"高祖之风，英雄之器"；孙权是"句践之奇，英人之杰"；惟有曹操当得"非常之人，超世之杰"。而曹操"明略最优"的成分，就包括"人尽其才"。

连阔如还讲，历史上，诸葛亮由于一生谨慎并没有使用过空城计，真正用空城计于战役中的是赵云。

说到失街亭斩马谡的故事，陈寿撰写的《三国志》就与小说《三国演义》不同，王平并没有挨打，反倒受到奖励。史书与小说的不同，说明强烈的戏剧冲突对于艺术的重要性。

又从诸葛亮的名篇《出师表》，谈到蜀地的民间风俗。

连阔如说，巴山蜀水间的老汉，都喜欢在头上缠一块白布，一般人不知其中原委，还以为只是因盆地天气炎热，用白布不吸太阳光，也可以擦汗，其实不然。那块白布可有讲头儿，它叫作"孔明孝"，至今还有人佩带，真是民族文化和民间情感一线牵。从"孔明孝"又说到"孔明灯"。它用当地盛产的竹子和纸裱糊而成，每逢大小年节、端午、中秋，百姓家的孩子们、年轻人手执各种形状的彩灯，从竹林里、池塘边、小桥、花径上走过，一团团火苗的温暖，是一颗颗赤心的思念，影影绰绰，闪闪烁烁，如星河坠地，满目璀璨。

还有"馒头"一词，原本是"蛮头"两字。

那时歧视少数民族的汉人，管南北边远地区的居民叫"南蛮北夷"。诸葛亮曾深入不毛之地，七擒孟获，而传言军中命名所蒸的面团为"蛮头"，是诸葛亮改称为"馒头"。

南宋诗人范石湖有名句存焉："纵有千年铁门限，终须一个土馒头。"说的是：即使有千年不破的铁门槛，终究阻挡不了死神。告诉人们人寿千年，最后仍免不了一死。诗是警句，也是真理。

——这又是"馒头"的引申含义了。

多年过去了，当李滨声执画笔采风于四川的山乡泽国时，真的在夜晚见到了"孔明灯"。他的脑海里，出现了古都北京大说书家连阔如那爽朗的笑容和睿智的目光，温暖而深邃。

四十九、周总理问：你的子女说评书吗

正是：
北连南王俱是书王；
南丽北丽同为佳丽。

20世纪的中国评书界，有两位人物堪称巨擘，人称"北连南王"。北有连阔如，南有王少堂。

连阔如是塞北的山，王少堂是江南的水。一个"袍带"说得好，一个"短打"说得妙；一个洪钟大吕，一个瘦管轻箫；一个雄浑厚重，一个曼妙轻灵；一个写下《江湖丛谈》，一个口述《武十回》。从北京到扬州，千里路途，两人谋面，相见恨晚。

扬州自古繁华，评书亦有史可考，发端于南宋，兴盛于乾隆。有苏扬帮之分。苏帮说书，势力及于苏州、杭州、嘉兴一带；而扬帮说书，除镇江与南京外，江北各县均有其踪迹，甚至波及皖北、鲁南、豫西一带，至20世纪上半叶从业者已有四千余众。扬帮说书，有评话与弹词之分。评话以高亢干脆胜，此中有能拳脚者，则于登台表演时，更觉有声有色。曾有吴少良先生说《三国》，每至两军交战时，声震屋瓦，口若悬河，咬字更干脆爽利。那时说书人中并无女子，王少堂将评话技艺传给孙女，已算开了先例。

王少堂七岁跟父亲王玉堂学艺，据其口述编纂的《武（松）十回》、《宋（江）十回》、《石（秀）十回》、《卢（俊义）十回》共400余万言。

将口头文学形式的评书作品，转换为文字版本加以保存，是一件有远见的传统文化遗产保护工作，是真正热爱文化的文化工作者的功绩。值得中国曲艺史记录的是，1953年江苏省文化局盛情邀请王少堂，到石头城夫子庙对面的秦淮河畔一座茶楼说书，又由南京文化局花长时间为他笔记、录音了一些评书资料，使得1959年扬州评话研究小组编写的文字稿本《武松》可以在录音稿的基础上完成。

更值得钦佩的是,扬州市委负责人在整理旧评书时,饶有文化眼光的具体指示,如"不要损害评话的本来面貌,尽量保存原有的特点","必须具有历史的观点,不能以现在眼光要求古代英雄","整理本既可作为评话艺人传习、参考的脚本,对新评话的创作在艺术技巧方面能起示范或借鉴作用,也能成为劳动人民喜爱的通俗读物"等,都是较为超前的开放观念。

在解放前,兵荒马乱,南北评书艺人,老死不相往来。新中国为南北流派的评书艺术家提供了切磋琢磨的机会。连阔如和王少堂二人的会面,还是周恩来总理的撮合。

1956年3月,中国南北曲艺汇演开幕前,周总理曾特别关照:"这次汇演一定要邀请连阔如同志参加。"

有了1949年全国文代会上听连阔如说《夜渡乌江》的印象,周总理就一直挂念这位在旧社会饱经风霜、身怀绝技的评书大师。这回在上海锦江饭店再见到连阔如,周总理像遇见老朋友一样亲切问候,但总理最关心的是评书这门最富中华民族、民间色彩的艺术,能否顺利传承并发扬光大的问题。他不放心地问连阔如:"你现在有徒弟吗?"

"总理,我还没有徒弟,有资质的徒弟不好找啊。"

总理又不甘心地继续问:"你的子女中有说评书的吗?可不能让广大人民群众喜爱的连派评书失传啊。"

"总理,也没有。我的儿子曾经跟我学过一段时间,看来他缺少这方面的天赋,要不,就是他不太喜欢说书。"

"女儿呢?现在可是男女平等了呀。你是不是不大想教女儿说书,觉得姑娘在外面抛头露面的不好?"

"女儿说书是不太好吧。我有三个女儿,还真没有想过教她们,只想让她们好好上学读书,将来做有文化、有知识的人。别再像我一样,书都没有念几天,就到外面去挣钱谋生。别说,我那个小闺女连桂霞(连丽如)还真挺喜欢文艺,可是她在班里数学好,还一直惦记着考什么北大数学系呐。"

"哈哈,挺有志气嘛。可是,要是跟父亲学评书也不错呀,'女'承父业，在历史上有过很多先例，木兰从军就是最典型的一个。"

连阔如内心里，最敬重的人就是周总理。作为评书艺人，他不可能从中国革命的角度去理解总理的为人，可是，连阔如在20世纪上半叶的坎坷前半生，从上流社会到底层百姓，五行八作、三教九流，接触过无数的人，他有过一眼识别君子的人生历练，也懂得凭内涵掂量人的技能，他知道一位泱泱大国的堂堂总理，能够像朋友一样和评书艺人坐在一起拉家常，是多么稀罕的一件事。

有了周总理对连派评书后继者的殷殷询问，连阔如的心，就再没有真正地平静过，他把周总理的嘱托，当作自己的使命，直到他的女儿连丽如跟随他学说评书学出点儿样来，他才多少感到一些宽慰，觉得总算对总理有了交代。

根据周总理"南北曲艺要进行交流，互相学习，促进曲艺的繁荣"的指示，53岁的连阔如，作为中央广播说唱团的特邀演员，随中广民乐团团长徐曙、说唱团团长白凤鸣和相声大师侯宝林、郭启儒、刘宝瑞、郭全宝等一行15人，同赴上海参加"南北曲艺交流演出"。

他们住在著名的国际饭店，从3月10日到4月1日，与上海的苏州评弹、苏州评话、独角戏、扬州评话四个曲种的艺术家代表共35人济济一堂，交流演出、研讨座谈。

21天总共20场演出，接纳观众5万6千人次。

连阔如在三周里忙得不亦乐乎，表演，看表演，发言，听发言，做采访，做笔记……整个交流过程写成书面文字，回北京后向周总理做了汇报。

连阔如表演了《头请姚期》、《诵赋激瑜》、《辕门射戟》三个长篇评书选段，也连续几天去听67岁的王少堂说评话《武（松）十回》，并向这位评话宗师请教。

他对采访他的记者说："好好学学评话，一直是我的心愿，艺无止境啊！"

傍晚，从驻地南京路走到八仙桥柳林路雅庐书场，看王少堂的表演。《武（松）十回》经扬州历代评话艺人的加工，到王少堂口述成书出版，已是璞玉变成金。他从中发现王少堂说书有两个特色：

一是情浓如酒,爱恨分明,一开口就与听众的心跳合拍;

二是对生活观察得细致,提炼得精到。

连阔如从王少堂那里了解到,作为吴语(吴音,自古成为"吴侬软语")文化的评弹,甚至可与昆曲并称,为中国江南话语直接生长出的古典说唱艺术的双璧。而评弹中的评话,吸取了吴地鲜活的生活语言,方言里特有的幽默轻松、细腻传情的用语也被说书人运用自如。

江南说书人的"六白"技巧,尤其使连阔如感兴趣:表白、官白、私白、咕白、衬白、托白,使叙述方式变得富有弹性,可以任意跳入跳出,有时用主观视角,有时用客观视角,有时有角色视角,语言灵活多变,避免了单调呆板,增加了戏剧化表现力。

连阔如与王少堂相互赠送了照片,以为这次相识的纪念。

王少堂还对自己的家人说:

"我们听得太少,看不到人家的长处就找不到自己的短处。看看人家连阔如,不用苦工夫,就不会有那么宽宏的嗓子,更不会有那么大的劲道。"

说书家的"南北对话",如切如琢,温文尔雅。

王少堂还兴致勃勃地谈起只有16岁的孙女王丽堂,如何继承自己衣钵,也手持一方醒木登上评话艺坛,娇小女儿说大块评话,语惊四座,轰动扬州城。这一切使连阔如颇有感触,于是他自然而然地想到自己的小女儿连桂霞。

五年后,女儿的名字连桂霞改成了连丽如,取"北丽南丽"之意,为的是让连丽如能够像王丽堂那样"女"承父(祖)业。

五十、40年说书生涯，105分钟录音资料

正是：
播音已毁知音犹在；
心声不灭直声长存。

连阔如从1927年（24岁）开始说书，说到1966年，将近40年，却仅仅留下了105分钟的录音资料。

从1949年到1956年，连阔如在北京人民广播电台播讲评书《三国演义》、《东汉演义》、《隋唐演义》、《水浒传》等，痴迷的听众已经熟悉了他富有韵律和鞭辟入里的评书演说风格。

令人倍感遗憾的是，几大木箱的录音资料，全部在"文化大革命"中被毁坏、遗失，成为我国曲艺艺术无法挽回的巨大损失。电台里进驻的"军代表"们自认为代表广大人民群众，却偏偏把人民群众最喜欢的连阔如说的评书录音带，当作"封、资、修"的罪孽之物，拿剪子给铰了。

这一损失，在某种程度上说，也许是"断代"性质的。

1958年"大跃进"大炼钢铁的时候，北京电台的"炼钢工人"们，把连阔如说长篇评书的许多蜡制录音盘用开水煮了，仅仅是为了脱去蜡层要录音盘中间部位那一丁点儿金属，用它来炼钢。

特别值得一提的是，中央领导陈云同志，曾经在20世纪60年代初，专门指示有关单位搜集、整理中国传统曲艺的珍贵遗存，尤其是老一辈艺人的音像资料，包括重新录制连阔如先生在电台演播过的评书作品。当时的北京人民广播电台，按照陈云同志的批示"要挖掘传统书目，同时也要整理和演出"，特请连阔如先生再录评书《三国演义》（早先所灌蜡制录音盘已在"大跃进"时代毁坏）。整部《三国》重新录制后，于1963年春节期间，在北京电台连续演播了三天，之后，在没有说明原因的情况下停播了。

这部毁了再录的《三国》，在后来的"文革"中再度被毁。

1953年，50岁的连阔如，曾受中国社会科学院文史研究所之托录制《东汉演义·三请姚期》。

谁也没有想到，半个世纪以后，这段仅有27分钟长度的评书录音，竟然成为一代评书大师连阔如先生难得的录音遗存。

1979年，刚刚"拨乱反正"不久，连丽如就找到社科院吴晓铃研究员。当年，正是吴先生邀请连阔如到社科院里讲课。大喜过望的是，连阔如的讲课录音还完整保存着。只是《三请姚期》的录音断断续续，连阔如当时是一边说评书，一边做讲解。严谨、负责的吴晓铃研究员，将零零碎碎的录音连接成完完整整的段落，送给了连丽如，"这可是连阔如留下的'骨血'啊"。

连阔如讲授评书艺术以《三请姚期》为例，分析了评书与小说之区别、评书对小说的再创作与拓展：

"我若按一般小说来说《三请姚期》，三言两语就会把姚期请来，让听众听着挺放心，那就糟了。应该让听众替书里的人物担心，时刻在悬念，这段书才能吸引人。说书的'道儿'就是结构上得加'扣子'。例如说一请姚期的时候，加上一段邳彤访姚期。邳彤想去长安应考，路过郏县，因病误了考期，在旅店里，他打了伙计殷二。殷二敢怒不敢言，就谎称姚期是恶霸，想借姚期之手痛打邳彤。邳彤正在姚期家闹，听见有人叫门，自称是刘秀，心想：如今正画影图形，悬赏万户侯，缉拿刘秀。我何不将他捉住……邳彤走出大门，谎称是姚期的表弟：'啊！你看身后有人来了！'刘秀一回头，邳彤把刘秀夹在胳肢窝底下上了坐骑……这是一个'扣子'。接着再说邳彤夹着刘秀上了菩提冈，正碰见姚期夹着一头梅花鹿，背后掖着钢鞭，从对面走来。这又是一个'扣子'……俗话说：'书到险地，回肠荡气'，'说书的故事多，扣子一个挨一个'。"

谈到评书语言鲜活诱人的重要性时，他讲：

"语言，是说书人的谋生工具，相当于手艺人手里的家伙儿。"

工欲善其事，必先利其器。怎样才能掌握利器呢？

"要熟悉各式各样的生活,有了丰富的生活,就能产生丰富、形象的语言。不管哪一句话,都得让它表达得恰当、合适。灵活运用丰富的语言是说书的技巧。例如,说'瞧不起人',是'狗眼看人低';说'饿得够受',是'三根肠子两根闲';说'嘴馋贪吃',是'迎风的膀子,旋风的筷子,吃得鸡犬伤心,猫狗落泪'等等。有时候也用些人们喜闻乐听的歇后语:天亮下雪——明了白了;猴儿拉车——没多大的劲;门缝里瞧人——把人看扁了,等等。"

至于如何用个性化的语言刻画人物,他举例:

"几岁的小孩儿说'我要戴帽帽','我要穿袜袜',听着很有情趣。如果六七十的人也这么说,那就让人讨厌了。我说的姚期是个粗犷淳厚朴实开朗的人物,平时的言谈话语中比较心直口快,可是,说到棘阳关前初战岑彭,就得突出顶盔挂甲、威风凛凛的大将气派:晃荡荡平顶身高一丈,头大项短,膀阔三停。胸前宽,臂膀厚,肚大腰圆。大脑袋,黑中透亮。两边浓眉插入鬓角,直上天苍……胸前护身宝镜,光闪闪,冷森森,冰盘大小,遮枪挡箭。身背后,铁杆钢缎,皂缎色四杆护背旗,上头绣着四个大字:'旗开得胜'……在这里,夸张的艺术性语言,有力地塑造了一位保刘秀、灭王莽、立丰功、建东汉的名将形象。"

连阔如绝版录音

2003年,适逢连阔如先生诞辰百周年之际,中国唱片深圳公司出版发行了一盘《三请姚期》的珍藏版CD。后来,又有幸在天津广播电台找到了连阔如的两段录音,一段20分钟的《辕门射戟》,一段1小时的《鲁达除霸》,这两段录音也由中国唱片深圳公司出版发行了,使连派的三部代表作《三国》、《东汉》、《水浒》的精彩篇章得以传世。

五十一、人人有耳人人"录音"

正是:
古人立功立德立言;
今吾留声留影留念。

连阔如40年说书,仅留下105分钟录音,确实非常遗憾,但值得他欣慰的是,后世对他的印象很深,评价很高,思念很殷勤。

如今,一个人若想在世间留下一些声音、文字、影像是不难的,难能可贵在于留下一些人们对你的念想。

凡是听过连阔如说书的人,仿佛都有许多话要说。说评书的人也被观众评说,做任何事情的人也都要被历史评说。被人评说,是做个人物就避免不了的,尤其是在网络发达的今天,就更是如此。然而,大为不同的是,评说的内容因人而异。有人得到的是口碑,有人得到的是口墓。口碑、口墓的选择在自己,不在他人。

艺术家、评论家、作家都对连阔如

连阔如在说书

本人和他的艺术多有评价，甚至都各持"一说"，择要"录音"如下。

翁偶虹（戏剧评论家）持连派"贯口说"：

> 评书表演可分三派，一派以"贯口"争取听众，表现了酣畅淋漓、气势磅礴的风格；一派以"方口"取悦观众，表现为整齐干净、琅琅清澈的风格；再一派以"活口"吸引听众，表现为冷隽幽默、亦凉亦热的风格。连阔如说的《东汉》、《三国》、《水浒》等，都属于"贯口"一派。

孙毓椿（评论家）总结出"苦功说"：

> 北京的评书听众，一提起连阔如的扇子，就会联想起武松的哨棒，鲁智深的铁禅杖，张飞的丈八蛇矛，关云长的青龙偃月刀，吕布的画戟，黄忠的大刀……还会想起景阳冈武松打虎，鲁智深大闹野猪林，宋江三打祝家庄，林教头风雪山神庙，虎牢关三英战吕布，老黄忠刀斩夏侯渊等人物故事的情景。
>
> 评书这种民间艺术形式要想对听众富有浓烈的吸引力，须靠评书本身和说评书的艺术两者结合。一个评书家要单凭口头的叙述，不借助任何的音乐伴奏来说一部绵密完整的书，刻画一二百个以上不同类型的人物形象，表达一连串的连贯而又各自突出的精彩的故事情节，使听众随着故事的发展而激动、而喜、而怒……使听众对每个人物都有深切的爱或憎，丝毫不感到松懈、无味。连阔如先生就是这样的一个评书家。
>
> 连先生曾下过很多苦功夫，向书本、向社会生活孜孜不倦地学习，有时候因为一人一事弄不清楚也不吝向人去请教、学习。他曾向武术家张三学过武术，跟养马专家载涛请教过马种、马术，为了一些说书时需要的特殊知识，不辞劳苦地找很多人学习。

王金璐（京剧名家、武生泰斗）指出"对人启发说"：

解放前我就常听连阔如先生的评书。

他开场时，总爱说几句格言、警句或诗句，我记得最清楚的，是"人哪，是但行好事，莫问前程"。

艺术上，我对连先生佩服得很，口齿清楚，无一字混乱，盔甲赞利索，刀枪架精神，人物交往、态度描述细腻、生动，看不见人，如见其人。那手一伸，就是瓦垄掌，一看就是学过、练过（武功），我师傅高子云与连先生的师傅"醉鬼张三"齐名，还算是行内的兄弟呐。我最爱听连先生说《东汉演义》，从他说的"闹昆阳"一段，受到启发，在京剧《闹昆阳》中扮演马援时，找到了人物为人正直且十八般兵刃样样精通的感觉。

常宝华（相声艺术家）归纳为"求实说"：

连阔如说评书自成一派，很有条理性、通俗性，文野相间，遇到费解的文言词，他会讲解其出处、来历，古时候怎么用、现在又有什么含义，说得明明白白。不仅是讲历史故事，还传播历史知识，这是他的评书的一个特点。

他的口风很好，语言清新，语音清晰。语言既有时代感又能生活化，吐字干脆，语调悠扬，节奏的把握相当好，平稳、舒展，形如游云，状若流水。没听过他说书则已，听过就不会忘。他只要往那一站，就能给人信任感，文墨气重，书卷气浓，全无闯荡江湖的影子。

他说书与众不同，不同之处只两个字："求实。"

为求实，他向生活中各个阶层的人求教，也请教学有所成、术有专攻的大文人、大学者，更亲自披阅古代典籍，手不释卷。他曾是曲艺界的领袖人物，也是乐善好施的慈善家。其艺术和人品具有同样质地，给人以美感，是一位值得追忆的曲艺大家，也是值得历史记载的人。

刘乃崇（戏剧评论家）推崇"对生活观察说"：

连先生的评书有两个特点:

一是内容丰富,不止是说事件本身,而且对当时的历史背景、官制、礼节、生活习惯、民间风俗、地理山川以及武术拳脚、战争场面,都讲得头头是道,听得出他的历史知识、社会经验非常丰富,听了真长见识,不是瞎拉八扯。

二是他的书里说到谁,不止描写此人的身份、年龄、形象、服饰、性格等等,而且善于学这个人说话,学谁像谁,难在让人听来语气酷似,是什么人说什么话,说明他在生活里多观察,多学习,这可不是一朝一夕学得来的,得真下工夫。

因为他边说边评,再加上这两个特点,别人学起来就很难……

1957年连先生被错划为右派,那时我们已有多年没见过面。他在1971年逝世,当年才68岁。

在这年的前两年,我正要下放到"五七干校"去,在菜市口附近

2003年9月19日《中国艺术报》刘乃崇文章

的街头遇见了连先生。他身患半身不遂之后,老态龙钟,言语迟缓,推着一个孩子坐的儿童车。我当时正在受审查,一见面,见他完全变了个人,忍不住流下了泪。反是他安慰我,谈了一会儿,互道珍重而别。

  直到前两年,我才认识了丽如,我为连先生有这样一位艺术传人而高兴。我听丽如说的书,很有连派评书的特点,希望她能进一步发展,把连派评书写出来,录出来,传下来,发扬光大。

五十二、致信郝德元："狐死首故丘，故乡安可忘！"

正是：
黄土根深中华孝亲；
父子跨洋惦念尤甚。

1955年秋天，窗外雨淅淅，在美国纽约的郝寿臣之子郝德元，独坐在寓所的孤灯下泪流满面，反复读着手中的一封来自中国的信。

给他寄诗寄信的，是多年前那位善说评书《三国》、在自己的介绍下加入北平文化界抗日协会的知己连阔如。

整整16年过去了，往事如昨。

时任纽约市大学心理系教授的郝德元，与胡适同在一条街上住，胡适住东81号，他住东86号。

胡适每月从美国政府处领取300美元津贴。郝德元作为享受奖学金的留学生每月也得到125美元生活费，饮食花费60美元，剩下来的就全是零花钱了，不能算拮据。只不过从硕士到博士读下来后，虽然在高等学府有了教授职位，却少了"迩事父"的尽孝机会。

郝德元是独子，又自称有"恋父情结"，正是"故园东望路漫漫，双袖龙钟泪不干"。

连阔如的书信戳到了他的痛处。

连阔如抄寄的曹操诗，名曰《却东西门行》，全篇如下：

鸿雁出塞北，乃在无人乡。
举翅万余里，行止自成行。

五十二、致信郝德元："狐死首故丘,故乡安可忘!"

> 冬节食南稻,春日复北翔。
> 田中有转蓬,随风远飘扬。
> 长与故根绝,万岁不相当。
> 奈何此征夫,安得驱四方!
> 戎马不解鞍,铠甲不离傍。
> 冉冉老将至,何时返故乡?
> 神龙藏深泉,猛兽步高冈。
> 狐死归首丘,故乡安可忘!

郝德元也从中体会到连阔如的一片苦心。

中国古典诗词车载斗量有那么多优秀篇章,单是写怀念故乡、故国的就数不胜数,为什么偏偏要寄一首曹操的诗呢?显然,这里蕴涵了朋友的深情。连阔如善说曹操,说评书《三国》最喜欢研究其中人物,尤其是诸葛亮和曹操。再有,郝德元的父亲郝寿臣善演曹操,在梨园行有"活曹操"之美称。连阔如巧妙地将朋友情、父子情、故乡情、家国情,通过一首诗来浓缩寄寓。

信,是这样写的:

> 郝德元先生:
> 几年未见了。你的最近相片我也看见了。你全家老幼都很好,我参加戏曲工作五六年了,你我从前的关系亦向我上边交代清楚,没有关系,不成问题。你现在有机会回来吧,你的父母七十多岁的人,无人照料不成,他们也想念你,你回来再学再做事决无问题。我也说书,也在戏曲范围内工作。你回来,我负责帮助于你,知己之交,套言不叙。
> 谨祝:身体健康!
>
> 连阔如 1955、9、15

读罢来信,郝德元睡意全无,夜不能寐。他忆起30年代末和连阔如的相

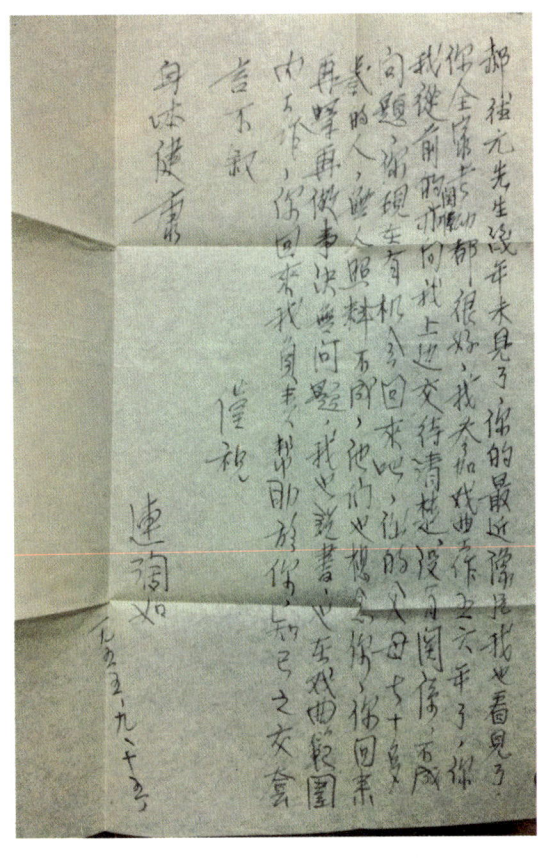

连阔如致郝德元亲笔信

识相知,一起共事于抗日协会,也想起自己这么多年在外奔波。

20世纪50年代的中美关系,正处在历史上的最低潮,两个国家在朝鲜战场上的血战记忆犹新,而不同的政治信仰和社会制度又以敌对的姿态相互对峙。作为一个教书匠,在两个敌对国家的相互仇恨中,想要轻松顺利地往返于双方的海关和国境线,简直是异想天开。而美国媒体对共产党国家的报道也带着浓厚的敌意,郝德元毕竟是国民党统治下的辅仁大学派出的公费留学生,也曾经在国民党的组织部招待所待过,心里不能说没有犹疑。这就是为什么连阔如用那样一种温和、委婉又略带劝慰的口气写信。

不光老友连阔如,就连毛主席、周恩来也希望郝德元回到中国,回到北京。

解放军进驻北平不久,一日,毛泽东主席偶尔想起,年轻时曾经看过郝寿臣演的京剧,就对彭真市长说:"当年,我看过郝先生的《醉打山门》。"

主管文化艺术演出的干部王松声,受命去请60多岁高龄的郝寿臣出来演戏。《醉打山门》是一出吃功夫的武打戏,说的是《水浒》中的鲁达到五台山削发为僧,改名智深,却依然嗜酒成性,破戒狂饮,大闹寺庙的故事。毛泽东主席欣赏"造反派"孙悟空,当然也喜欢"无厘头"鲁智深。

王松声到了郝寿臣自己设计自己建造的四合大院的家里,他问:"郝先生,我知道您年事已高,又多年不唱戏了,您还能不能再唱一出鲁智深的《醉打山门》?"

"告诉我,给谁唱?"

"您就别多问了,就说您能不能唱吧?"

"我知道了,毛——主——席!"

兴奋、激动不已的郝寿臣,"老夫聊发少年狂",他一把拉住王松声,三步并作两步跑出去,到兴隆街的浴池去洗澡、刮脸。

演出属内部观摩性质,地点就在北京医院附近原德国大使馆的小礼堂。

一共准备了三出戏。开场由袁世海、吴素秋等登台表演,末出的戏由李少春担纲,中间的正式大戏就看郝寿臣了。

66岁的郝寿臣演花和尚鲁智深,74岁的萧长华扮打酒人。

两个老头,在台上拼老命演戏。毕竟年岁不饶人,刚唱了15分钟戏,老人就已经呼哧带喘,脚底下发软。在演到鲁智深"咚——咚——咚"喝下三桶酒还不尽兴,又要酒喝时,只见郝寿臣的腿脚一趔趄,差点"露馅儿"。

凝神观看的毛主席似乎没有察觉。

陪同主席坐在台下的周恩来惊出一身冷汗,他为老艺术家的身体担心。

坐在边上的彭真市长也吓了一跳。

待郝寿臣下了台,卸了妆。彭真市长来到后台,也不说话,拉起郝老、萧老的手,就往侧门走。进了小门,就见坐在观众席第一排的毛主席站起身,握着郝寿臣的手说:"谢谢!谢谢!"

郝老、萧老二人,在左侧挨着主席坐下,彭真坐在左侧最边上,右侧是周恩来。

为避免沉闷,彭真先开口,冲郝寿臣说:"你们家的事,毛主席都知道。"

周总理接过话茬:"嘿,听说你儿子还在美国呐。"

郝德元赠连阔如夫妇的照片

毛主席不紧不慢地说了句:"叫他回来嘛!"

连阔如经常到郝寿臣家探望,也就自然知晓这一段对话。于是,他给郝德元写信,一再说"没问题"是有其潜台词的,只是在信中不便明说。

接到连阔如的信后,又得知父亲患了心脏病,郝德元在美国再也待不下去了。

他曾递交过多次辞呈,学院方就是不予理睬,不愿放他这个人才回到共产党国家。左思右想,他有了主意,从心理上攻破他的上司——心理学系主任的防线。

于是,他对系主任说自己得了一种病——"恋父病",或曰"心理未断乳",总是吃不好睡不好,对教学不利。

他说:"如果我不能在父亲病故前照顾他或见他一面,我将悔恨终生。"他还用中文写了八个字:

"亲视含殓,遵礼成服。"

五十二、致信郝德元："狐死首故丘，故乡安可忘！"

"亲视"两字不用解释。"含殓"现在一般人不知道，是"含殓安葬，诸事妥当"的意思。为什么只有"含殓"才会妥当，就有学问了。古时候，官宦大户或富贵人家都讲究人死后，要将珠宝含在口中入棺。故将"含殓"泛指"入殓"。"遵礼成服"，即遵照丧葬礼仪穿孝服。

将这中文的八个字一翻译成英文，美国的系主任眼圈都红了，同意放人了。

1956年，郝德元终于回到了阔别八年的北京。

郝德元归来五年后，父亲郝寿臣于1961年病故。人们不禁叹惋：戏剧大师梅兰芳、郝寿臣、叶盛章在这一年相继去世，包括1958年离去的程砚秋在内，皆死于心脏病。

郝德元一直在首都师范大学心理学系任教，有心理学著作出版。退休后，被政府宣布为"早期归国，有突出贡献的专家"。如今，96岁的耄耋老人，精神矍铄，思路清晰，常常谈起他父亲捐献给国家的故居，也爱说"从长远看社会天平公道极了"。

2003年8月7日，郝德元在工作人员的搀扶下来到中国儿童基金会，向中国儿童基金会捐赠10万元，为贫困中的孩子奉献一片爱心。当谈到为什么要向中国儿童基金会捐赠时，老人只说了一句话："这是继承我父亲的意愿。"

40年前，父亲郝寿臣在世时，曾向国家捐献了自己的一套住宅，用于儿童福利事业。今天，儿子郝德元也把自己辛辛苦苦多年来攒下的10万元工资捐给了中国儿童基金会，用于救助贫困地区的儿童。

连阔如殷殷致函劝郝德元落叶归根，却不料在他归国10年后赶上"文化大革命"，郝德元吃尽了苦头。

五十三、1957年春,为民间艺人鸣不平

正是:
鸾凤皆鸣人各有种;
千夫诺诺一士谔谔。

新华社为连阔如留影

连阔如作为全国政协委员,有参政、议政的职责,也有进言、献策的义务。

他原本是耿直、实在、肯负责的人,不会打官腔、说虚伪话,更不会见风使舵,通过牺牲原则来为自己牟私利。这种性格的人,最容易在风吹草动时引火烧身。

1957年春,"百花齐放、百家争鸣"的说法,已经在社会上被越来越多的人所接受,党和政府号召知识分子提意见,并且以知无不言、言无不尽的标准来启发大家畅所欲言。

当北京春寒料峭时,正在政协第二届全国委员会第三次全体会议上发言的连阔如,怎么也想不到,几个月后,他会因诚恳、负责的一席话惹来横祸。3月19日,《人民日报》第3版,用很大的篇幅刊登了连阔如在会上的发言,并配有他本人的一张照片。和他同时在《人民日报》上露面的共16位知名人士,有以《充分发挥民主党派作用》为题发言的民主人士章伯钧、以《关于中小学毕业生升学、就业和学龄儿童入学问题》为题发言的清华大学政治系主任、教授张奚若等。连阔如的发言以《为繁荣新的曲艺而努力》被全文刊登:

我参加这次政协会议,在会前听了毛主席《关于如何正确处理人民

五十三、1957年春，为民间艺人鸣不平

为繁荣新的曲艺而努力
连阔如的发言

我曾加这次政协会议，在会前听了毛主席"关于正确处理人民内部矛盾的问题"的报告和李富春副总理"关于二个五年计划的若干问题"的说明以后，会议中又听到周总理"关于访问亚洲和欧洲十一国的报告"、陈毅副总理的发言以及陈政通副主席的政协常委会工作报告和各位的发言，我受到深刻的教育和鼓舞，提高了我的思想认识，我表示完全拥护和支持。

我是一个民间的职业艺人，现在我所萦绕到的也是有关我们戏曲界的几个问题。自从去年实行减轻文化娱乐税和文化部发出五百万救济金救济艺人以来，在党的"百花齐放、百家争鸣"的号召下，我国的戏曲界早现出宗前未有的繁荣，这不只是解决了戏曲艺人们的生活，而且，挖掘出许许多多的好的剧目和曲调，这对于丰富人民文化娱乐生活、起了良好的作用。此，在整理戏曲遗产上也了很大的力量，更扩大了我们戏曲艺人交流经验、学习传统的范围。我相信，在不久的将来，在文艺工作者帮助下，戏曲艺术会有更大的发展。

从这一点说来，党的"百花齐放、百家争鸣"政策是正确的。提高了人民文化娱乐水平，给曲艺人们带来了无限的好处。这些情况不用我多说了，大家都可以目睹眼见，是人所共知的事。可是，另外我也感到我们曲艺界存在一些问题，希望有关方面加以注意，我分三点说明。

一、为了继承曲艺传统的艺术遗产，要以安排、救济相结合，好培养下一代。要求各省、市文化局在可能的条件下，建立"曲艺之家"来解决这个问题。

最近几年来，在全国各地有不少的文艺工作者，不断地整理曲艺遗产的东西。这些东西就是我们艺人"口传心授"的老底子里的曲调和评书。例如：陈士和的聊斋，王少堂的水浒和高元钧，宋宗科等的山东快书等。这样的记录，可是，他们这些艺人肚子里的东西有几位给整理出来呢？只是继承了曲艺遗产的一部分，或者说是三分之一。因为曲艺遗产包括三项：

1、是"口传心授"积累在艺人身上的东西，这是最重要的部分。
2、是艺人表演的技巧。
3、是演唱的伴奏乐。

所以说，只整理、重视第一种是不够的，这三者才构成了"曲艺"，当然这其中由有派别不唱的像评弹和相声等形式的曲种。我们曲艺界今一年多来，就是在解放前，学这种艺术不多但多女儿童，尤其在戏曲方面，有了相当大的进步，艺术越来越巧妙的，但其中也有一些艺术家是可怕的，有一些剧种被掺杂了色彩，无形之中就阻碍了曲艺艺术。所以，有些曲艺员在解放后受打击，就见有的老艺人来到，艺术修养为他的好得很，但艺术不是一层一层，就是我所说，我们多少曲艺艺人真正是的自己身上的东西，是多么强烈的精神，能够将自己身上的东西传给下一代，也不致晓得他们自己身上的东西。所以，我希望各省市文化机关照看一下。

曲艺这种艺术，短小精悍，适应着面形式多样，是个轻便的战斗武器，这种艺术业适应广大人民的爱好。由于这种艺术不同的发展，曲艺这种艺术在工农兵中间，根据他们的发展情况，在全国经济建设和广大文艺群众，起着良好的作用。最近一、二年来，各省市广播电台，文工团也组织成立了曲艺团、曲艺队等组织，是很这种艺术为人民的服务。由于还存着的问题一些，但是如何组织解决我们就知，这就是如何组织演员的艺术水和伴奏人员配备不缺乏的情况。提高革命演员艺术水平仍然是需要有革命的革命意识和轻与，可是就要要的是音乐作奏者的缺乏。音乐作奏人员本来是缺乏的，因为，旧有的一个伴奏演员，一个家要几个类拔萃的来伴奏。由于，一些人员不组给。这样，就使得作奏人员更少了，形成演唱者少、伴奏员多的现象，严重生"股阳"情。情况会让有严重。所以，我希望在整曲艺遗产的同时，把安排水平文化工作和培养下一代曲艺人员结合起来。按快培养下一代。一个部门具有可以在整理的同时内培养出来。可是，不注意这方面的工作，只要我继承人"口传心授"的东西，甚是不可以将一些好的老你人员的棒就送出来去。这种工作并非一辈子能完成的，应快价乐为下。因此，我建议请各省市文化部门，在这些的条件下，可以成立"曲艺之家"来完成这一工作。这种"曲艺之家"可大可小，小者一、二间房也可，大者三、五间房也行。现在一些学校都是二部制，有根一部分学校外出运动，曲艺之家还可以廉租借来加以这些学生，借用教室，替及同摩课程之余，生活内容宽了，可以廉租借来到些学生，借用教室，替及同摩课程之余，艺人可以把那身上的东西留下来，培养下一代曲艺人。这是轻而易举的事，花些少，效益大。假如不及时办理这件事，相失是很大的。

二、要求文化部和商业部保存现有的小型娱乐场所，并适当的建设一些小型文化娱乐场所。

自从去年我国进入社会主义经济建设改造胜利以来，各地商业部门，也作了一些调整改革，把所面市集中扩大，而把一些小型的文化娱乐场所，各地零散或并到合了。一些小型文化娱乐场所合并到各地都有趋势。这样下去，使一部分人民的文化生活失去了这种影响，而且，使城一部分零散艺人失去了演出地盘。在生活受到影响，形成许多受的现象，我想，我们政府领导人员要把现有的戏曲曲艺人员合理加以安排。还不应该让这些艺人失业，失去生活来源。这样，合理加以现有的艺人。另外，我建议有关方面，建设一些小型文化娱乐所，把旧有的剧场所，旧有的剧场有些已经不分，可是，对于小型文化娱乐所就比较少了。这样，不太调和。我想，一些偏僻离或较远地区的人，文化娱乐生活大，但费劳必要到大地市来买东。不单增加交通上的挤挤，也使一些散乱人生活失去了保障。所以，在一地区，特别是居比较远的"矿前"地区，应建设一些小型文化娱乐所。

三、要求各省市文化机关把零散的曲艺艺人领导起来，加强教育、帮助学习、提高思想水平，好达到的为群众服务。

自从年各省市文化局有的早分零散曲艺人登记，登记地意识，了他们的情况，成绩是的关键的。可是，我觉这些工作，因为很多地方的文化局没有在这项工作，遂忌忌地治他，而有的地区文化局不管零散艺人，反向部分公安部门多管。这是不好的，因为有的零散艺人反映，人都管他我们了。因此，我们县各地方文化组织的，他们自身零散艺人的统一的方面教育提高，加强组织培养学习，为曲艺服务。

最后，我表达我接受地意见上，在成的条件下自己也愿意，还要有立实际，我国正在建设社会主义的，为民家出力，我们有责任积极参加各项工作，虽然我已到老年，但我愿意为祖国的社会主义建设事业而奋斗，为我们伟大的和社会主义的文艺发展、为我们伟大的和祖国的繁荣而服务。

1957年3月19日，《人民日报》第3版，用很大的篇幅刊登了连阔如在政协第二届全国委员会第三次全体会议上的发言《为繁荣新的曲艺而努力》

内部矛盾的问题》的报告和李富春副总理《关于第二个五年计划的若干问题》说明以后，在会议中又听到周总理《关于访问亚洲和欧洲十一国的报告》、陈副总理的发言以及陈叔通副主席的政协常委会工作报告和各位的发言，我受到深刻的教育和启发，提高了我的思想认识，我表示完全同意和拥护。

我是一个民间的职业艺人，现在我所要谈的也是有关我们戏曲界的几个问题。自从去年实行减免文化娱乐税和文化部发出五百万救济金救济艺人以来，在党的"百花齐放、百家争鸣"的号召下，我国的戏曲界呈现出空前未有的繁荣，这不只是解决了戏曲艺人的生活，而且挖掘出许许多多好的戏目和曲词，这对于丰富人民文化娱乐生活，起了良好的作用，从而，在整理戏曲遗产上有了很大的方便，更扩大了我们戏曲艺人交流经验、互相学习的范围。我相信，在不久的将来，在文艺工作者的帮助下，戏曲艺术会有更大的发展。

从这一点看来，党的"百花齐放、百家争鸣"政策是正确的。提高了人民文化娱乐水平，给戏曲艺人们带来了无限的好处。这些情况不用我多说了，大家都可以目睹眼见，是人所共知的事；可是，另外我也感到我们曲艺界存在一些问题，希望有关方面加以注意，我分三点说明：

一．为了继承曲艺传统的艺术遗产，要与安排、救济相结合，好培养下一代，要求各省、市文化局在可能的条件下，建立"曲艺之家"来解决这个问题。

最近几年来，在全国各地有不少的文艺工作者，不断地整理曲艺遗产的东西。这些东西就是我们艺人"口传心授"记在脑子里的曲词和评书。例如：陈士和的《聊斋》，王少堂的《水浒》和高元钧、宋宗科等的山东快书等等。这样的记录、整理曲艺遗产是好的；可是，这只能把曲艺艺人的东西变成书面的东西，只是继承了曲艺遗产的一部分，或者说是三分之一。因为曲艺遗产包括三种。

1.是"口传心授"积累在艺人身上的东西，这也就是我上面所说的。

五十三、1957年春，为民间艺人鸣不平

2.是曲艺艺人表演的经验。

3.是演唱的伴奏者。

所以说，只整理、重视第一种是不够的，因为，这三者才构成了"曲艺"，当然这其中也有光说不唱的像评书和相声等形式的曲艺。我们曲艺界有一个损失，那就是在解放前，学这种艺术的多半是女演员，尤其在演唱方面，其中有些个演员是好的，艺术造诣很高的；但其中也有一部分艺术修养是很低，有一些副作用渗杂在内，这样，无形之中就削弱了曲艺艺术，所以，有些个演员在解放后难以提高。就仅有的老艺人来说，艺术修养高的很有限，倘若不及时地把他们身上存在的东西保留下来，又是一层损失，就我所知道的，我们许多曲艺老艺人都表示，愿意把自己身上的东西传给下一代，谁也不愿意把自己身上的东西带到棺材里去，（愿意）毫无保留地拿出来。既然如此，我希望各省、市文化机关重视一下这个工作。

曲艺这种艺术，短小精悍，通俗普及，形式多样，是个轻便的战斗武器，这种艺术也深受广大人民所喜爱，从最近两三年来看，曲艺这种艺术在工农兵群众中，根深蒂固地发展起来，对于我们的经济建设起着良好的推动作用。最近一二年来，各省市广播电台、文工团也相继成立了曲艺团、曲艺队等组织，足见这种艺术为人民所喜欢。由于这样发展，就产生了一些问题值得我们重视，这就是如何提高业余演员的艺术水平和伴奏人员逐渐缺乏的情况。提高业余演员艺术水平当然是需要有经验的职业演员来辅导，可是更重要的是音乐伴奏的缺乏。音乐伴奏人员本来是缺乏的，因为，旧有的一个伴奏演员，一个人要给几个表演者来伴奏，由于，一些人员参加了组织，这样，就使得伴奏人员更少了，形成演唱者多、伴奏人员更少的现象，产生"脱销"。照这样下去，情况会日渐严重。所以，我希望在整理传统曲艺遗产的同时，把安排老艺人这工作与培养下一代曲艺艺人结合起来，赶快培养下一代。一个演唱演员可以在比较短的时间内培养出来，可是，一个音乐伴奏人员培养要困难些，如果，不注意这方面的工作，只重视继承艺人"口传心授"

的东西，那是不对的，一些好的老伴奏人员的能耐就会带走。这些工作非一朝一夕所能完成的，应快办才对。因此，我建议各省市文化部门，在适当的条件下，可以成立"曲艺之家"来承当这一工作，这种"曲艺之家"可大可小，小者一、二间房也可，大者三、五间房也成。现在一般学校都是二部制，有很大的一部分同学校外活动少，呆着无事，生活内容贫乏，可以让他们参加到这里学习，有培养前途的，将来再继续深造。这样，老艺人可以把身上的东西留下来，也培养了下一代曲艺艺人。这是轻而易举的事，花钱少，收效大。假如不及时办理这件事，损失是很大的。

二、要求文化部和商业部保存现在的小型娱乐场所，并适当的建设一些小型文化娱乐场所。

自从去年我国社会主义经济建设改造胜利以来，各地商业部门，为了调整商业网，把门市部集中扩大，而把一些小型的文化娱乐场所、书场、茶馆改成门市部了，这种情况在各地都有发现。长此下去，使得一部分人民的文化娱乐受到影响，而且，也使一部分零散艺人失去了演出场所，生活受到影响，形成半失业的现象。我想，我们政府既然为了救济我们戏曲艺人，也绝不想让艺人失业、失去生活来源，这样，会增加政府工作上的困难，让一些有生活之道的人失业。另外，我建议有关方面，建设一些小型文化场所，把旧有的场所保存别动，维持原状。从最近这些年看，各省市建设大的剧场已经不少，可是，对于小型文化场所的建设太少了，这样，太不调和，我想，一些偏僻离城较远地区的人，文化娱乐生活会贫乏，他们势必要到大城市来玩，不单增加交通上的拥挤，也使一些零散艺人生活失去了保障。所以我建议在一些地区，特别是离城较远或厂矿附近多建设一些小型文化娱乐场所。

三、要求各省市文化机关把零散的曲艺艺人领导起来，加强教育，帮助学习，提高思想水平，好正确的为群众服务。

自去年各省市文化局有的举办零散曲艺艺人登记、发给演出证，确定他们的职业，成绩是很大的；可是，到现在，还有很多地方的文化局没有作这项工作，或迟迟再拖延。有的地区文化局不管零散艺人，反而让公安部门来管理，这是不好的，不合理的。有的零散艺人反映，人都解放翻了身了，我们翻半个身，跟无娘的孩子一样。因此，我建议各地方文化机关，有的尚未办理零散艺人登记的快一些办理登记，把他们组织起来，发挥他们的作用，为群众服务。

最后，我希望我们各地曲艺艺人，要在可能的条件下自立（力）更生，还要树立艰苦朴素的作风，因为，我国正处在经济建设时期，有些困难还需要大家共同努力克服，现在，又在增产节约时期。当前的任务，我们就是互相学习，交流经验，为繁荣新的曲艺而奋斗，为搞好我们与文艺工作者之间的团结而努力。

这篇文章，是我们今天所能找到的为数不多的关于连阔如的第一手资料。

解放后，他再没有像以前一样在报纸上发表专栏文章，也再没有机会著书立说，本来想要与苗培时先生合作创作红军长征题材的评书，也因为突然降临的右派分子的帽子而搁浅。从这些饱含真情实感的文字中，可以清晰地了解他内心深处的忧虑与希冀，从而更清楚地看到他的性格、气质、人品与才识。与他在《人民日报》同一个版面上发表见解的，都是国家各个领域的顶尖人物，有教育界泰斗，有工商界巨擘，有宗教界权威，有科学界精英，惟有连阔如身为文艺界名流，可见他当时在中国文艺界、政协代表大会中举足轻重的地位。

54岁的连阔如以全国政协委员、中国曲艺研究会副主席的身份，在这篇为天下艺人所撰写的"陈情表"中，慷慨陈词，全无遮拦，词切切，情殷殷，一位胸襟磊落、见识不俗，以中国曲艺艺术发展为己任的长者风采跃然纸上。他站在中国曲艺艺术生死存亡的高度，呼唤建立"曲艺之家"，并把老艺人身上的东西保留下来传给后代；他为亿万人的文化娱乐生活而着想，呼吁多保存并多兴建小型文化场所，即便在近50年后的今天看来，对城市文化设施的总体格局也有借鉴意义；他为一些省市的零散艺人所面临的生存困境鸣不平，为那些半失业或失业的艺人而呼吁，给他们以正当职业身份并给他们以立足之地。

作为一代评书艺术大师,连阔如因说得福,也因言致祸。在接踵而至的反右运动中,他成为一些龌龊小人施放冷箭的靶子。他为了中国曲艺艺人的生存权利而呼吁,最终以失去个人的生存权利为代价。

五十四、"右派分子"的12小时生死抉择

正是:
是生是死是个问题;
不明不白岂不奇怪?

1958年春寒料峭时,住在棉花八条小四合院里的连阔如,和往常一样,健身后,来到书桌前,心境平和地摊开刚送来的《人民日报》。一行醒目的黑体字跃入眼帘。他摇了摇头,看是不是自己的眼睛花了。年逾半百,眼睛是有些花了,可是戴着老花镜,也不至于看不清楚白纸黑字呀。

报纸上分明写着:"停止右派分子丁玲、江丰、艾青、陈沂、白朗、陆凯如、连阔如等七人中国文联全国委员的职务……"

长年习武、烟酒不沾、身板结实、体魄魁伟的连阔如,一个趔趄,差点儿从椅子上摔下来,握

《让文艺创作来一个大丰收——中国文联及各协会、各研究会讨论发展文艺创作适应全国生产大跃进》

着报纸的手不停地颤抖,面色变得铁青。

"爸爸,您怎么了?"

大儿子连振翔担心地跑过来,接过快被揉碎的报纸一看,全都明白了。

"爸爸,这是怎么回事?"

担心的语调变成了焦灼而略带责怪的提问。

连阔如一言不发。他拿起帽子,穿上大衣,拎着往常拎惯了的提包,大步跨出门槛。

"爸爸,快告诉我是怎么回事?"

连阔如能对儿子说什么呢?

他自己倒真想弄明白这是怎么回事,心想:右派分子是随便摸摸脑袋就算数的吗?那可是反党、反人民、反社会主义的罪呀。我连阔如即便算不上左派,也归不到右派一边啊!天下到底还有没有个是非曲直?人间还有没有个正反左右?这可不是林冲夜宿风雪山神庙的朝代,也不是十二道金牌催促岳飞还朝的年月,更不是伍子胥被迫逃亡的吴国啊。怎么就没有个待人的基本分寸呢?大丈夫为人一世,总得有点儿自己的尊严不是,被人在自己身上踏上一万只脚,那还有什么颜面面对家人、朋友,面对世人?

想着想着,不知不觉已走到中山公园后面的筒子河边。

他对着水面,站定,发呆,从没有见过这么使他有纵身一跃冲动的一潭清水,这是多么安静、清净、洁净的地方!

一个小时过去了,两个小时、三个小时、四个小时……

暮色苍茫,夕阳西下,他全然没有感觉,全部的感觉都是在阴阳两界的进退取舍上粘粘,粘粘得一塌糊涂。他已经是白昼与黑夜不分,河水与平地不辨,人间与地狱不明,活人与死鬼不清。心头一团模糊,脑子一片空白,54岁的人生,没有遇到过这样巨大的难题。

连阔如正胡思乱想间,忽见筒子河镀了金似的河面上,游来几只洁白的水鸭,脖颈细长,身子笨重,憨态可掬。年迈的鸭夫妇高昂着头,游在前面,引领着几只年幼的鸭仔闲逛,好像是为自己的家庭和子女自豪似的,目不斜视。连阔如心里一颤,眼睛一酸,差一点儿落下泪来。连阔如想起他的妻子他的孩子，特别是聪明、伶俐又漂亮的连丽如。

"为了我妻子和孩子……"连阔如这样想着，在筒子河边呆呆地伫立整整12个小时以后，迈着缓慢而沉重的脚步回到了自己的家中。

哭成泪人似的小女儿连桂霞，一头扑到爸爸怀里。

"爸爸，您去哪儿啦？急死我们啦！"

"爸爸不是好好的吗？出去遛了个弯儿，遛大发了，找不到家了。"

"爸爸您撒谎。你到底去哪儿了？"

"去筒子河边钓鱼了，钓上来大大的一条，这鱼的名字叫云游客。"

"云游客可不能变成浪里白条不上岸呐！是吧，爸爸？"

悟性好又善解人意的连桂霞，马上就明白了爸爸的心思和他夜半归来的事由，于是破涕为笑，马上帮助爸爸脱大衣。

"饿坏了吧？"妻子一边抹眼泪一边嗔怪。儿子赶快给爸爸拿碗筷，准备吃晚饭。一家人都还没动筷子呢。

连桂霞对父亲说："爸爸，我一回来，就骂哥哥了。'为什么让爸爸一个人出去？为什么不陪着出去？'您猜我去哪儿了？我骑着自行车去找您，也不知到哪儿去找，一着急，还撞到马路牙子上，摔了一跤。我一想，准是中国曲艺研究会那个叫某某的人陷害您，就找他理论去了，问他为什么把我爸爸定成右派？"

某某人，被连阔如的小女儿——只有15岁的高中二年级学生连桂霞劈头盖脸的质问给问傻了。一时间，六神无主，竟然结结巴巴地说不出一句完整话来，一双狡黠的小眼睛也不知该往哪儿瞧。

"你说，我爸爸为什么是右派？"

对连桂霞的提问，某某人的回答是："第一，你爸爸与共产党对抗；第二，你爸爸不揭发曹宝禄。"

"我爸爸怎么与党对抗了？"

"你爸爸不仅参加了中国民主同盟，还担任主任委员的重要职务，扩大组织与共产党对垒，他一共发展了11名民盟组织成员。"

中国民主同盟，简称民盟，是中国共产党领导的爱国统一战线中的民主党派之一，成员以从事文化教育方面工作的知识分子为主体。前身是1940年1月成立的"统一建国同志会"；1941年10月10日正式成立于重庆，推选张澜为主席。1947年10月，国民党政府宣布民盟为"非法团体"。1948年5月，民盟通电响应中国共产党召开新政治协商会议的号召。1949年9月，参加中国人民政治协商会议第一届全体会议，参与了《共同纲领》的制定。历届主要领导人有黄炎培、张澜、沈钧儒、杨明轩、史良、胡愈之、楚图南、费孝通、钱伟长等。这样的优秀人物组成的民主党派，一贯拥护共产党，何罪之有？

至于"不揭发曹宝禄"的罪名，也纯系子虚乌有。单弦表演艺术家曹宝禄，与连阔如同为北京曲艺公会领导者，一同在解放初期组建"大众游艺社"，在前门箭楼上表演新曲艺，歌唱党，歌唱新中国，还并肩奔赴抗美援朝战场为中国人民志愿军进行慰问演出……连阔如了解曹宝禄的艺德双馨，从没有反党、反政府、反人民，揭发什么？

1957年，是一个值得沉痛记忆的年份。文化部及其直属单位，有数百人被划为右派。全国的右派分子则有数十万之众，绝大部分是文化知识界的精英。一般来说，只有上层知识分子才有资格"评定"的右派，却让连阔如跻身其间，可见当时的社会是把他当作"大知识分子"看待。

连丽如后来回忆说："某某人是康生的同学，他从地方省城调到北京，有心往上爬，却遇到父亲连阔如的阻碍，势必要除去障碍而后快。他从中作梗，不让我父亲入党。父亲被打成右派后，他果然得到了觊觎已久的副主席的职位。记得父亲后来告诉我，有一次是真把他得罪了。他刚到北京住的是两间小平房，不宽敞，就看上了一个四合院，跟父亲商量：'你能不能向领导提出申请，把那个四合院要过来？咱们两人分着住，你住后院，我住前院。'父亲用话把他撅回去了：'共产党创建新中国不容易，我不能向党、向政府伸手要东西！'"

五十五、六十万分之一的滋味

正是：
思想禁锢民何以堪；
言路不开国将不国。

1957年，是一个特殊的年份，是对很多优秀人物不公正的年份，是每一个有头脑、有良心的中国人感到羞愧的年份。一位曾在新华社任职、被错打成右派的老人回忆说："至今只要听到或看到1957这个数字，我的心都要颤抖。"

右派分子，是描述历史的一个特殊名词，后代人很难理解，而老辈人也很难说清。可以肯定的是，许多各行各业的尖子、文化艺术的精英，都被打成了右派。全国500多万知识分子中近十分之一蒙受冤屈。他们从此经历了至少20年极度的人格羞辱和人性摧残，在扭曲的状态下艰辛度日。

连阔如，就是这60万名右派分子中的一个，个中滋味只有他自己最明白。幸福是可以由大家来分享的，而苦难只有当事人才能承担。反右斗争，给许多嫉贤妒能者和卑鄙小人提供了一个将他们人性阴暗心理的全部能力释放出来的绝佳机会，对无辜者的身心加以无情地摧残和戕害。这在世界文明史上也鲜有先例。平庸的淘汰卓越的，卑鄙的凌驾高尚的，污秽的压制纯洁的，渺小的征服强大的。

1957年5月1日，《中共中央关于整风运动的指示》在《人民日报》发表。大意是"决定进行一次以正确处理人民内部矛盾为主题，以反对官僚主义、宗派主义、主观主义为内容的整风运动"，要求"放手鼓励批评"，坚决实行"知无不言，言无不尽；言者无罪，闻者足戒；有则改之，无则加勉"的原则。在此之前，毛泽东在最高国务会议和中共中央宣传工作会议上发表讲话，提出"百花齐放、百家争鸣"的双百方针，引用《红楼梦》中王熙凤所说的"舍得一身剐，敢把皇帝拉下马"，动员大家鸣放。

整个5月，"全国响遍要求改革、要求扩大言论自由和开放管理体制的呼声。最活跃的是知识分子、文学艺术界和党外人士。报纸大量刊载鸣放意见，内容愈来愈尖锐，民盟副主席章伯钧提出'政治设计院'的建议，内容类似于西方国家的两党制。著名社会学家费孝通发表了题为'知识分子的早春天气'的文章，文章热烈赞扬新思想解放时代的到来，言外之意是否定了解放以来党对思想和言论的严格控制。这篇文章引起全国知识分子的热烈反响，认为作者表达了先进思潮，对党和全国人民是一次启蒙……各大报纸包括《人民日报》在内都以显著地位刊载了这篇文章。这表明文章得到了最高领导的批准，至少是默许"。

6月8日，对很多人、很多家庭来说，这是这一年中非常关键的一天，被称为"反右的开端"。

毛泽东为中共中央起草党内指示："省市级机关和高等学校大鸣大放的时间，大约十五天左右即足。反动分子猖狂进攻。党团员中的动摇分子或者叛变出去，或者动摇思叛。广大党团员中的积极分子及中间群众起而对抗。反动分子人数不过百分之几，最积极疯狂分子不过百分之一，故不足怕……我们巧妙地推动左、中分子发言，反击右派。此事很有效。每个党报均要准备几十篇文章，从当地高潮开始跌落时起，即陆续发表。注意组织中、左派写文章。但在高潮未落前，党报正面文章少登（可以登些中间派文章）……高等学校组织教授座谈，向党提意见，尽量使右派吐出一切毒素来，登在报上。可以让他们向学生讲演，让学生自由表示态度。最好让反动的教授、讲师、助教及学生大吐毒素，畅所欲言。"

同一天，毛泽东撰写的社论《这是为什么？》在《人民日报》刊出。社论提到一名叫卢郁文的人只因说了维护共产党的话，便收到一封匿名信。信中骂他"为虎作伥"、"无耻之尤"，并警告他要及早回头，否则人民是饶不过他的。社论中说："少数的右派分子正在向共产党和工人阶级的领导权挑战，甚至公然叫嚣要共产党'下台'。他们企图乘此时机把共产党和工人阶级打翻，把社会主义的伟大事业打翻，拉着历史向后倒退，退到资产阶级专政，实际是退到革命胜利以前的半殖民地地位，把中国人民重新放在帝国主义及其走狗的反动统治之下。可是他们忘记了，今天的中国已经不是以前的中国，要想使历史倒退，最广大的人民是决不许可的……物极必反，他们难道不懂得这个真理吗？"

根据当时整风期间记录整理、供批判之用的一位知识分子的发言如下："第一，中国应该给人以更大的说话的自由，应该有更多的民主。北大校长马寅初因为主张节育而获罪是不应该的。中国解放前有4.5亿人，解放八年增加到现在的6.5亿，照这样下去不得了。马寅初的意见是对的。第二，应该加强法制，应该更多地制定法律，并加强法制教育。过去的政治运动中不经司法机关批准，乱押人、打人、捕人的现象不少，这是侵犯公民权。第三，解放后许多文化科技机构的领导者不具备专业知识；会打游击战的指挥员不一定能领导一个科研机构。建议这些领导干部好好学习文化和科技知识，由外行变为内行。实在不称职的予以撤换。"

6月中下旬开始，仅文化部和直属单位就有数百人被错划为"右派分子"。其中包括后来平反后担任文化部部长的作家王蒙，曾与鲁迅过从甚密、友谊深厚的冯雪峰、丁玲、萧军，剧作家吴祖光等。文化界知名人士如社会学家费孝通，编辑家徐铸成，小说家施蛰存、姚雪垠、张贤亮、刘绍棠、邓友梅，诗人艾青、唐湜、白桦、公刘、聂绀弩，书法家黄苗子，画家刘海粟、尹瘦石，漫画家丁聪、王复羊，作曲家陈地，翻译家傅雷，评论家钟惦棐，电影演员石挥、方化、郭永泰、张莹、管宗祥等也在劫难逃。曲艺界被划成右派的有评书大师连阔如、相声名家马三立、单弦大王曹宝禄等。

那么，到底什么是"反右运动"？

今天，有人把它解释成"大规模地冤枉好人"，让我们"中国吃了大亏"，"这个历史的逆转一直逆转了20多年"。

到20世纪80年代中国又开始要走现代化道路的时候，莫说社会风气的衰败和人民道德水平的下降都已不能与1957年可比，尤其可惜的是："我们永远失去了中国上百年来用血汗和泪水培育起来的一批明达之士。这个损失不知要多少年才能弥补上。"

7月9日，毛泽东在上海干部会议上的讲话，题为《打退资产阶级右派的进攻》。文中写道："'皮之不存，毛将焉附'，过去知识分子这个'毛'是附在五张'皮'上，就是吃五张皮的饭。第一张皮，是帝国主义所有制。第二张皮，是封建主义所有制。第三张皮，是官僚资本主义所有制。民主革命不是推翻三座大山吗？就是打倒帝国主义、封建主义、官僚资本主义。第四张皮，是民族资本主义所有制。第五张皮，是小生产所有制，就是农民和手工业者的个体所有制。过去的知识分子是附在前三张皮上，或者附在后两张皮上，附在这些皮上吃饭。现在这五张皮还有没有？'皮之不存'了。"

中共中央1957年10月15日发出《划分右派分子的标准》的通知。通知中说，凡是各单位确定为右派分子的名单，必须报告县一级或县一级以上的党的领导机关审查批准。高级知识分子、重要民主人士中的右派分子和其他有特殊情况的右派分子的名单，必须报告省一级或省一级以上的党的领导机关审查批准。标准如下：

凡言论、行动属于下列性质者，应划为右派分子：

（1）反对社会主义制度。反对城市和农村中的社会主义革命，反对共产党和人民政府关于社会经济的基本政策（如工业化、统购统销等）；否定社会主义革命和社会主义建设的成就；坚持资本主义立场，宣扬资本主义制度和资产阶级剥削。

（2）反对无产阶级专政、反对民主集中制。攻击反帝国主义的斗争和人民政府的外交政策；攻击肃清反革命分子的斗争；否定"五大运动"的成就；反对对资产阶级分子和资产阶级知识分子的改造；攻击共产党和人民政府的人事制度和干部政策；要求用资产阶级的政治法律和文化教育代替社会主义的政治法律和文化教育。

（3）反对共产党在国家政治生活中的领导地位。反对共产党对于经济事业和文化事业的领导；以反对社会主义和共产党为目的而恶意地攻击共产党和人民政府的领导机关和领导人员、污蔑工农干部和革命积极分子、污蔑共产党的革命活动和组织原则。

（4）以反对社会主义和反对共产党为目的而分裂人民的团结。煽动群众反对共产党和人民政府；煽动工人和农民的分裂；煽动各民族之间的分裂；污蔑社会主义阵营，煽动社会主义阵营各国人民之间的分裂。

（5）组织和积极参加反对社会主义、反对共产党的小集团；蓄谋推翻某一部门或者某一基层单位的共产党的领导；煽动反对共产党、反对人民政府的骚乱。

（6）为犯有上述罪行的右派分子出主意，拉关系，通情报，向他们报告革命组织的机密。

1958年1月，人大常委会通过了右派处理的规定，处分共分六类，最严重的是第一、二类，以下递减：

第一类：开除公职，劳动教养；

第二类：保留公职，监督劳动，每月付生活费28元；

第三类：留用察看；

第四类：撤职；

第五类：降职减薪；

第六类：只戴帽子不予处分，维持原工资不变。

评书艺术家连阔如，属于第二类右派分子，被下放到北京宣武区说唱团监督劳动。

年过半百的老人，在北风呼啸的寒冬，被指令到天桥的露天场地去说评书，人都被冻僵了，哪儿还有人听呢？但是说书的人却不能走，也不敢走，只好站在那里对着西北风自言自语。

快过春节了，在东安市场熙熙攘攘的人流中，连阔如邂逅中央人民广播电台的编辑张慧。

二十几岁的张慧，见到曾一同合作广播评书的老艺术家很兴奋，想上前打招呼，却看到连阔如把一根食指竖在双唇上，做了一个"封口"的姿势，然后埋下头疾步走去。身为右派分子的连阔如，一句话也没有说就告别故交，可想他心中的压力和悲哀有多大。张慧心里很不是滋味，也想不通，回到家后，就对丈夫说了这件事，问："连阔如为什么不理我呢？连一句话也不说！"还是她丈夫明大理："人家连阔如先生是怕连累了你，多好的人呐！"

为了纠正"左"的错误、调整关系，1959年8月，毛泽东写信给刘少奇，提出在国庆节前后为表现好的右派分子摘掉帽子。

9月，中共中央发布《关于摘掉确实悔改的右派分子的帽子的指示》，决定在新中国建立10周年的时候，摘掉一批右派分子的帽子，人数"以控制在全国右派分子的20%左右为好"，并许诺今后还将分批分期摘掉右派的帽子。11月，中共中央又作出了《关于摘掉右派分子帽子的人员的工作分配和生活待遇的规定》。根据中央指示，全国第一批共摘掉了约2万6千名右派分子的帽子，并对他们都恢复或重新安排了工作。连阔如也接到让他出席会议的通知。

1976年粉碎"四人帮"后，中共中央决定给尚未摘掉帽子的右派分子全部摘掉帽子，并按照实事求是、有错必纠的原则，对被划为右派的人进行复查，把错划的改正过来。这是中央严肃处理历史遗留问题的一项重大政策措施。

1978年4月4日，中央统战部、公安部向中共中央呈送了《关于全部摘掉

《认真接受改造就有光明前途 两万六千多右派分子摘掉帽子》

右派分子帽子的请示报告》。

1980年5月8日,最后一批右派摘帽,改正错划右派工作也大体结束。

上层爱国人士中的右派章伯钧、罗隆基、彭文应、储安平、陈仁炳五人未获改正。另有约100人被宣布"维持右派原案,不予改正",据说"占原戴帽者近60多万人的0.0189%,即不足万分之二"。

五十六、父亲收女儿做徒弟,连桂霞改名连丽如

正是:
女承父业蔡氏文姬;
书场巾帼连家丽如。

连阔如作为父亲是幸运的,因为他有个好女儿连丽如。

连丽如继续其父亲的评书事业,经过多年努力终成艺术大家的事实,不仅让人忘记"生女不如男"的旧俗陈念,还使人不禁想起白居易在《长恨歌》中所写的诗句:"遂令天下父母心,不重生男重生女。"

1958年8月1日～14日,全国第一届曲艺会演在北京举行。

北京代表队参演的京韵大鼓《罗盛教》、相声《活动之家》、西河大鼓《金铃段》等均获奖。只可惜已被打成右派的连阔如没有能够参加这次盛会。可政治上的磨难,让他收了平生惟一的徒弟。这个徒弟不是别人,就是他自己的小女儿。

连阔如自己虽是一代说书家,却一直不愿意子女再说评书。

他只希望孩子们好好上学,上大学,将来做个够标准的文化人。但他的梦想随着1957年的"反右"运动而破碎了。

小女儿连桂霞正在北京师范大学附中读高二,门门功课都是5分,数学成绩尤其稳定、突出。但是,父亲的右派分子帽子,使她不仅在学校抬不起头来,就连考大学的希望也变得渺茫。以右派分子子女的身份,分数好已经不再成为优势,即便能上大学,也不会被清华、北大等一流院校所录取,顶多能勉强被末流院校所接收。

这对一个重点中学年轻气盛的优等生来说,是无论如何也不能忍受的屈

五十六、父亲收女儿做徒弟，连桂霞改名连丽如

辱。

当一个人的尊严被无情践踏的时候，心理的压抑和愤懑会凝聚成一种能量，一种反弹，性格越是坚强，反作用力越是巨大，有时会持续一生，缔造辉煌。

连桂霞赌着一口气退学了。

她跟着被"发配"的父亲来到北京宣武说唱团当演员。当时任说唱团党政领导的徐雯珍女士，偶然见到连阔如的小女儿长得端庄、漂亮、气质不俗，就鼓动连阔如把女儿也介绍到说唱团来，教女儿学说评书。徐雯珍一连劝说了三次，连阔如还是不答应。其实连阔如自己也是左右为难，进退维艰。两三年前，先是周总理询问子女是否学评书，叮嘱不要让连派评书失传；后是亲见王少堂的孙女说评书，且说得不让其祖父，有了这两宗铺垫，连阔如已然心有所动，正准备收女儿做徒弟，为中国评书创未来，可是天有不测风云，人有旦夕祸福，右派罪名，莫须有式的诬陷，一下子让他心灰意冷。说书干吗？说书家还不是说当右派就当右派？可是自己的冤屈能受能忍，周总理的托付不能推脱，于是，连阔如也在等待时机和火候，好顺理成章地让女儿拜父为师。

因此，当连阔如一连三次推说"我女儿，不行，不行，不行"的时候，机敏的徐雯珍却看出些"行"的苗头来。徐女士第四次提出请求："还是让您女儿连桂霞到我们说唱

宣武说唱团部分演员合影

265

团来吧，多好的说书材料啊，可不能耽误了，再说我们宣武说唱团也需要年轻演员啊。老艺人七八位，一水儿的年过古稀，年轻一些的也是天命之年已过，后继无人啊。虽说我们只是个区属说唱团，却是全国惟一能说大书（长篇评书）的说唱团，又是全北京市自负盈亏、不要国家一分钱却经营最好的文艺团体，人均工资最高，老演员少说一个月也能挣100多元（20世纪50年代属高工资）。将来您女儿的生计也不愁，就让她来吧！"

自从戴上右派帽子，连阔如的工资是一降再降，已经从原来的300元降到113.5元，一家老小生活日渐拮据。

"屋漏偏逢连夜雨"，大女儿连桂华患了肺结核，打链霉素，一针就是3元，这在当时是一笔很大的开销，让家里有点儿吃不消。

连阔如既不知道这顶右派帽子要戴多久，也不能想象被牵连的子女能否顺利在社会上谋生。既然宣武说唱团演员的收入稳定，女儿的工作问题也就不用再犯愁了。无奈之中，他咬牙做了一个原本不愿意做出的决定："好吧，我就让女儿跟我学评书，让她到说唱团里来，算是您交给我的一个任务。可是有一件事，我要先说明白，我既然教女儿说评书，就只把她当作女学生来教，不当作女儿教。如果她学成了，她自然是咱们说唱团的人；如果教不出来，我就把她带回去，能干什么干什么，不能让团里为难，不能给说唱团添个累赘。"

连阔如终于吐口要收女儿做徒弟了，他心里还记得周总理的嘱咐——"要把连派评书继承下去"。只是身为右派分子，又面对宣武说唱团党的干部，他不便再提当年面见周总理的事。

据女儿连丽如回忆："我上学上得非常早，戴着红领巾就上高中了，我上的是北京师大附中，那是相当好的学校了，而且我每门功课都很好，并不偏科，我特别喜欢数学，我的理想就是考北大数学系。但是，我刚刚上到高中就遇到了反右运动，父亲被错打成右派，他离开曲协后就到书馆去说书了，我随着父亲去书馆，想让他心里有些安慰。记得第一次听父亲说书，是在天桥董记茶馆。父亲在那儿说《三国演义》，我在那儿听，音容笑貌至今还历历在目。我当时觉得他们这一辈人的艺术造诣太深了，如果'连派'艺

五十六、父亲收女儿做徒弟，连桂霞改名连丽如

术就这么失传，那将是无法挽回的。于是，我就慢慢萌生了学评书的想法，但父亲一直犹豫。他不想让我学说书，但我越听越离不开，我觉得我必须要把'连派'艺术继承下来。那时候没有女孩子说书，我是北京第一个女评书演员。开始，父亲没在我身上下太大功夫，只让我在书馆听书领会内容。后来我听了没几天，我父亲问我：'应当怎么说书？'我就把评书怎么铺垫、怎么树立人物，什么地方应当背、什么地方不应当背，都说得非常合理、非常有逻辑性，父亲听了特别高兴。"

扬州评话大师王少堂的孙女王丽堂，比连丽如大几岁。

连丽如说："父亲到南方参加汇演，听评话艺术家王少堂先生的《水浒》，还特别喜欢王先生的孙女王丽堂。父亲让我说书的时候，给我做了一件和丽堂姐一样的黑缎子对襟青丝绒纽袢的中式演出服。当时家里很穷很窘迫，花50多块钱做一件演出服，已经很破费了。我原名连桂霞，要起艺名的话，本来我应当叫小如或少如，但我父亲想：南方丽堂继承南方的'王派'艺术，北方丽如继承北方的'连派'艺术，所以我的艺名叫连丽如。取'南

赵一轩书馆旧址

醒木惊天连阔如

连阔如父女合影

丽堂来北丽如、丽堂丽如说评书'之意。我深感父亲对我的期望……慈父,也是严师,父亲的老朋友们都说我越来越像我父亲,我哥哥姐姐都随我母亲,就我一人随我父亲,可能是先天注定我要继承我父亲的评书艺术。我第一次说书是在北京门头沟,因为我们说书如果头一次不敢上台的话,那么永远也不敢上了,所以选择个'偏僻'的地方。我那时还不会说'大书',父亲就教了我一段儿(40分钟)《吕布辕门射戟》,其中有老生、小生、花脸,还有应该怎么开辕门,评书的基本功比较集中。当时,我老在北京朝阳门外的书馆、天桥书馆听书,听众都认识我,我就比较害臊。后来跟父亲说,'您到门头沟、通州去说书的时候带我去'。父亲有一次到门头沟赵一轩书馆说书,他在那儿说《三国》,当他该说《吕布辕门射戟》了,他说让我上。我上台一字儿没错说完了,父亲挺高兴。1961年9月,我正式在北京天桥刘记茶馆说《三国》。说的时候,他就在外面听。据听众说,我爸当时在外面直掉眼泪。我和父亲当时都在宣武说唱团,他怕我这个徒弟不成器连累公家,就说'教不成带回家'。右派分子的罪名已经是好大的难了,自己为难还念念不忘不能让公家为难。"

连丽如学说评书,没有给父亲丢脸,也没有让公家为难。

"初学说书,父亲让我学《三国演义》。因为我是师大附中的学生,看古文问题不大,所以选择了说《三国》,而且我父亲研究《三国》有几十年,对这段历史确实很有研究。一般人学《三国》,要好几年才能学出来,才敢上台,可我只学了一年,就上台了,当时在评书界引起震动,都惊奇地说'17岁的孩子学一年就上台说《三国》'。那种情景真是让人难忘，头一回说《三国》就座无虚席。"

有人说，连阔如被错打成右派，歪打正着，成全了他女儿连丽如的评书事业，使女儿最终继承父业，成为新一代的评书艺术家。

1960年，18岁的连丽如，正式跟随父亲学说评书。无论春夏秋冬，在北京大小40余家书馆、书场里，经常能见到风尘仆仆的父亲带着女儿，为生存而说书，也为尊严而活。

五十七、评书评书,"评"字是金

正是:
愚者叙述智者评说;
舌头在下头脑在上。

京剧界的武生泰斗王金璐,在电视台的节目中,谈到北京惟一的女评书家连丽如时,用了"家学渊源"四个字来评价。

连丽如秉承父业,血脉书脉凝成一股,而连派评书的最大特色,就是在"评"字上见功夫。连阔如的口头禅是——"评书要评"。他认为,评书、评书,难在一个"评"字,贵在一个"评"字,书不易说,"评"字是金。

连阔如对女儿说:"'评'用三条腿走路,一条腿是观察、体验、了解现实生活包括五行八作各种常识的功夫,另一条腿是阅读书本、钻研古籍、掌握历史包括天文、地理的各种知识的功夫,再一条腿就是'思接千载、视通万里'、透视宇宙天地人情物理的见识功夫。有了丰富的生活常识、厚重的历史知识和独到的个人见识——这'三识','评'字也就在其中了。但是,这种功夫的打磨,要你至少花费一辈子的岁月年华。记住'评'用三条腿走路,将来你在说评书的道路上,就不会走弯路。书论高下,惟'评'是称。"

听了父亲的一番话,悟性极佳的连丽如似乎醍醐灌顶,茅塞顿开。

连阔如尽可能地传授技艺给丽如。

京剧艺术讲究"做功",曲艺亦如此,在说的同时配合"手、眼、身、法、步"的形体动作,即让评书中人物在说书人的表演中"现身"。正如评书艺人中流传的一首《西江月》所述:

世上生意甚多,唯独说书难习。

五十七、评书评书,"评"字是金

> 紧鼓慢板非容易,千言万语须记。
> 一要声音嘹亮,二要顿挫迟疾。
> 装文装武我自己,好像一台大戏。

在评书这台"大戏"中,表演动作幅度和强度较大的叫做"大开门",坐表说书的叫做"小开门"。

连阔如曾在1956年"京津曲艺汇演"中,拿出了"大开门"的看家本事,说的段子是《武松打虎》,几十分钟的表演已是大汗淋漓。连丽如还能记得,在北京工人俱乐部,她一次次看父亲表演"大开门"时的情景。

连阔如还耐心地向女儿讲述,评书艺人摸索出的"柁、梁、扣、结";告诉她什么是评书特有的"赞、表、白、评";还解释了评书的常用技巧"开、摆、拉、串"。

父亲说书的这"十二字真经"——柁、梁、扣、结、赞、表、白、评、开、摆、拉、串,使女儿连丽如获益匪浅。

"柁、梁、扣、结",这是世代评书艺人以建筑做比喻,来传授说书诀窍,非常生动形象,便于深刻记忆。

"柁"即柁子,原是指木结构屋架中顺着前后方向架在柱子上的横木,而评书艺人用它来形容评书的大段落,相当于章回小说中的章回。建筑中,柁子的特点是"顺着前后方向"排列;而评书中,柁子也是按照时间顺序码放。一个柁子就是一个中心、一个主题、一个完整的故事,如评书《三国》中的"赤壁之战"、《东汉》中的"大闹武科场"。

"梁"即梁子,是柁子中的小波浪,是故事中的发展脉络,如《三国》中"诸葛亮诵赋激周瑜"一段中的诸葛亮为什么过江、鲁肃三次叮嘱、孙权好胜、诸葛亮舌战群儒、智激孙权、周瑜回归柴桑……《东汉》中"三请姚期"一段中,先说岑彭之勇、刘秀入鬼神庄头请姚期、引出邳彤出世、姚期单鞭救主、邳彤替姚期投军、会战岑彭因贪功中镖……可以说是掀动人物冲突、情节起伏的高潮的过程。

说书要想叫座，得有好扣儿

"扣"即扣子，是扣人心弦的悬念，更是扣住听众的关子。柁子从上一个最紧要处（扣子）开解，也从下一个最紧要处（扣子）收束。而扣子大小不一，形式不拘，有明扣子，也有暗扣子；有单结扣，也有多结扣；有梅花扣，也有连环扣；还有纽中纽、扣中扣……评书艺人都知道："不会使扣子，必是劳神子。"

"结"即节制，它包含完全相反的两层含义，一是删节，根据表演现场的具体情况即兴删繁就简；二是节外生枝，同样是根据现场反应、听众情绪来添加枝蔓，尽量铺陈。两者都是评书演员惯用的所谓收放自如的技艺。

"赞、表、白、评"是评书的重要表演形式。

"赞"为评书演说的点睛之笔，也是其鲜明特色之一。说人物时，有"人物赞"；说战将时，有"盔甲赞"。"赞"以赞赏的语言，表达对人对物的由衷赞美之意，常以韵句的形式出现，极有调动听众情绪的效果。

"表"即表述之意，说书人以第三人称叙述叫做"表"，如"话说武松……"

"白"即说明、陈述之意，是评书演员借用了戏剧手法的表现方式。"白"又可分为道白、独白、对白三种，用来增加戏剧化效果。

"评"即评点、评价、评论。评点的分量最轻的，点到为止；评价的分量稍重的，有说书人的主观价值判断的介入；评论的分量最重的，常有哲理或理论的色彩发人深省。

以第一人称演说叫做"白"，以旁观者身份议论叫做"评"，跳入跳出，舒展自如，说你说我，角色分明。"表"即表述，"白"即念白，"评"即评点。盔甲赞赞出花来那是"表"，人物对话对出情来那是"白"，纵论天下论出理来那是"评"。无"表"无书，无"白"无戏，无"评"无彩。"表"得好，须口齿伶俐；"白"得好，须善于作戏；"评"得好，须有知识功底。

"开、摆、拉、串"是说评书的艺术技巧，简要、概括地说就是四种。

"开"即"开脸儿"，简单地介绍人物身份、形貌、性格。

"摆"即摆砌末，又叫"铺垫话儿"，也就是为听众交代人物、事件的环境、背景、条件，如山川河流、城镇乡村、街市院落、茶楼酒肆的具体模样，以及人物活动的事由、起因、人物的心理、心态等。

"拉"即"拉典"，也就是引经据典的意思。评书演员的广博知识里就包括一个巨大的"典囊"，不时地讲解典故，使评书演说平添许多雅趣。中国是一个多典故的国家，这和丰富的历史文化传承有关，说书人无意间做了语言文字知识普及的工作。

"串"即串口，又称"垛句"，也就是为强化语言冲击力和情绪感染力以及艺术震撼力而频繁使用的排比句，那些夸张的、精致的、华美的、文采飞扬的语言的排浪，呼啸而来，奔腾而去，有排山倒海的力量，使人似置身于八月十五的钱塘江畔，耳边是动人心魄的喧响，那样伟岸，又那样迷人。

说完了这"十二字真经",连阔如还不放心,又嘱咐女儿道:"评书艺术是心里活计、嘴上功夫。肚里没货,语言无味。所以要做到不念白字、不说水词,就要书不离手,手不释卷。说书人即使说不上是满腹经纶,也要有相当的知识储备。同样是说书,北京人称评书,扬州人叫评话,广州人则名为说国。但说什么都离不开真才实学,广闻多见。一副对联说得好:'月在天中天不夜,风行水上水成文。'说书人若灯晚登台,就该像明月朗照众人不寐不夜天,一吐词就要风行般爽利似水皱成文一样自然。你要记住这两句话:

做人,要如月在天;

说书,要似水成文。"

不过还是个高中生的连丽如,瞪大了眼睛问:"那么,人干什么都成,为什么要说书呢?"

父亲一听就高兴地笑了,他喜欢女儿的聪明劲儿。想了想,他才说:"张恨水在《新北平》报上,发表过一篇文章,题目是《读书为什么?》,正好能解答你的问题。他说:'读书为做人,要做人不能不去读书,读了书,然后知道为人之道。'说书和读书一样,也是为做人,要不,我们干吗总要在说书前,说些个儿劝喻的话呢?像什么——'醉酒可也,不可骂座;操劳可也,不可伤身'。还有'但行好事,莫问前程'之类。"

连阔如如数家珍似地对女儿介绍中国优美的口头文化遗产——评书的传统书目,如历史袍带书《东周列国》、《西汉演义》、《东汉演义》、《三国演义》、《隋唐演义》、《精忠》、《杨家将》、《明英烈》等;侠义短打书《水浒》、《包公案》、《小五义》;神怪书《西游记》、《济公传》、《聊斋》等。女儿连丽如的眼前,仿佛出现了一个五光十色的聚宝盆,高中辍学、高考不成的痛苦,因着评书艺术的博大精深而多少得到些缓解。但是,父亲望着女儿时,眼睛里依然带着些许茫然与凄怆。

五十八、嘱咐女儿:"懂多大的人情,说多大的书"

正是:
人无真情必无真义;
心有所爱当有所迷。

17岁的女儿连丽如,有一天缠着父亲问:"我跟您学评书,就要做您这样的艺术家,做大师。您告诉我诀窍,怎么做才能跟您一样?"

父亲连阔如说:"我只告诉你一句话:懂多大的人情,就说多大的书。"

父亲说完,再不言语。

连丽如知道父亲倔强的脾气,也就再不多问。

北京的评书艺人,最看重"人情"二字,认为它是生命之本,无所不包。说书人受到文化程度不高的局限,特别强调感性的作用,而评书艺术也多是以煽情效果取胜。他们质朴的人生哲学,既从人情出发,也以人情为归宿。江湖艺人所谓"同行义气",也是由人情生发出来。

"你懂多大的人情,就说多大的书。"

——连阔如经常这样嘱咐女儿。

他觉得世间人情即天地良心,宇宙万物俱为陪衬。说书人说书,无外乎说情说理。情理情理,总是先发乎情,后止于理。先有情义真,后有说书人。上至金銮宝殿之富贵,下到茅草木屋之贫瘠,不分贫富贵贱,何谈长幼尊卑,十步之内必有芳草,有炊烟缭绕必有人情缠绵。说朝廷忠臣,要知"居庙堂之高则忧其君"的情怀;说山林隐士,要解"不为五斗米而折腰"的情由;说昏君佞臣宦官小人,要明"一入侯门深似海"的情态;说市井布衣平头百姓，要懂"贫贱夫妻百事哀"的情分。人情里涵盖历朝历代社会生活的酸、甜、苦、辣、辛；人情里包含古往今来世事人生的喜、怒、哀、乐、怨；人情里囊括盘古开天以降地球生物的生、老、病、衰、死。人情之为物，如空气、水与阳光，浩浩乾坤芸芸众生须臾不可或缺。

苦难生活的阅历，使他认识到，惟有情深才能义重，义重全靠义士情深。"情"之一字不仅维系世界，也维系苍生，更维系城市里的大小书场。人情有深有浅，有厚有薄，有近有远，有冷有热，有长有短，有疏有密。说书人要抓人，先要以情动人。书中故事人物的情感具有强大磁力，即使是铁石心肠也会被吸引。宋代文豪苏东坡在《东坡志林》一书中，描述了说书艺术的情感魅力："涂巷中小儿薄劣，为其家所厌苦，辄与钱，令聚坐听说古话。至说三国事，闻玄德败，颦蹙有出涕者；闻曹操败，即喜唱快。"足见"情"为书魂，游走迷人。说书人须情动于衷，听书人也须触景生情，两相呼应，书场轰动。说书家必是情感专家才成。

"记住说书的秘诀：要让书动人，先要人动情。"连阔如不厌其烦地这样教导女儿。

因为他知道，文章不是无情物，评书亦然。有激情无理性是疯子，有理性无激情是呆子，有激情又有理性是才子。说书人既要有合乎逻辑的聪明头脑，更要有充满情感的丰富心灵。二者缺一不可。说书人要有过人的记忆力，还要有非凡的表现力，而表现力需要有情感的借助和发挥，才能生动感人。说者动情，听者动心，古来如此。这就是为什么说书人难寻难觅。

大家都知道，评书所代表的说话艺术，是小说文字艺术的发源。而古典小说在中国古代文学史上的地位一直不高，被认为是下里巴人，粗俗鄙陋，无法和传统的典雅的诗词歌赋相颉颃，到近现代这种尴尬的局面才得以改观。清初有位叫作西湖钓叟的先生颇有锐见，他在《续金瓶梅集序》中说："小说始于唐宋，广于元，其体不一。能与经史并传者，大抵皆情之所留也。"他是最先发现小说中"情"的分量和作用的批评家，并因之将小说与干系"经国之大业"的经书、史书相提并论，显然抬高了小说的位置。与小说有姻亲关系的评书，当然也是通过"情"达到教化的目的。

五十八、嘱咐女儿:"懂多大的人情,说多大的书"

连阔如将"人情世故"拆解开来教导女儿。

他说:"人情与世故是两回事。将两者并称,显然是贬低了前者。要谙知人情,但不必世故。人情无辜,世故有罪。做人还是简单一些、朴实一些最好。所有那些机关算尽的机关要一目了然,却不能让自己陷在钩心斗角、争名逐利的陷阱中。"

曾是江湖中人,却没有江湖气;曾是市井中人,却没有市井习,连阔如是浑浊旧社会里摸爬滚打出来的一位洁士。关于交友,他对女儿说:"你到朋友家去,一进门,他就呼唤老母亲:'快,给客人沏碗茶来!'对这样的人,你二话别说,扭头就走。这样对待母亲的人不可交。人不敬父母,岂能敬朋友?"

对于父亲的耳提面命,女儿悉心领会。连阔如总说:"为人要谦虚、好学。不光因为山外有山,而且是书外有书。一字不知,请教老师,这老师就是字典,要随身带。观众是活字典,要不耻下问。一事不明,请教高明,这高明的人,也许是前辈,也许是晚生,也许是鸿儒,也许是白丁,绝不能以外在的年龄、地位取人。一理不辨,请教智者,这智者也许是博士,也许是书籍,理要自明,方是真懂。学问、学问,要学就问。非问无学,非学无问。勤学勤问,增长学问。学问一生,一生受用。老子说:'知不知,上;不知知,病。'世上只有百事问,没有万事通。说书人台下是所有人的学生,台上是所有人的先生。知识、学问才是真金,把钱花在买书上最值,知识学到手就是谁也抢不走的财富。记得清代画家郑板桥在文章中曾说:'学问二字,须要拆开看。学是学,问是问。今人有学而无问,虽读书万卷,只是一条钝汉耳。琼崖主人读书好问,一问不得,不妨再三问,问一人不得,不妨问数十人,要使疑窦释然,精理迸露。'"

再说,人情何尝不是学问,学问大多关乎人情。学问有深浅厚薄,人情有炎凉冷热。对说书人来说,人情人性是做人的根本,书里书外是艺人的乾坤。

父亲连阔如常对女儿说:

"先要做顶天立地之人,才可说感天动地之书。"

"评书有道:谈古论今寓兴邦之大计,褒忠贬奸颂礼义之先贤。"

一室不大花草多,半是书橱半书桌。连阔如的家里书香气重,笔墨味浓,逛书店、买书、读书、攒书、藏书、写书、说书,在书的熏陶、浸染下,他自己也就自然而然地成为一代书魂。

五十九、父女俩座谈《三国》

正是:
庸人自扰闲言碎语;
雅士人爱知人论世。

连阔如在屋里摊开一堆书,让连丽如通读。

好家伙,这些书,扫一眼就知道,这可都是大学中文系学生的必读书目呀,连丽如才不过是个中学生。其实,不管你学什么专业,读读以下这些书总会有好处、没坏处:《论语》、《诗经》、《易经》、《道德经》、《庄子》、《孟子》、《尚书》、《楚辞》、《昭明文选》、《史记》、《全唐诗》、《宋词选》、《三国》、《水浒》、《西游记》、《红楼梦》、《东京梦华录》、《扬州画舫录》、《古文观止》、《幽梦影》……

其中,关于《三国》的书最多,仅各种版本的《三国演义》就有三四十种。

父女俩常常挑灯座谈《三国》,探讨说书艺术。

连阔如说:"评书好说,情理难析。"

这一句话、八个字,使女儿连丽如受用一生。

对每个人来说都一样,真要参透书中的情与理,谈何容易。譬如,

人人读《三国》,理解各不同。单说魏、蜀、吴中的蜀君蜀臣蜀将:刘备有正统皇家血统,人物的最大特点是"仁";诸葛亮有古代知识分子对皇权的盲目信仰,人物的最大特点是"忠";关云长有自己(也是历代良将)不惜生命所遵从的道德规范,人物的最大特点是"义"。而中国两千多年封建王朝思想的奠基人孔子,历来主张君王尚仁、谋臣尽忠、武将取义。可以说,诸葛亮是后世宰相、文臣的"忠厚"楷模,关云长则是武将、豪杰"信义"的典范,祭奠此二人的庙宇遍布大江南北。由此可以看出,一部《三

国》是中国以孔孟为代表的儒家人生哲学、政治观念的生动注脚。

一般人仅看出《三国》是一部战争史,却悟不出它还是一本道德经。

父亲接着娓娓道来:"《三国演义》是中国的才子书。不多少像个才子怎么说书?没有才子之才怎么说得好书?不在才子之才上面多加疑问、思考、分析、甄别,又怎么敢在说书的时候妄加评论?所以说,说书人要自己先闷头把书吃透、嚼烂,烂熟于心,然后才敢开口。凭什么你在(台)上面说?凭什么别人听你说?如果你说不出别人说不出的东西,如果你说不出别人听不到的东西,别人干嘛要费时间、费耳朵、费毛票听你瞎唠叨?这些问题想清楚了,说书人就不敢怠慢,不能不多读书,勤思考,所有的先生都是从学生开始学出来的。评书演员被人尊称为先生,这'先生'可是好听不好当呦!"

"世上知识渊博、勤于思考者,大有人在,但是聪明如诸葛亮者,从古至今恐怕不多。知识多了是好事,有时也是坏事;这就像钱多了一样,也容易使人财大气粗,以至心浮气盛。诸葛亮之所以能纵观天下,心中了了,全凭他性格中特有的一个'静'字。常人多才多识而不能静,便心里闹腾,看不出事物的真相和复杂世态的究竟。庄子有'心斋'一说,他在《人间世》一文中讲:'惟道集虚。虚者心斋也。'实际上,说的是一种修养境界,认为只有保持心的虚静,方能得妙道,才能聪明。《出师表》有这样的自述:'臣本布衣,躬耕南阳,苟全性命于乱世,不求闻达于诸侯。'这说明他深谙孔孟'用行舍藏'的为人处世之道,见知见用于人,则披肝沥胆;无闻无欲于世,便安之若素。心如止水方有洞见,全是深沉宁静使然。也就是心里有斋戒的功夫。此其一。诸葛亮常从天时、地利、人和三方面来分析天下格局,他对天文、地理、政治、经济、哲学包括心理学都有研究,具有能够高屋建瓴通观全局的知识结构。此其二。他虽然荷锄戴笠隐居乡下,却不只顾田园、一味清闲,而是随时关注时事、思考问题。此其三。有了这三个条件,诸葛亮对刘备脱口说出三分天下的大计来,也就不足为奇了。"

女儿伶俐,一听就明白:"爸爸,原来这就是评书的'评'呀!"

父亲见女儿领悟力超常,话也就更多:"让我来考考你。'三顾频烦天

五十九、父女俩座谈《三国》

下计,两朝开济老臣心。'诸葛亮作为宰相,辅佐刘备和阿斗(刘禅)两代帝王,成就蜀国一方霸业,用的是什么办法?"

女儿说:"'亲贤人、远小人,此先汉所兴隆也……'诸葛亮知人善任,善于用人呗。"

父亲点头:"说得有理,但善于用人只是一方面。其实曹操也善于用人,广纳才俊。简单地说,诸葛亮为政可用四字概括:'审势、攻心。'成都武侯祠有一副楹联,为清末民初云南人赵藩所题,曾经被毛泽东所引述,用以提示地方领导干部:'能攻心则反侧自消,从古知兵非好战;不审势即宽严皆误,后来治蜀要深思。''审势'就是看清形势,'攻心'就是获取民心,为官一任、造福一方者不可不知。当年,诸葛亮南征时七擒孟获,就是'攻心为上,攻城为下'方略的最好例证。"

父亲又出了第二道考题:"闺女啊,你能说说诸葛亮一生为人,最最与众不同的地方吗?"

女儿答得脆生:"最最与众不同的地方?那就是他神机妙算、谋略过人。就说空城计吧,谁想得出来呀;还有木牛流马,谁能够发明;草船借箭,真亏他想得出;'八阵图',只有他能画出来;锦囊妙计,使孙权'赔了夫人又折兵';华容道让关羽去守,事先就知道他会'捉放曹'。"

父亲更加赞许:"说得不错。诸葛亮为后人推崇、祭奠、怀念,除了他的绝顶聪明外,主要是由于他的性格、品质非同一般,他肯干天下第一的事,甘坐天下老二的椅,'鞠躬尽瘁,死而后矣'。"

连阔如适时地向女儿传授知识:"评书最终讲究'道活儿'(艺人自创),却先要精通'墨刻儿'(只照书念)的书。说到两汉文学,不能不提汉魏诗歌;说到汉魏诗歌,不能不谈建安风骨;说到建安风骨,不能不讲曹氏父子。曹氏父子也就是曹操、曹丕和曹植,三人的诗文于雄健、豪迈之外,文采斑斓,绚丽多姿。在四大古典文学名著中,《三国》的诗文考究,仅次于《红楼梦》,于是说评书时,必得表现出清词丽句的神韵。'诸葛亮智激周瑜'一段,是评书《三国》的华彩乐章,而曹植所作《铜雀台赋》必须倒背如流。"

说评书的,最忌人云亦云,也最容易人云亦云,所以连阔如告诫女儿要学会用自己的脑子思考:"我们说评书的,硬说是诸葛亮'篡改'了曹植原赋中的两句:'连二桥于东西兮,若长空之蝃蛛(dì dòng,古书上意为长虹)。'将它改为'揽二乔于东南兮,乐朝夕之与共'。其中,'二桥'变成了'二乔','蝃蛛'变成了'与共'。事实上,是小说作者罗贯中把原赋中的两句给改了。'智激周瑜'一节也是演绎而来的。司马光著《资治通鉴》记载,赤壁之战发生在建安十三年,而曹操筑铜爵台(铜雀台)于邺是建安十五年。仗都打完了,台还没建成,赋又从何而来?可是写小说也好,说评书也好,都盼望有一个效果:出彩。至于事实怎样反倒不去计较了。古人曾说'尽信书则不如无书',我们评书艺人也说'尽信事实说不了书'。"

六十、自创"人物赞"仅存不足百分之一

正是:
评书拟赞经纶老手;
人物堪夸笔底生花。

连阔如在将近40年的说书生涯中,说过几十部评书,每一部评书中的人物至少数以百计,而主要人物的出场总是以"人物赞"的形式来烘托,用以加强戏剧化效果。连阔如能说书,能著文,更能创作"人物赞",遗憾的是至今留存下来的原创作品不及百分之一,成为我国曲艺艺术永远无法弥补的损失。

有人说:"评书是老北京民俗文化最后的呼吸。"

毕竟评书是民间的口头艺术,是气运丹田而后一吐为快。连阔如的大孙子追念祖父的才艺,曾经跑到旧首都图书馆,从20世纪50年代报刊的故纸堆里,搜寻并抄录下连先生的些许"人物赞",算是沧海拾贝,偶有所获。

譬如下面这则评书《三国》中描写曹营大将典韦的"赞":

看将军,八面威,人又大,马又肥;
腰圆膀阔三山配,身高丈二晃巍巍;
铜铃怪眼一字眉,翻天鼻孔獠牙嘴;
一部红髯颔下垂,红耳毛,尖似锥;
红发根根背后披。
头上戴,錾金盔,焦黄抹额金丝累。
黄绒球,绕四围,
雉鸡翎,白狐尾,五杆黄旗背后背;
紫火焰,金铃坠,上绣金狮把云吹;

黄金甲，连线缀，金牛犀带花纹碎；
　　护心宝镜明秋水，杏黄锦袍绣红葵；
　　鱼褟尾，苫两腿，大红中衣露微微；
　　虎头靴，黄云绘，坐下马，虎皮披；
　　四腿蹬翻土雨飞，手中捏拿戟一对；
　　八十斤，力不费，大红缨，茜草穗；
　　峨嵋尖，戟枝锐，抛戟能将敌命追；
　　当年大战濮阳内，黄幡旗下天堂路；
　　黄魔离去蜀江湄。
　　有人若问名和姓，五路救应是典韦！

这篇"典韦赞"在"人物赞"中非常典型。它将威风凛凛的大将的服饰、外观、坐骑，用夸张的语言浓墨重彩极度渲染，恣意铺陈，且合辙押韵，一韵到底，紧凑急切，给人一气呵成之感。读之，宛若一幅彩画；听之，仿佛一阕酣歌。

此外还有评书《东汉演义》中"大闹武科场"的马武的"赞"：

　　只见他，头戴青铜五德鸡嘴盔，七宝嵌，光华射目如闪电；
　　烈焰飘，红绒颤，勒颔带，妆金钉，包耳护项挡刀箭；
　　青铜甲，套三环，九吞八岔龙鳞片；
　　豆青袍，穿一件，寿山福海团花现；
　　勒甲绦，九股捻，护心宝镜寒心胆；
　　狮蛮带，八怪献，杀人宝剑胁下悬；
　　鱼褟尾，苫鞍鞒，两扇征裙遮马面；
　　乌云靴，金镫站，坐下马追风赶电还嫌慢；
　　看英雄，跳下马，身高九尺半；
　　看相貌，蓝如靛，两道眉，入鬓边，相衬一对大环眼；

塌山根，鼻孔翻，颔下胡须似火焰；
马武到场来叫战，令人心惊魂魄散。

"赞"中，将马武长得凶神恶煞似的相貌，刻画得生动逼真，同时也留给听众足够的想象空间。

同是《东汉演义》中二十八宿云台将之一的邳彤之"盔甲赞"，同样地银铃脆响，金盏生辉：

头戴一顶紫金狮子盔；
镶宝石，碧玉佩，金抹额，龙一对；
顶门绒球颤巍巍，一颗明珠放光辉；
勒颔带，项下围，包耳护项紧相随；
紫金甲，龙鳞配，烈焰袍，衬在内，绣龙蟒，花儿翠；
闹闹轰轰翻海水；
四杆旗护住背，护心宝镜放光辉；
昆吾剑，悬在肋，两扇征裙烈焰飞；
虎头靴，云跟坠，紫金镫，正一对；
坐下马，红又肥，高八尺，蹄至背；
长丈二，头至尾，铁铧梁，新鞍辔，踏遍山河如秋水；
红面目，真有威，二虎目，八字眉，准头丰，双腮配，短墨髯，比墨黑；
盘龙枪，擎手内，抖一抖，寒光散，拧一拧，颤巍巍；
任你三头六臂将，马前难以走三回；
二十八宿翼火蛇，万马军中第一魁。

评书《隋唐演义》中英雄秦琼的"赞"，也是珠玉之声，有卷舒风云之式：

金盔金甲淡黄袍，五股攒成袢甲绦；
护心镜，放光毫，狮蛮带，紧扎牢；
鱼褟尾，苫鞍鞒，战裙又把膝盖罩；
红中衣，绣团鹤，五彩靴，足下套；
坐下马，名黄骠，踏山梁，如平道；
日行八百任逍遥，亚赛云龙入九霄；
脸上瞧，黄面貌，天庭宽，地阁饱；
鼻似玉柱颧骨高，剑眉虎目威严好；
耳有轮，似元宝，微有黑髯挂嘴梢；
金装锏，挂鞍鞒，背弓带箭逞英豪；
威风凛凛杀气高，上阵临敌锏法妙；
晃三晃，摇三摇，将见愁，兵见跑；
上将遇他命难逃。
要问此公名和姓，姓秦名琼字叔宝。
孝似专诸义孟尝，好汉英名四海飘。

前有"典韦赞"，后有"秦琼赞"，犹如"赞"中双碧，惹人喜爱。人物的故事尚未展开，但英雄形象已经通过评书家形象化的语言塑造成型，镌刻在书迷们的心灵中。

我们仅仅读到上面这几篇"人物赞"，也能领略一些连阔如的语言神韵。

六十一、与社科院学者畅叙评书

正是：
民间艺人对话鸿儒；
古今中外畅叙评书。

连阔如的交游广，喜欢结识各行各业的人。他与大学问家之间的往来，成为文化界值得回忆的佳话。走访吴晗，拜见郭沫若，造访吴晓铃……研究历史，探讨学问，请教疑难，补充新知，他以严谨的态度对待评书所牵扯到的哲学、文学、历史知识。与智者交谈，如沐春风，连阔如在这种学术层面的交流中获益匪浅。

曹操的历史作用怎样评价？

诸葛亮的人格魅力如何形成？

梁山一百单八将的归宿是悲是喜？

所谓正史和演义之间是什么关系？

——连阔如脑子里的问题很多，而答案也不止一个。

学问自提问始，迷惑自迷信生。

一个说书艺人孜孜矻矻于古代文化典籍间，探幽微而见疑团，感深邃而发浩叹。

中国民间说书人，虽然不像读书人那样讲究"读万卷书，行万里路"，却也十分仰慕同行中走的地方多、见识广博的人，称之为"腿儿"。

"他可真是个腿儿"——是一句江湖艺人的赞美词，指人走南闯北游历多。

连阔如自少年时代就开始离家流浪，足迹遍布华中、华东和东北地区，成年后又远赴华南等地，可以说是走了半个中国。在曲艺界被褒奖为"先生"的评书艺人，也的确要尽可能上知天文、下知地理，知晓天下事。

如今，中国社会科学院语言研究所邀请他去"上课"，现场为专家、学者们表演评书,并讲解评书语言的"奥秘"。

连阔如将他平生最拿手的评书《东汉演义》的段落,说与鸿儒们听。说完,他也抓住这难得的机会,恳切地向各位语言学专家请教。

他问:"外国有没有说书这个行当?如果有,他们的说书人是怎么个说法儿?"

学者吴晓铃答:"你这个问题提得很好。评书家不能只向里看,不向外看。俗话说,当局者迷。你们说评书的,不是都讲究'跳入跳出'吗?其实,这在做学问、搞研究时,也同样如此。现在,就让我们从中国评书艺术里跳出来,到国外去看看。远的不说,100年前,创作了小说《双城记》和《大卫·科波菲尔》的英国作家狄更斯,除了写作以外,还有一个嗜好:朗诵表演。其实,就是给大家讲故事,讲的同时也带表演,类似评书。晚年,他经常在英国的小酒馆里,自讲自演他的小说《圣诞颂歌》中感人的道德故事,将不同的角色扮演得很逼真。去世前三个月,他还登台演出。从某种意义上说,作家狄更斯也在客串评书表演,故事内容多涉及亲情、民俗和伦理,而听众也是生活在社会底层的普普通通市民。表演之前,需要自己在家中预演;准备提示本,将故事的梗概和基本线条以及转折点勾画清楚。这正有点儿像说评书的,要事先记清故事的来龙去脉以及起承转合的'梁子'和'扣子'。"

连阔如插话说:"我知道念中学、大学的学生们,有时会说到意大利的小说《十日谈》。故事里讲的也是说故事,只不过不是一个人在说,而是大家轮着说。"

"是的。"另一位学者接过话茬。

吴晓铃继续着前面的话题:"西方小说和中国小说一样,都是先由口头传说,慢慢才变成文本小说。口头文学当然要远远早于文字文学。认识字的人越少,口头文学,比如评书艺术也就越有生存天地。相反,人们的文化程度越高、能读书的人越多,口头文学的表演、评书的表演也就越没有市场。是不是这样?那么,早在约2700年前的古希腊时代,整个爱琴海岸上的国家,识字的人并不多,于是那里的曲艺——也就是说唱艺术,就格外发达。

最具代表性的人物就是荷马。"

连阔如说："我听有的教授说过,荷马的史诗很著名,大概有两部吧,《伊利亚特》和《奥德塞》。"

一位对古希腊历史颇有研究的学者说："正是。历史学家经过考证认为,荷马史诗诞生时,希腊文字还没有发明。那么,荷马史诗就只能是一种口头创作。严格地说,它们是一个没有文字的时代游唱艺人集体记忆的产物。实地考察也证明了这一点。一位美国青年学者米尔曼·帕里,在几十年前,探访南斯拉夫的深山村镇,发现那儿的不识字的游唱艺人,还在对文盲听众吟诵英雄史诗。艺人可以每天花两小时吟咏、两个星期才讲完整个故事。和我们中国的评书艺人一样,欧洲的艺人也不是死背话本,而是即兴发挥,甚至能即兴创作话本故事,只是他们的传统题材,多是与神明宙斯等相关的神话故事。听众同样迫切期待艺人抖开包袱时的欢快。而荷马本人就是一位具有传奇色彩的说书艺人。而希腊的民族精神也通过艺人的表演而得以代代相传。"

大家越说越有兴致,又有人插话："荷马其实是个学术之谜,人们可以从比较文学、语言学、社会学、考古学和人类学等多个领域介入其中。不光是希腊,德国也有自己的民间史诗《尼伯龙根之歌》,芬兰有自己的民族史诗《英雄的国土》……说书艺人的记忆力总是令人格外惊奇,而西方的文艺之神缪斯,就是记忆之神的后代,多有意思!事实上,在欧洲中世纪,许多城镇的集市、市场、城堡、酒馆,都有歌手、小丑和吞剑人的表演,也有讲故事的人卖艺。这些'讲故事的人'就是我们这里所说的说书人。欧洲的说书人,对保护和传播日耳曼语系的方言和民族历史神话、传说,做出了重要贡献。许多有趣的传奇故事,如12世纪的《罗塔尔王》等作品,就是口头传诵的。这些作品语言幽默,没有说教气息,对社会现象能深入洞察,是得到高度发展的非正统文学,一般认为其传播者就是艺人。"

民间艺人连阔如与语言学专家们的对话,从渐入佳境到掀动高潮,从古希腊的盲诗人荷马谈到英国小酒馆的卖艺人："在英国北爱尔兰的城乡酒馆里,说故事的传统已经延续了好几百年,讲的故事大多是克尔特人的民间传奇，有英雄人物、神话中的巨人等，他们有的生活在陆地上，有的生活在海底。每个故事讲15分钟左右，共讲1小时，期间穿插有魔术表演。克尔特人包括今天的爱尔兰人、威尔斯人和高地苏格兰人等，有自己的语言，也有讲故事的文化习俗，其历史就由这些民间艺人口口相传。与我们中国不同的是，爱尔兰的说书人都没有脚本，也没有启发章回小说作者的创作。"

最后，周游世界的"旅程"结束，还是要回到咱中国本土、本地、本民族、本我。吴晓铃像是在总结发言："中国的小说，是在艺人说故事的基础上发展起来的，由口头文学渐渐变成文本小说，《三国》、《水浒》、《西游记》就是很典型的例子。怪不得我们中国人将小说这种文体称之为'小说'，这绝不是偶然的，是先有了口语文学，后有了小说文字，就连小说这种文学形式都可以说是'说'出来的。在西方，情况就完全异样，欧洲中世纪后期出现的小说文体，是从古代史诗、戏剧、诗歌、散文等文体基础上诞生的。中文的'小说'一词翻译成英文是novel。而英文的novel一词，原意是——新颖的、新奇的、创造性的，本是一个形容词，后来引申为小说。那么，英文的'小说（novel）'就可以解释成是一种创意。这就是东西方文化的差异，中国的说书人对自己国家的小说文学做出过巨大的贡献。"

六十二、美国教授的第一位老师

正是：
家国情怀文化认同；
评书哺育华夏儿童。

李恺，美国俄亥俄州欧柏林大学东亚学系语言文学教授。作为华裔教授，他是较早在美国从事汉语和文化推广工作的著名学者，为传播中国文化做出了重要贡献。

大学教授必然开口闭口都是教育，他于2011年在国内大学演讲时，慨叹中国13亿人口，只有不到2000所大学；美国3亿人口，却有3000所大学。撇开数量来说质量，21世纪大学排名中，美国顶尖大学在世界排名中名列前茅，名次几乎没有下降，但是中国顶尖的大学，比如清华、北大，在这个排行榜上已经是100名之外了。虽然有人对大学排名方式有不同的理解，但是我们可以知道，美国的教育资源的确是全球第一。

他说："美国的中学小学教育常常为人所诟病，觉得孩子们就是玩，没有学什么真知识，此话不假。他们在高中毕业的时候，他们所获得的知识、经验和能力，似乎远远不能和我们的中学生相比，但是进入美国大学之后，仅仅四年，他们就有一个从蛹而化蝶的过程，四年之后他们几乎可以担负起各种各样的工作，虽然他们还不能算是专门人才。"

李恺认为，世界一流学者、一流科学家大部分集中在美国，欧柏林大学只有2000人，却出过3个诺贝尔奖获得者，而哥伦比亚、哈佛大学则诺贝尔奖获得者扎堆。但是我们中华大地至今还是一个空白。中国的莘莘学子，如果有机会踏出国门走向世界，也应该享受一下美国的教育资源，使自己成为有用之才，然后可以报效国家、报效人民，也可以为世界做出贡献。

正是这样一位美国大学资深教育专家，在谈到他自己童年时代的蒙学教育时，出语惊人，甚至是任何人万万也想不到的："对我来说，人生的第一位老师，不是父母，也不是学校的教书先生，而是评书艺术家连阔如。"

当连丽如访问美国介绍评书艺术的时候，李恺还不知道她就是连阔如的女儿。

得知她——连丽如的父亲就是连阔如，教授非常激动，因为连阔如在广播电台播讲评书影响了他的一生，也教育了整整一代人。

李恺说：我的兴趣、爱好、学业和事业，都受到了这位老评书艺术家的深刻影响。以致我从小就立志做个说书人，单凭一张嘴，就可以拯救世道人心，匡正世风。后来无处拜师学艺，又想当像说书人那样能言善辩的律师，而今天我身为教师也需要口才，也要口若悬河才行，多少还是靠近说书的行当，于是心里感到安慰。

在我的心目中，在评书界，连阔如是前无古人、后无来者的一代奇伟人物。就像侯宝林去粗口、去荤话，讲究语言艺术和语言文化，从而提升了相声品位一样；连阔如通过他文雅、博学的评书艺术风格，使作为民间艺术的评书上升到一个从未有过的高度。

连先生的评，是上档次的，无论是评人、评事、评现象，每每见从己出，言谈微中。

说书人发感慨、发议论，常使听者心有戚戚焉。说到《三国》中的诗词歌赋，他总是背一句讲一句，学问如此，谁人可比？

我是1946年生人，从六岁开始，就每天坐在收音机前，听连先生说《秦汉》、《三国》、《水浒》，上午听一遍首播，下午再听一遍重播。六七岁的孩子懂得什么？我听"长坂坡单骑救主"一段，竟至流泪，母亲看到不解地追问："怎么了孩子？怎么了？"

听了评书，确实感受了许多，也懂得了许多。

从"桃园三结义"到"青梅煮酒论英雄"，从《隆中对》到《出师表》，我的童心有灵，一跃而到达成年人的精神世界，与古老的传统中华主流文化挂上钩，接上轨。

学校一般是不会教你怎样为人处世的，而做人必备的"忠义"之心，英雄豪杰那可敬佩、可追慕的恢弘之志，却可以从评书中获得。评书可以通过讲历史、讲人生，对现实人生进行全方位地指导。

我的一位好友，和我一样，最喜欢少年英雄赵云，我还记得连先生说到赵云时，总是用这样有色彩的语言描述：

"白盔白甲，坐下白龙马，手提一杆银枪，原是一员小将……百万军中穿梭，如入无人之境。往来冲杀，白战袍变成了红战袍……"

半个世纪过去了，我还能背诵儿时听连先生说的《水浒》中的两篇人物赞。

先说《孙二娘赞》：

> 我本江湖女豪家，
> 鬓边斜插一枝花。
> 不会穿针并引线，
> 练就武艺走天涯。
> 拉硬弓，骑烈马，
> 拐子流星任我耍。
> 若问我的名和姓，
> 江湖人称母夜叉。

再说《石秀赞》：

> 身如山中猛虎，
> 性似火上浇油。
> 心雄胆大有计谋，
> 到处逢人搭救。
> 全凭一根杆棒，
> 只靠两个拳头。
> 掀天声价满黄州，
> 拼命三郎石秀。

六十三、困顿之中的连阔如

正是：
苍天有眼不时昏睡；
百姓无心常辨真伪。

晚年连阔如

右派分子的沉重压力，断绝收入的窘迫生活，无情地击打着风烛残年的老人。已经是花甲之年的连阔如，早已是身心交瘁，健康状况像溃堤决口一样无法收拾，原本硕健的体魄衰败不堪，高血压、心脏病接连而至，半身不遂的尴尬使他再不想抛头露面。

政治权利被剥夺、名誉遭受损失，尚可通过心理调节来应付，可是经济来源被一刀切断、全家老小饥肠辘辘又怎么让人来面对？

政治风波一个接一个。

1957年的"反右"运动还没个了结，势头更猛的"文化大革命"又在1966年来临。

病馁中的连阔如，每星期至少要有两次去同仁医院打针，他的侄孙女毕凤兰（连阔如的大哥毕毓宝的孙女）只有十四五岁，用轮椅推着他去看病，总是在固定的时间出现在门诊室门前的走廊里，等候大夫按顺序叫号。

排队打针的人很多，其中包括不少老人，有人意外而惊喜地发现大评书家连阔如也排在队中，就都异口同声地说：

"我们不着急，请连先生先打针！"

"对！让连先生先请！"

六十三、困顿之中的连阔如

"去跟大夫说,先请连先生看!"

看病难是那个时代的社会通病,只有"高干(高级干部)"才不用排队、叫号,就能够直接面对大夫。

落魄中的连阔如受到这样隆重的礼遇,是他原本想不到的。

快十年了,他再没有机会在电台里说书,他本以为听众早把他忘了。他经历了太多的世态炎凉,也目睹了太多的翻云覆雨,他只好忍了,能够滔滔不绝地说大书的人,却不会用只言片语为自己开脱、辩护。生活,也没有给他为自己解释、正名、求得公正对待的权利。

连阔如的眼眶里,热泪盈盈。他被听自己说书的听众深深地感动了一回,这回大说书家在这特定的场合变成了听众,他所听到的,句句是人间的正义!

侄孙女毕凤兰,一提起30多年前去世的连阔如,就会惋惜和伤感:"三爷爷就是没有赶上好时候。他的晚年太寂寞了,总是皱着眉头,跟谁都不愿说话,跟我还能多说两句。他说什么我都能记住,说一遍就记住。也许我不该去插队,应该陪伴他,让他开心。我从没有见过像他那样博学的人,他好像什么都知道,说起什么都头头是道。我对中国古典文学的爱好,是他培养的,他教我背诵了许多古典诗词。还有许多中医中药知识,也是他传授给我的。他奠定了我一生的爱好和事业。"

毕凤兰说着说着,就情不自禁地背诵起从三爷爷那里学来的诗歌——杜甫的《旅夜书怀》:

> 细草微风岸,危樯独夜舟。
> 星垂平野阔,月涌大江流。
> 名岂文章著?官应老病休。
> 飘飘何所似,天地一沙鸥。

还有《红楼梦》里的"好了歌":

世人都晓神仙好，惟有功名忘不了！古今将相在何方？荒冢一堆草没了。

世人都晓神仙好，只有金银忘不了！终朝只恨聚无多，及到多时眼闭了。

……

就连甄士隐注解"好了歌"那一段，三爷爷也教她背过：

陋室空堂，当年笏满床。衰草枯杨，曾为歌舞场。蛛丝儿结满雕梁，绿纱今又糊在蓬窗上。说什么脂正浓，粉正香，如何两鬓又成霜？昨日黄土陇头送白骨，今宵红灯帐底卧鸳鸯。金满箱，银满箱，展眼乞丐人皆谤。正叹他人命不长，哪知自己归来丧！训有方，保不定日后作强梁。择膏粱，谁承望流落在烟花巷！因嫌纱帽小，致使锁枷杠。昨怜破袄寒，今嫌紫蟒长。乱哄哄你方唱罢我登场，反认他乡是故乡。甚荒唐，到头来都是为他人作嫁衣裳！

当时的初中生毕凤兰，不知道三爷爷为什么给她讲甄士隐关于"好了歌"的注解，那正是他对"乱哄哄你方唱罢我登场"的动乱年代的一种感愤与无奈。

不光熟悉古典诗歌，毕凤兰也能将中医用药的禁忌，包括《珍珠囊补遗药性赋》中的"十八反"、"十九畏"倒背如流，称这是三爷爷教给她的童子功：

本草名言十八反，半蒌贝蔹芨攻乌。
藻戟遂芫俱战草，诸参辛芍叛藜芦。（十八反）

硫黄原是火中精，朴硝一见便相争。
水银莫与砒霜见，狼毒最怕密陀僧。

六十三、困顿之中的连阔如

巴豆性烈最为上,偏于牵牛不顺情。
丁香莫与郁金见,牙硝难合京三棱。
川乌草乌不顺犀,人参最怕五灵脂。
官桂善能调冷气,若逢石脂便相欺。
大凡修合看顺逆,炮爁炙煿莫相依。(十九畏)

三爷爷还告诉她:

"《神农本草经》(一般认为是东汉末年、约公元200年成书)里就谈到药有'酸咸甘苦辛'五味,这五味与人体内脏器官'肝心脾肺肾'、心情的'怒喜思悲恐'、颜色的'青赤黄白黑'、方位的'东南中西北'、气候的'风暑湿燥寒'、时令的'春夏长秋冬'、五行的'木火土金水'相对应。《本草经》还总结了'药有君臣佐使','有单行者,有相须者,有相使者,有相畏者,有相恶者,有相反者,有相杀者'等七种药物配伍方法。而所谓'十八反'、'十九畏'就是后人开出的具体的'相反'、'相畏'药物清单。"

毕凤兰说:

"连阔如爷爷是我学中医的启蒙老师。"

他从我国现存最早的医学理论著作《黄帝内经》(一般认为写成于战国时期)讲起,解释阴阳五行学说是中医的理论依据,所谓"治病必求于本"。用"阴阳"两字来命名万物是古人的习惯,例如日为阳、月为阴;火为阳、水为阴;男为阳、女为阴;气为阳、血为阴;动的为阳、静的为阴。而"五行"的木、火、土、金、水之间,又有"相生相克"的制约关系。《素问》中说:"故阴阳四时者,万物之终始也,死生之本也,逆之则害生,从之则苛疾不起,是谓得道。"《灵枢》中载:"故智者之养生也,必顺四时而适寒暑;和喜怒而安居处,节阴阳而调刚柔。如是则僻邪不至,长生久视。"

连阔如在讲到东汉名医张仲景(约公元150~219年)著《伤寒论》时,用他在《江湖丛谈》一书中描写的生意八行——"金、皮、彩、挂、评、团、调、柳",来对照张仲景书中列举的诊治八纲——"阴、阳、表、里、寒、热、虚、实",再对照治疗八法——"汗、吐、下、和、温、清、消（利）、补"。讲说得非常形象、生动，一说就明。把被后世推崇为"方书之祖"的《伤寒论》的基本轮廓，刻在了凝神倾听的毕凤兰的脑子里。同是张仲景撰写的《金匮要略》，探讨以内科杂病为主的临床经验，连阔如特别欣赏其中"同病异治"和"异病同治"的治疗方法，钦佩这种灵活、变通的思维方式。其温熨、洗浴法、药摩、浸足等外治法，至今还很盛行。

从《黄帝内经》到《本草纲目》，总共五部古典中医学著作，连阔如都对侄孙女毕凤兰做了简单的勾画。

为了让毕凤兰更清楚地认识阴阳概念，连阔如对她说："人生也可以用中医的阴阳理论来解释。童年是阴中之阳，阳气不足，尚未长成；成年是阳中之阳，气血两壮，身体健硕；暮年是阴中之阴，阳气甚亏，形容枯槁。从阴盛阳衰到阳盛阴衰再到阴盛阳衰，就是自然生命的全过程，犹如春兰秋菊各有时序，人只有泰然处之。"

侄孙女毕凤兰问他："您能对自己的遭遇泰然处之吗？"

连阔如说："有什么不能？国家主席刘少奇都被打倒了，何况一个小小的连阔如？"

后来，毕凤兰考上了专门的中医职业学校，"三爷爷教我的和老师在课堂上讲的、书本上写的一模一样。我不用学就会了。人的一生，总会有那么几个人对自己影响最大，三爷爷给了我两样终生受用的东西：一是爱书，二是爱学习。"

老百姓讲话："隔辈疼。"

祖父母对孙子、孙女的疼爱，比父母对子女的疼爱只多不少，多了几分不求回报的淡薄，少了几许功利计较的焦灼。更何况连阔如喜欢伶俐、好学的孩子。连阔如和管他叫三爷爷的毕凤兰在一起，聊聊诗词歌赋，谈谈药理药性，一老一少，其乐融融。

侄孙女毕凤兰的小名叫"兰兰"。

六十三、困顿之中的连阔如

兰兰问三爷爷:"为什么唐诗里说'大漠孤烟直'呢?"

三爷爷说:"沙漠的太阳毒,又没风,烽火狼烟往上升,不直才怪!"

兰兰又问:"那'长河落日圆'是怎么回事?"

三爷爷说:"河面开阔,没有屏障,在河滩上放风筝,风筝就飞得高,在河边看落日,落日就显得圆!"

兰兰出于好奇,没事就翻腾三爷爷的书柜。

她从书柜里翻出三爷爷参加全国政协会议的花名册,从中发现三爷爷的名字"连阔如"三字,就拉长声大声地念,像是发现了奇迹。三爷爷就给她讲政协的故事,告诉她政协委员都是很有学问、很有想法的人,就像标准的说评书的人一样。

兰兰问:"政协委员和说评书的哪点一样?"

三爷爷说:"他们有'三最'的优点或毛病:最爱讲话、最能讲话、最讲真话。这'三最'是好事还是坏事,说不清楚。这要看你在哪里说,看你什么时候说,看你对谁说。"

兰兰听着三爷爷像是对她解释,又像是自言自语在磨叨,似懂非懂,转移了注意力。

她抓起三爷爷当抗美援朝慰问团曲艺服务大队大队长得的奖章,摇晃着玩儿,套在脖子上玩儿,摩挲着上面那颗红五星,拉拽下面那个装饰坠儿。

苍鹰眷恋它飞跃的山冈,鬣豹回望它渡过的河流。

——当爷爷的,也总得有些往事值得夸耀,才算不虚此生。

老人和孩子最容易相处,是因为他们都是弱势群体,彼此也了无心机。夕阳不会嫉妒晨光,老树也不会提防新枝。在连阔如灰色的晚年中,侄孙女的稚气、朝气使之涂上一抹亮色。

好景不长。

到了1968年,侄孙女毕凤兰接到学校的通知,就要和同学一道去内蒙古自治区下乡插队了。

这天,连阔如知道这个消息后,在去医院打针的路上,都没怎么说话,回来后，非要留侄孙女毕凤兰在家里吃顿饭，还非要吃饺子。连阔如的老伴用瑟瑟抖动的双手，在衣服兜里上下摸索，掏出褶皱的一毛钱来，对毕凤兰说："小兰子，听你三爷爷的话，上街去卖点儿肉馅儿，回来我们就一起包饺子。"

毕凤兰略显迟疑，又赶快接过这一毛钱，马上转过头去，只轻轻地"唉"了一声，就跑出门去。

她不愿意让三爷爷和三奶奶看见她怎么也忍不住流出的泪水。

她知道这一毛钱的分量有多重，她也知道这一顿饺子多么难为了两位老人。

吃过了饺子，连阔如往毕凤兰的手里塞了一张大票——五块钱，说："孩子，三爷爷没有什么能送给你的。拿着这五块钱，自己想买什么就买点儿什么。"

毕凤兰搔首踟蹰，不知接还是不接。

"孩子，拿着吧，你去内蒙古，三爷爷总得有点儿表示呀。你愿意，可以买点儿牙膏什么的。你在内蒙古插队的地方，离北京有上千里地呢，要自己学会照顾自己。"

毕凤兰刚一回到家，就被父亲大骂了一通，说她不懂事，不该要三爷爷的五块钱。

"你知道这五块钱，对三爷爷、三奶奶多么不容易吗？去，快把钱给送回去！"

六十四、连派评书观众评

正是：
三教九流人人赞誉，
五行八作个个称奇。

各行各业的人也对连阔如本人和他的评书艺术做出了评价。
戴宏森（戏曲专家、教授、评论家）提出品格"高尚说"：

在中国说书史上出现过许多大说书家，他们是文化之星、艺术之星、智慧之星。曾经活跃在现当代北京书坛、做过中国曲艺研究会副主席的连阔如先生就堪称一位大说书家。他的艺术观念通达爽朗，评价同行不吝赞词，说明其人品高尚。他的艺术业绩和治学精神更是永远值得我们学习的。

王代昌（老报人）简单谈到"翘楚说"：

连阔如是评书界的翘楚。
20世纪30年代，我编《民众报》，连阔如将评书写成小说，《东汉》在该报连载，我们之间略有联系，但只有一面之缘。
连先生当时除说评书之外，还办一个广告社，兼为人批命（八字），他批八字用"紫薇斗数"法。连先生嗓音洪亮，说书时，语中常夹着"啊——"略高略长的感叹词。

觚屑（评论家）点到"干净说"：

王傑魁之所以受欢迎，是因为他说得细，让人听得明白，嘴里不脏，故事有意思，而且同时，又因为他是老牌匾，所以让人敬仰，他与连阔如的干净利落脆亮，是一样受人欢迎。

李燕（画家、李苦禅之子）亮出"'史家'说"：

口才是天才。

能亲耳聆听连阔如先生说评书的人是幸运的。

听书唱曲，是一种历史与人文教育。你注意到没有，说书艺人可不是照本说书，那样的话没人听。说书人与听众现场交流，使用的是民众语言，站在民众的立场，考虑民众的欣赏习惯，因而也最受民众喜欢。

比如，连阔如说《三国》说到刘备爱哭，就评论说："当年汉高祖刘邦也爱哭，八成这刘家有哭的传统？遇上什么事，一哭就成！"

连阔如的评书声调表情丰富，长短急促分明，甚至能很好地把握颤音。那时，他一在电台说书，沿街的洋车夫都歇了，别人怎么评价我不知道，我认为他是20世纪最有名的说书家。

连阔如不是属于一家一户，也不仅属于北京，他属于民族和国家。可惜他晚年生不逢时，能够展示自己艺术天才时，却被限制而不能展示，被"莫须有"罪名迫害。

评书——是大学校、大课堂，连阔如是最好的老师。

北京是中国语言文化的发祥地，前有官话，后有普通话，连阔如正是把他的评书艺术融化在这种地域的语言基因里，并集大成。

他还使评书与历史学、文学挂上了钩，让传统评书增加了档次，其信、达、雅、博、韵的说书风范冠绝一时。"文革"产生的文化断层，其中也包括曲艺和曲艺中的评书。在中华民族语言艺术的历史文库里，缺少了连阔如是一大损失，缺少了一份丰厚的财产，就如同故宫大殿被火烧了一部分一样！

刘琦（学者）着重谈到"嗓音脆亮说"：

现在的曲艺过去称为"杂耍儿"。其实这两个名称可并存，称"曲艺"显得庄重，叫"杂耍儿"更带民间口语色彩。在20世纪40年代，笔者还不到10岁时，对于有的曲艺名家的演出，我看的次数太少，故印象不深，留下深刻印象的有如下几位……

连阔如的评书说得真好，他嗓音的特点是脆亮，听他的评书使人想起杨小楼的京剧念白，也是那么流畅而有起伏。尤其是他的历史知识丰富，形成他的评书文化含量高，语言丰富而又干净、大方的特点。现在有的评书演员说得比较野，以野求生动。连阔如老先生正好相反，他说书无一丝一毫粗俗，而又有真正的生动。

崔琦（曲艺杂家）秉有"揭露说"：

我11岁，酷爱曲艺，那时就听说有《江湖丛谈》这样一本书，可惜一直未能见到。直到1988年，我才第一次读到云游客写的《江湖丛谈》。这是一部较为全面地介绍曲艺艺人和江湖生意人内幕的小百科全书。作者云游客即评书名家连阔如。《江湖丛谈》在很大程度上是给内行人看的，有些内容今天看来仍有一定的现实意义。如现在报纸上经常曝光的一些街头骗术，《江湖丛谈》中早有揭露，若能早些读到这本书，或许有的人就不至于上当受骗了。

清平客（曲艺评论人）挑明其"见识说"：

连阔如虚心好学、记忆力强、勤记笔记、刻苦钻研，创立了自己的表演风格，人们称赞其"见识实在，胜人一筹"。

他曾在电台连播《三国》、《西汉》、《东汉》、《隋唐》、《明英烈》。其每一部书书情结构严谨，人物性格鲜明；说书时台风潇洒,神满气足,语重声宏,口齿清晰,娓娓动听。尤其是连派三大书目(《东汉》的打功、《三国》的评讲、《水浒》的民俗),经过他认真揣摩,反复加工,每部书都刻画出很多栩栩如生的人物形象。

李福良(听众)亲身感受其"记忆说":

20世纪50年代中期,我在崇文区法华寺街小学读书。每天上、下学都要经过葱店后街。这条街店铺林立,摊商成群,终日人来人往,十分热闹。而最热闹的当属德源酒馆,一天到晚酒客盈门,喝酒划拳之声不绝于耳。

这天下午,我做完作业连跑带颠地来到后街。怪了,以往喧哗的街面上静悄悄的几乎无人走动。却见德源酒馆门前聚着很多人,就连附近的三轮车上也坐满了人。好奇心使我走过去,噢,那话匣子里正放连阔如说的评书《水浒》呢!我赶紧找个空当儿蹲下来聆耳细听:

那"及时雨"宋江被"出林龙"邹渊、"独角龙"邹润叔侄二人追赶至浔阳江边,慌忙之中上了一条小船,哪知是"船伙儿"张横的黑船。正在宋江惊魂未定之时,张横手拿大刀要"请"宋江吃板条面……

突然,话匣子出现了短暂的沉默,整个街面上也悄然无声。几秒钟后播音员说话了:"《水浒》今天就播送到这里,请明天继续收听。"直到这会儿,聚集在酒馆门前的人才如梦方醒,相继散开。

那宋江的命运如何实在令我牵挂。从此,我风雨无阻一天不落地准时来到酒馆门前听评书。听大人说评书艺人王杰魁号称"净街王",可惜我没赶上。而眼下连阔如的评书《水浒》就足以令我神往,尤其是"黑旋风"李逵的"啊哈"怪叫和战马奔驰的嘶鸣以及在小人书里没有的一些情节更令我过耳不忘。

这一年正是我小学毕业的1957年。不知为什么评书《水浒》只播到"托塔天王"晁盖在曾头市中箭后就停播了。怀着深深的眷恋之情,在初一开学之前我特意买了一个彩色印铁铅笔盒,正面图案就是"武松打虎"；我还在图书馆借了《水浒》，了却了我阅览全书的心愿。

如今德源酒馆旧址仍在，只是早已改成餐馆了。那闹市听评书的场面也就成了美好的回忆了。

李济生（农业专家、听众）强调其"渊博说"：

我1937年生在北京，八九岁就开始听连阔如先生的评书，还记得他播广告前总是先喝一口水，然后再咳嗽一声：

"前门大街路西高台阶上井淘茶庄，他家备有西湖龙井、小叶大方。"

一开口说书，常引经据典，比如"疏不间亲"、"陶朱事业"的典故给我印象最深。前者，讲诸葛亮为刘表的大儿子刘琦出主意；后者说范蠡（别号陶朱公）功成身退。

至今我还记得他说《水浒》时的人物赞，比如说鲁智深：

走一走，

晃一晃，

青头皮，

光又亮。

手拿一杆铁禅杖，

曾在卫州把提辖当。

三拳打死郑屠户，

五台山出家当和尚。

若问此人名和姓，

鲁智深——江湖人称花和尚。

这就是评书与小说的区别，小说《水浒》中亦有诗赞，是这样描写鲁智深的：

禅林辞去入禅林，

知己相逢义断金。

且把威风惊贼胆,
漫将妙理悦禅心。
绰名久唤花和尚,
道号亲名鲁智深。
俗愿了时终证果,
眼前怎奈没知音。

显然,评书的"开脸"即人物赞,比小说的诗赞更加通俗、形象、生动。

连派评书的人物赞还有很多,他用其渊博的知识和学问,把通俗的评书提升到高雅的境界,吸引了许多知识分子,也使年轻人受益。

六十五、惊读《连阔如认罪书》

正是：
人逢绝处见真性情；
声讨自己保护弟兄。

中国自古有三个忌讳：为尊者忌、为亲者忌、为死者忌。

大概意思是说，人们在言语、文字中对尊者、亲者、死者要留些余地，不要有损其形象和尊严。然而，读到像这样珍贵的历史资料——写于1969年的《连阔如认罪书》时，依然无比震惊，我们还忌讳什么呢？

是的。这就是一个人最最真实的生命印记，也是一个时代的真实缩影。连阔如亲笔书写的歪歪扭扭的字迹，说明他当时身体已经极度疲劳和虚弱，饱受身心摧残。他的《认罪书》是非常年代里的非常往事，还是看看他是怎样写的吧。

"我年岁大了，又有血压高和半身不遂之症，记忆力减退，几夜睡不着觉，回想起当年的事情经过，我交代如下……"

下面是交代1949年解放前的"罪过"。

先是吃一顿饭加入国民党。

1921年，18岁，我在烟台入了青帮。从未收过徒弟。这是为跑码头为生不受人欺压。

1922~1923年，19岁、20岁，我就在东北营口和天津等地露天市场摆卦摊儿（改用名：连仲三），过着吃迷信饭、骗人财物的生活。

1943年，40岁。这年夏季我患伤寒病，病愈后，没去说书，我在给人们算命。在秋天，郝德元来我家算命……他说他们学校老师沈兼士、张怀组织个华北文化教育协会,做抗日的工作,他劝我参加,我答应了,让他去办。这样就劝我入了伪华北文化教育协会。

隔些日,郝德元又到我家,说些抗日救国的道理,劝我参加国民党,我也答应了。次日中午在西四南同和饭馆吃饭。第二天,郝德元、吴幻荪在饭馆雅座等我,我到了,不久,就有国民党地下组织负责人英千里来赴宴。英千里说了些冠冕堂皇抗日工作的事,欢迎我参加党,还给两张小文件。他们走后,我怕街上日兵、伪警察检查,把文件烧了,才回家。第三天,郝德元从广告社门前经过,他告诉我,'你的党号1076'。我就这样参加了国民党。"

后来,连丽如告诉我:"父亲承认加入国民党是我让您编造的,因为当时父亲被逼着在挖防空洞,不承认是国民党,就不让吃饭。直到'文革'后见到了郝德元,才知道了真情。"

后是到中山公园参加伪政府组织的活动:

1948年,45岁,(关于)音乐堂演出的事。

这年春天,伪教育局和警备司令部合办的戡乱救国大会,在中山公园音乐堂演出曲艺节目。曹宝禄的几场节目,我不清楚,李宝■(字迹不清)约演头一场。开幕式,我上场演一段评书。我说个《苏秦封相》的故事(给)大家听听,我说完了,伪警备司令部的官儿讲话。我见军警荷枪实弹,戒备森严,忐忑不安,演完了赶快离开现场,出公园回家。以下再演节目是什么,不知道了。

相关的另一"罪过"也发生在同一地点:

在北京伪教育局社会教育科组织的伪社会教育促进会时,在中山公园内,约我参加。由伪教育局长王季高讲完话,以预先写的名单举手通过。选出焦菊隐(戏剧家、北京人艺副院长、导演)、景孤血、曹宝

六十五、惊读《连阔如认罪书》

禄(单弦名家)、吴幻荪(画家、中央美院教师)等与我为理事,数日(后)在伪教育局开理事会,又推选我为常务理事,后来不开了。

再有是在伪广播电台做广告:

1350电台。北京王府井帅府园有个燕声电台,东交民巷台基厂南口有英国人的增茂电台、北口有意大利人的百力威电台,都被日伪广播协会接收停止了。伪广播协会,弄了个1350电台专做广告,由股长负责广告和演出节目,他们约我在这电台说书,租给80分钟兼做广告。

1945年,42岁。(关于)戏剧训练班的事。

天空一声雷,震惊世界,毛主席、中国共产党抗日胜利了。国民党蒋匪帮抢夺人民胜利果实,派孙连仲率领反动军队到北京,成立伪十一战区。还有他们特别党部派个少校张剑尘,在王府井上海游艺社内,弄个戏剧训练班。勒令戏曲艺人参加学习,每星期一、三、五上午两小时学习。有常宝堃兄弟剧团数十人和曹宝禄、侯一臣等参加。我在开班后几天去的,约有个把月就毕业了。张剑尘给美蒋吹嘘抗战有功,原子弹唯武器论,和(以)每天反动新闻为材料,训练艺人。

1946年,43岁。有琉璃厂文化教育用品社经理某某某当上伪十四保长,他在选甲长时,到国门关胡同开会,举手通过,推选我当上伪甲长,做他们的爪牙工具,给他们办事。

广告业同业公会改选,在市总商会开大会选我为理事长,徐绍庭、张益三、沈幼臣、杨本贤、周励琛、徐阶元为理事,执行伪广告社业同业公会的职务。

曲艺公会也在市总商会开大会改选,曹宝禄被选为理事长,侯一臣、金国华等十五人选为理事。我也被选为监事。

下面这段"认罪"很有史料价值,它表明在自己处境危险的情况下,他没有揭发多年朋友的"罪状",而是平淡叙述彼此的交往,颇有君子风度,很见一位评书大师正直的品格,远不像有些人那样揭发别人以求保全自己。

  有关景孤血的问题如下——
  我和景孤血的认识是从《小公报》开始的,《小公报》曾刊登我的评书小说《西汉演义》。他在《小公报》当编辑,我常到报社去。因此相识。
  《小公报》报社在宣武区魏染胡同,景孤血在该报当编辑。这个报社的范围很小,只有他这一个编辑。该报社社长李德平当上华北市新闻检查所所长。据李德平说,他当所长是宋哲元二十九军中张自忠委任的。
  李德平当新闻检查所所长。景孤血因《小公报》停版,就到新闻检查所当检察员,每天检查各报的新闻。不久,卢沟桥事变,日本帝国主义侵略北京,新闻检查所所长一职,还是不是连任我就不知道了。
  景孤血在《新民报》任职。《新民报》是个大型的报纸,是日寇的机关报。它的范围很大,景孤血在这个报社当科长或是股长不清楚,只知道他编辑戏剧版,何时起,何时止,我不知道。
  景孤血在日伪市政府任职之事我不清楚……
  景孤血是满族人,在西直门外海甸(淀)一带长起来的。他与海甸(淀)人张慕雨最好。他的事张慕雨知道的比较详细。
  翁偶虹、吴幻荪、景孤血、哈杀黄、舒舍予、樊放等都是编戏的,他们生活比较接近,他们彼此能了解。景孤血与吴幻荪是很好的朋友。

下面是关于1949年解放后的"罪行"交代。
当连阔如交代自己的"罪行"时,语气明显变了,他对自己很严厉,很不留情面,言辞也很激烈,与前面"揭发"别人时的不紧不慢、平平淡淡,形成鲜明对比。——这一点,格外使人敬重,顿生仰慕之情。

六十五、惊读《连阔如认罪书》

  1957年，54岁。在这以前，我曾向领导提出入党的要求，很久没有音信。我批评领导对我不关心，态度非常恶劣，从此和领导闹对立。我又入了中国民主同盟，又担任十一支部主任。在党整风期间，右派向党猖狂进攻时，我发展了十数个人为盟员，和党唱对台戏。犯了右派的错误，我自动退出曲研会，到各书茶社去说书；从这时起，我和北京市民盟不往来，也不交盟费。

  回想从解放以来，党和人民给我的荣誉与地位，我没有改造好，以致犯了不可饶恕的罪恶，辜负了党和人民对我的团结教育，我没有去掉资产阶级思想，也没有好好地学习，犯了这样大的严重错误，还准我到各书茶社说书，对我宽大，我只有老老实实地学习，彻底改造思想，立功赎罪。

六十六、孙子连志成说:"爷爷他不懂《三国》"

正是:
世故人情谁人不晓;
暗箭来时哪个能防?

连阔如曾珍藏40多种版本的《三国》,说了近40年《三国》,研究了一辈子《三国》,所有评书听众都爱听他说《三国》。连阔如的孙子连志成却

连阔如一家人合影

六十六、孙子连志成说:"爷爷他不懂《三国》"

说:"爷爷他不懂《三国》!"

用最伤心的话刺伤你最疼的,都是与你骨肉相连的人。连志成说"爷爷他不懂《三国》",乃是出于对爷爷悲惨命运的痛心。

"我小时候对奶奶的印象好,对爷爷的印象不好,有一种压抑感。我要是在外面和同学、玩伴闹点儿别扭、出点儿岔子,不管是什么原因,我先挨一顿臭揍。也许是爷爷不愿我惹事。我在三十一中上学,1967年刚上初二,就被宣布为学校里的'右派学生',是全年级的重点打击对象。军训时,遭到全年级老师和同学的批判。那个给我们军训的解放军代表,曾找到我们班主任彤秀玲老师,告我说:'别看他年纪不大,人可不简单,他爷爷就是个大右派,根子就不正,灵魂深处有问题。'我的罪状是'对"文革"不满',我也确实说了:'"文革"20年后会被否了。'那是我和几个特别要好的同学发牢骚,看到那么多好人被整心里不服气。这就让人抓住了把柄。那时学校没人理我,整天被批判,还得写检查,写了又写,我真不想活了。"

谈起爷爷连阔如,连志成的情绪和情感都非常复杂。

"那时,爷爷住在夕照寺,广渠门南面一点儿,一个旧楼,两间房子,和我小姑姑(连丽如)住在一起。他不愿让我们学评书,我自己也不愿意学,只想上大学,当教员。后来,我是自学,上了电大,学经济管理,在成人教育学院续本科,从1987年开始教书,后在海淀区商业学校任课,2000年退休。我的哥哥连志彬,比我大两岁,1980年就去了美国。他出国时用的是旅游护照,那时在使馆办签证还很难,一开始人家不批,后来他拿着我爷爷和刘少奇在一起的合影去了,美国使馆官员很客气地把签证签了。"

连志成文质彬彬,谦和有礼,有爷爷的儒雅遗风。

他笑着讲了一个有趣的故事:"我平时从来不和人家谈评书,更不会谈我爷爷连阔如,所以我工作的环境里不会有人知道连阔如和我的关系。一次,大家在一起聊天,忽然有人说了句'中国评书毁在连阔如身上了',我一听这话,就对他说:'不瞒你说,我就是连阔如的孙子。现在,你给我讲讲中国评书到底是怎么毁在连阔如的手里了?'他说:'连阔如是北方说评书说得最好的,可是,他没有把自己的评书艺术传下来。你说是不是毁在他手里了？'我对他讲：'你这么说还差不多。'"

孙子对爷爷的爱，虽说隔着一个父亲，却是深了一层又一层的。尤其是当孙子自己当了爷爷的时候，会更加想念自己的爷爷："说实在的，我爷爷挺爱国的，我爷爷说《三国》、《东汉》说得最好，可是，最后我奶奶说了：'他不懂《三国》，他说了一辈子书，可该绕弯的时候不绕弯，该躲的时候不躲。《三国》里讲的，都是绕弯、闪躲的事，他自己怎么就不明白呢？！'奶奶说得对，要我看，爷爷不会处理人际关系，不会躲避，更不会隐蔽、逃避，他过于实在了。"

连阔如的晚年，没有了工资，也没有退休金，生活失去了经济来源。

每个月由儿子出25元、女儿出17元，总共42元是老两口的生活费。

他还要忍受政治上对心灵的压迫、疾病对身体的折磨，半身不遂使他步履蹒跚，当他在古城墙壁斑驳的胡同里神情黯然、凄怆地踱步时，多年前的老友见了，实在不知该说些什么好。其实，什么也不用说。

一代评书大师什么不了然于心？

连志成讲他和爷爷的最后接触："就在爷爷去世之前，我刚刚工作。拿到平生的第一份工资，买了几斤水果，去看望爷爷。爷爷很高兴，他躺在床上说：'没想到，我还能吃到我孙子挣钱给我买的东西。'"

可是，已经患了肠癌的连阔如任何食物都难以下咽。

连阔如知道自己将不久于人世，可他还是愿意开开玩笑，逗妻子开心："我给你算了，你老了还会有五年鸿运。"

果然，曾当过算命先生的连阔如这回算准了。

连阔如的夫人康玉明

六十六、孙子连志成说："爷爷他不懂《三国》"

在父亲去世后的1978年，女儿连丽如找到全国政协有关部门，终于为母亲争得了每月25元的抚恤金，再加上儿女和妹妹的接济，连阔如的妻子每月有了74元的生活费，从当时一般家庭的经济开销看，也算是"走鸿运"了。

最令人喟然长叹、唏嘘不已的是，连阔如在临终前只有一个小小的愿望，他对儿子连振翔说："振翔，你去找本《三国》来给我看看。"

1971年，家里已经找不到一本《三国》，而到外面谁又敢去借《三国》？对于一位不久于人世的人来说，这样一个小小的愿望，都难以满足。

六十七、违心承认加入了国民党

正是：

好景逢时不觉天意；

噩运遭遇始见人心。

连阔如住在棉花八条11号，周围的居民都善待他们一家。

"文革"中的日子虽然不好过，连家却没有被抄家，连阔如本人也没有被揪斗，这在当时是很少有的福分。谁都知道连阔如是大右派，他也曾是中国文联的高级干部，解放前还批过八字，以上三条中摊上一条，就逃不过红卫兵的围攻和整治，要么用皮带伺候，要么用小屋拘禁，要么游街示众或在太阳的暴晒下批斗。连阔如之所以幸免于难，全是仗着平时结下的好人缘。

红卫兵们气势汹汹地来了，闯进连家的四合院，街坊四邻都闻声而至，住对门的老大爷说："这一家人，都是好人，你们可不能动手！不能乱来！要抄家你们也抄不出东西来，他们家没什么值钱的东西，就是有，也都早接济别人了。快散了吧，到别处去吧，这里不是你们该来的地方。"

见这些大爷大妈、姑娘小伙你一言我一语地劝说，红卫兵们也有些绷不住劲了，说是红卫兵，也不过都是十六七岁的毛孩子，为首的一声"撤"，也就痛痛快快地撤了。

1968年，连阔如搬到了夕照寺。忽一日，街道派出所的警察来了，带走了60多岁的连阔如就再没消息。好几天了，家里人急得在屋里转磨。女儿连丽如胆子大些，跑到派出所去要人，警察说："你爸爸是国民党你知道不知道？"

连丽如回答得好干脆："不知道！"

"那你就自己去问你父亲。"

见到颧骨凸出、消瘦不堪、老眼浑浊的父亲，连丽如的眼泪就在眼眶里

六十七、违心承认加入了国民党

打转。父亲低声地说:"你怎么来了?你妈妈好吗?"

"好。家里人都好。就盼着您快回家呢!"

"家是回不去了。他们非要我承认加入过国民党。我怎么不记得自己入过国民党?什么时候?在哪儿?介绍人是谁?——没有的事,我可不能瞎编呐!"

"爸爸,咱们管它是不是国民党,能让咱回家就成。说咱是,咱就是,不就是非要说咱是吗?承认了就可以回家了。我们就想让您回家。您的身体又不好,回家吧!回到家就能好好地吃饭,好好治病、养身体。"

女儿所以这样劝父亲承认自己加入过国民党,就是希望父亲早日能回家养病。自从1957年被打成右派,10多年来,长期没有公职、心境不佳、思虑沉重、郁郁寡欢,使连阔如患上了高血压。整天在派出所里被监禁、审问,还要去挖防空洞,加重了病情,连阔如的血压低压130,高压230,很让家人揪心。父亲的性命要紧,至于政治面目还不是别人想怎么描就怎么描,国民党又怎样?共产党又怎样?哪个党的党员都千千万万,可父亲就一个。关云长不是既为曹操效过力,也为刘备立过功吗?谁能说关帝待人有二心?为人不忠?连丽如想得明白,于是她劝解父亲:"爸爸,您还是承认了吧。您是不是国民党,都没关系,是与不是都是我父亲。可是,眼前的事情,您认了这个账,就能让一家人和您团聚,就能让我妈吃得下饭、睡得着觉,您想想哪样更划算?"

连阔如是生性耿直的人,派出所的人想尽办法让他招供,他觉得无从招起。今天,听他最疼爱的小女儿这一番劝慰,多少动了点儿心,不再固执,不再执著于"政治称谓",又思前想后了两日,终于签字画押承认自己加入过国民党。

派出所的人马上让他交代作为国民党党员的号码是多少,是谁介绍的,在哪儿填写的表格儿。这下儿可难为了连阔如,本来他承认加入国民党就是"屈打成招",再让交代"党号",不是又要错上加错吗?

连阔如被逼编了一段情节:在南城琉璃厂143号填的表,是郝寿臣之子郝德元介绍的,他骑着自行车到门口和我交接,我们还经常在中山公园的来今雨轩利用吃饭来接头,也在澡堂子的浴池里私下单独会面。

违心承认了自己是国民党党员,对连阔如是一个致命的打击。虽然,这样做,暂时回家了,但从长远看,他从此的心病又加重了一层。错判成右派分子的冤屈未除,加入国民党的罪孽之感又突如其来地袭击,让这位一贯忠实于共产党、毛主席,热爱新中国、新社会的民间老艺人,万难排解。

从派出所回家后,连阔如的心境和身体一同"坍塌",心灵的苦难和生活的灾难双重挤压,令他早早地虚弱、衰老起来。天限之年无情地逼近,去世前,连阔如把女儿连丽如叫到身边,嘱咐道:"有一天,你要是能见到你郝叔叔(郝德元),你一定要代我问他,我是怎么就入了国民党的?"

当20世纪70年代初,连阔如将息在病榻、就要告别人世时,好友郝德元还被关押在秦城监狱,罪名是反革命。抗战时期,日本鬼子没有抓到地下抗敌组织成员郝德元,但"文革"中那些别有用心的祸国殃民者却将他投入监牢。

2001年,年已耄耋的郝德元,终于开口向连丽如吐露实情:"你爸爸做了国民党,得赖你郝叔叔!'内疚',我只有'内疚'两个字。我对不起你爸爸!对不起三哥(连阔如行三)!连阔如待我,真就如同我的亲哥哥一般呀。只是我已没有机会当面给你父亲道歉了!连阔如1971年去世,我是后来才知道的,那时我还在秦城监狱。连阔如本人绝对不知道他入了国民党,我也没跟他说这事。"

郝德元告诉连丽如,20世纪40年代中期,辅仁大学成立的华北文教协会中,英千里和张怀两位是我的头儿,他们找到我说:"过去国民党发展党员是宁缺毋滥,现在发展党员是宁滥毋缺。你那里不是有华北文教协会成员的履历表吗,明儿你把表儿拿来吧!"

我当时想,我还没有征求人家的同意,怎么就把人家都填写进国民党党员入党表儿呢?可英、张二位先生催我紧,也不听我解释。就这样,文教协会一共是十六七人,包括连阔如,都由别人填写进入党表格,可连阔如自己却不知道。现在,我可以跟您说,原来国民党发展党员,是纸上谈兵!连阔如先生我了解,他不仅爱旧中国,更爱新中国。他冒着生命危险到抗美援朝前线去慰问演出,这是谁都知道的,他冤枉啊!

六十七、违心承认加入了国民党

郝德元对连丽如讲当年的事

当初,连阔如被派出所关押、被逼交代自己加入国民党的事实,只不过是专案人员想借此给英千里和郝德元两人定罪收集材料。

这时,也已是花甲之年的连丽如,又反过来代父亲劝慰郝德元。她一边拭泪一边说:"郝叔叔,您就别再说这档子事了。都过去了,就别再说了。"

六十八、去世八年后，召开平反追悼会

正是：
早来迟来终究要来；
先走后走必定需走。

连阔如追悼会

1979年11月15日，在连阔如先生去世八年后，有关单位才在八宝山为他举行了彻底平反的追悼会。

令人不解又颇能理解的是，直到1980年1月6日，《北京日报》才对连阔如去世一事予以报道。对于一家日报来说，昨天发生的事今天才去说，就已经不是新闻，而是"旧闻"，这是每个新闻记者都清楚的游戏规则。在新闻事实发生九年后才去报道，只能说明记者和媒体的过于迟钝，是新闻媒体的大忌。但谁都知道，因为某些特殊的、复杂的原因，这样的大忌之所以出现，是那个时代的大势所迫。

这则迟到的消息非常简短，被安排在报纸第2版的左下角：

著名评书表演艺术家连阔如先生，因受林彪、"四人帮"极"左"路线的迫害，于1971年8月（18日）不幸病逝，终年69岁。
连阔如先生曾任第一、第二届北京市人民代表大会代表、第二届全

连振翔(连阔如之子)、连丽如和连志彬、连志成(连阔如之孙)在追悼会上

国政治协商会议委员、北京市文联常务理事、原中国曲艺研究会副主席等职。

连阔如先生的追悼会于1979年11月15日在八宝山革命公墓礼堂举行。

但不管怎么说,这则"积压"了太长时间的报纸消息,对连阔如的家人和亲朋好友、对北京众多热爱连阔如的评书迷来说,毕竟是一个安慰。

值得连阔如欣慰的是,他的女儿连丽如,"女"从父业,继续他未了的评书事业。连丽如在1987年写的《回忆父亲连阔如》的文章中说:

> 我从工厂重返书坛,为了继承连派的评书艺术,我顽强地拼搏,终于恢复了《东汉演义》、《三国演义》、《隋唐演义》、《明英烈》几部长篇大书的演出,受到了广大听众的热烈欢迎。接着我为电视台录制

了评书《三国演义》、《东汉演义》，在北京和各省电视台播出，听众们给予了很高的评价。几年来，我爱人贾建国帮助我改编、整理了100多万字的评书手稿，今年我又为鞍山市人民广播电台录制了评书《伍子胥》，在全国省电台交换会上名列前茅。父亲1938年出版的名著《江湖丛谈》出版了。如果父亲还活着，看到荧屏上电视评书连播，他一定会激动得老泪横流的。

连丽如作为中国煤矿文工团评书演员，著名评书表演艺术家，国家一级演员，享受政府特殊津贴。其有影响的评书代表作有《东汉演义》《三国演义》《大隋唐》《康熙私访》等。自1993年始，多次到新加坡为"丽的呼声"电台和国际广播电台录制评书；1998年6月应邀在马来西亚五个大城市演说评书《三国演义》，引起轰动；2002年，她又赴美讲学、说书，进一步扩大中国连派评书艺术的影响，成为中国评书走向世界书场的第一人。

连丽如和兄连振翔、姊连桂贤在父母的墓前。

她与丈夫贾建国合力重新整理、编辑、再版了父亲的遗著《江湖丛谈》，并遵从其遗愿编辑出版了遗作《东汉演义》（评书小说），还根据年代久远的报刊上父亲发表的评书连载，整理出版了《三十六英雄》、《评书三国演义》等，用此方式来告慰一生献身评书事业的父亲之在天之灵。

2007年，连丽如、贾建国夫妇更在北京鸿宾楼聚集了文化界、曲艺界的知名人士，在相声名家李金斗、崔琦的主持下，收入吴荻、贾林、祝兆良、梁彦四位年轻俊彦做徒弟。艺术家群体之姜昆、苏叔阳、李滨声、米南阳、常宝华、侯耀文、陈涌泉、田连元等亲临祝贺，未能莅临现场的文艺大家欧阳中石、阎崇年、袁阔成等写来贺函贺词。一时间，连丽如收徒成为媒体重要的文化新闻，也成为京城书坛的一桩盛事。

父亲当年最疼爱、最看重的女儿真争气，没有辱没门庭，而是光宗耀"父"。

连阔如先生生前的忘年交、著名书法家启功先生，为父女俩精诚之至的评书情结所感动，欣然命笔，为连丽如题赠一副对联：

辞气力与宋元角，
史通学补谈迁疏。

这副对联可有说头，足够说上一段评书。

它是对连阔如先生壮美的评书生涯所做的一个最好的评价，此前已有很多人做过评价，但似乎都不如启功先生收放自如，收束得凝练、干脆、有力。

先说上联：

所言"辞气力"，既是指连阔如内在的文章功力，又是说他在演说评书时所表现出的才力；而"与宋元角"，则是在赞誉他堪比评书已然兴盛发达的宋元时代的名角，不提具体名角的名字，光说宋代流传至今的评书话本就多达几十部之多，足见当时书坛盛况。

再说下联：

启功先生为连丽如题赠一副对联

所说"史通学",是在褒奖连阔如先生通过钻研评书艺术所积累的史学知识,如一部中国通史那样是一脉相承、贯通一致的;而"补谈迁疏",则更是揄扬其所说评书对历史的考证与睿智之"评",甚至可以弥补汉代史学家父子——司马谈、司马迁两人的缺陷。

对联是写给连阔如的,却又是送给连丽如的。其中,虽然没有直接点出连阔如、连丽如父女的名字,却暗示父女两人的贡献是血脉相连。

这是对连阔如本人以及连派评书艺术的高度评价。

附录一：连阔如先生年表

1903年（光绪二十八年）——1岁

6月25日，出生于北京安定门外营房一满族镶黄旗旗人家中。父母起名毕毓珍（连阔如一生使用过6个名字：取名毕毓珍，学名毕连寿，曾用名连仲三，名号乐天居士，艺名连阔如，笔名云游客），行三，出生前一个月父亲病故。由外祖母和母亲老少寡妇抚养。

1909年（宣统元年）——6岁

在安定门瓮城庙内私塾念书，学名毕连寿。半年后，第一次失学。

1914年（民国三年）——11岁

因外祖母病故，无人抚养，移居什刹海南官房口远房舅舅家寄居。长兄当差，母亲做佣，供给衣食。在陈重建先生开办的李广桥口袋胡同"内三区自治小学"读书，因享受贫民免费待遇，共持续两年。再次辍学。

1916年（民国五年）——13岁

先在前门外杨梅竹斜街享泰照相馆学徒，后只身赴天津寻找做工的母亲。困在津埠小店，经店主介绍，到北开小杂货铺学徒。

1917年（民国六年）——14岁

将杂货铺的差事辞掉，前往北开仙源里40号回春堂药店（店主杨春山）学徒。

1920年（民国九年）——17岁

学徒期满，回春堂另换徒工。遂与回民少年满长鸿同往烟台南市场摆摊卖药。半年后，因无售药执照，又无本钱做其他买卖，只好摆卦摊为生。

1921年（民国十年）——18岁

春夏，往东北旅顺、大连、营口等地算卦；秋冬，往烟台、天津摆摊。在烟台因跑码头避免人欺而加入青帮，学会其言谈举止，受在帮待遇。

1924年（民国十三年）——21岁

在天津南市"三不管"露天市场算卦，向有知识者讨教，天天看北京报纸。从北京《实事白话报》社会新闻版上，看到"寻找毕连寿回家"的广告。经过八年流浪生活，终于回到东直门北小街36号的家，与母亲、兄弟骨肉团圆。

1925年（民国十四年）——22岁

回到北京后，在天桥摆卦摊，号"连仲三"。因算卦也要上捐，改学说评书。白天算卦，晚上听书。

1927年（民国十六年）——24岁

经人介绍，拜评书艺人李傑恩为师。于西珠市口天寿堂饭庄行拜师礼，由师父赐艺名"阔如"。从此开始评书艺术生涯，在各书茶馆说书。

1928年（民国十七年）——25岁

迁至东四头条居住，与15岁的康玉明结婚。说书只说《西汉演义》，不大叫座，收入平常。加入师兄高阔轩组织的书曲研究社，为普通会员。后北京北城评书研究社、南城书曲研究社合并，改为评书协会，当选为第一届委员。

1930年（民国十九年）——27岁

在通县等地说书。在北京评书协会，与王傑魁等九人被选为理事。长子连振翔出生，迁居天桥。

1931年（民国二十年）——28岁

由东直门迁居东四牌楼头条、三条，再迁天桥。春季，赴锦州，在南门外书馆说《西汉演义》，两个月后返京。

1934年（民国二十三年）——31岁

母亲去世，兄弟分居。由天桥迁居魏染胡同，再迁西南园3号。任评书协会常委，应邀在北平、天津、汉口等地报刊上，以连载形式发表十多种不同的评书小说。7月3日起，在《新北平报》连载评书《三十六英雄》；7月21日，在该报发表《评书的起源》一文；8月至9月间，与学者金禅雨论争评书起源。

1935年（民国二十四年）——32岁

6月2日，由叶浅予为社长的《新北平报》刊登一条消息——"连阔如现身说法"，说的是连刚在天桥福海居开讲评书《东汉》，并称当时"评书界人，凡能说《东汉》者，亦会《明英烈》，但能说东、西两汉者，只有连阔如一人"。在该报小说版连载评书讲演《三十六英雄》。

1936年（民国二十五年）——33岁

担任《民声报》编辑，与小说家陈慎言、诗人张醉丐等在同一编辑部。在该报小说版发表评书讲演《东汉》，并在文艺版撰写批八字专栏"乐天居士批命"。9月21日，《新北平报》连载评书《三十六英雄》完结，22日，连载短篇评书《恶虎庄》；11月14日，始载短篇评书《五女捉兰》。

1937年（民国二十六年）——34岁

举家迁至和平门外琉璃厂国门关1号居住。在一次聚会中，因北洋军阀吴佩孚妻子大闹而未加入"救世新教"。3月初，在北平的《时言报》连载评书小说《三打韩通》。7月，以云游客的笔名，发表江湖揭秘文章《江湖丛谈》（连载）。7月26日，开始在《时言报》连载评书秘本《明英烈》。

11月3日，在北京电台，首创电台评书演播，每晚8点至9点演说《东汉演义》。

1938年（民国二十七年）——35岁

在西单哈尔飞剧院、天桥新民茶社说书。在位于东交民巷台基厂路南口由增茂洋行英国人办的增茂电台说书兼做广告。3月29日，《北京白话报》2版刊登"评书专家连阔如之近影"，拍摄者署名"旭明（大北赠）"。8月17日，以顾问身份被尚小云邀请，指导荣春社全体人员排演的全本历史名剧《东汉》，在中和戏院上演。11月1日起，每日11点，在北京中央广播电台演述评书《隋唐演义》。由《时言报》结集报载文章，出版《江湖丛谈》3册。

1939年（民国二十八年）——36岁

开办连阔如广告社，先在国门关1号南屋，后迁琉璃厂143号。员工多时5人，少时三两人。一办11年（至1950年停办），为中国曲艺界涉足广告经营的第一人。在每周六出版的《立言画刊》，连载评书秘本《东汉》；12月30日，同刊第66期登载人物专访《八臂哪吒连阔如》。

1940年（民国二十九年）——37岁

3月，每晚18点，在北京中央广播电台演述评书《东汉演义》，继而播讲评书《全部隋唐》。7月30日，在《民众报》开始连载评书秘本《金枪杨家将》。10月1日，天津《游艺画刊》杂志登载署名啸天的文章《说评书之难处》，介绍其"评书六难"的理论观点。

1942年（民国三十一年）——39岁

3月18日，女儿连丽如出生，后女承父业，继承连派评书。被北京广告社同业公会选为理事。

1943年（民国三十二年）——40岁

秋天，患伤寒病。经郝寿臣儿子郝德元介绍，加入由辅仁大学教授发起组织的地下抗日组织"华北文教协会"。这一协会由英千里、沈兼士、张怀等学界名流负责，为国民党的外围团体。

1945年（民国三十四年）——42岁

任国民党接管后琉璃厂国门关胡同甲长，曾自出大洋买下当兵的空名额，使街坊适龄青年免于兵役。

1946年（民国三十五年）——43岁

与曹宝禄一起被选为北京曲艺公会监事，并任评书组组长（直到1953年）。

1947年（民国三十六年）——44岁

当选为北京广告社业同业公会理事长，杨本贸、张益三、徐阶元、徐绍庭、周励琛、沈幼臣等为理事。因反对伪北平市长何思源在任时的"广告税"，被何下令收回广告社营业执照，故而辞去理事长一职。开办"连记杂货店"，兼做广告，雇佣3人。

1948年（民国三十七年）——45岁

仍在辅仁附中读高中的18岁儿子连振翔结婚。

1949年（中华人民共和国成立）——46岁

7月，作为北京曲艺界惟一代表，出席第一届全国文代会，因说评书《夜渡乌江》受到周恩来表扬。担任中华全国曲艺改进会筹委会副主任。8月，参加市艺人讲习班。9月，在人民新华广播电台"新文艺节目"演播评书《红军万里长征渡乌江天险》。10月，任大众游艺社社长，组织演员在前门箭楼演出新曲艺。长孙连志彬出生，后去美国。

1950年——47岁

年初,购置宣武区棉花八条11号四合院房产,共计8间房。呈报市商业局后,北洋药社和由广告社改成的杂货店先后歇业。2月3日,北京市大众文艺创作研究会主办的刊物《大众文艺通讯》创刊,在创刊号上,发表文章《我对大众文艺创作研究会的希望》。2月20日,在《说说唱唱》杂志第2期,发表与苗培时合写的《飞夺泸定桥——长征故事评话》。

1951年——48岁

3月12日,受彭真市长委派,任中国人民第一届赴朝慰问团曲艺服务大队队长,前往朝鲜慰问志愿军,表演评书《武松打虎》、新编评书《追击敌人在静水亭》。归国后,到四川、西藏宣传、动员抗美援朝工作,沿途演讲,历时8个月。孙子连志成出生,后当教师。

1952年——49岁

在市文联研究部工作,半脱产,亦说书。同部门有作家林斤澜。推荐郝寿臣出任北京市戏曲学校校长。

1953年——50岁

9月,参加中国文联第二次代表大会,当选为全国委员会委员,与作家赵树理一同出任刚成立的中国曲艺研究会副主席,由市文联调中国曲艺研究会驻会工作。应邀到北京大学、清华大学、人民大学、中国戏曲学院等高校授课,在中国社会科学院文史研究所办评书艺术讲座。河北省电台演播新评书《李有才板话》、《三里湾》和《暴风骤雨》。《说说唱唱》(3月号)杂志登载孙毓椿的文章《连阔如和评书》。

1954年——51岁

年初,在北京人民广播电台说评书《水浒》;3月8日起,说评书《岳飞传》。当选为第二届全国政协委员。

1955年——52岁

4月，每晚18点，在中央人民广播电台第二种（套）节目说评书《水浒》；每天13点30分，在北京人民广播电台说评书《秦汉演义》。致信尚在美国大学教书的郝德元（郝寿臣之子），望其归国报效祖国，为父母尽孝。

1956年——53岁

3月10日至4月1日，随中央广播说唱团在上海参加中国南北曲艺汇演，表演《头请姚期》、《诵赋激瑜》、《辕门射戟》等评书选段，与扬州评话泰斗王少堂会面。4月30日，在北京人民广播电台讲青年英雄故事《不死的王孝和》。10月1日至12月31日，说评书《东汉演义》。12月，加入中国民主同盟（简称民盟，主要由从事文化教育以及科学技术工作的高、中级知识分子组成）北京分会。

1957年——54岁

1月1日，开始在北京人民广播电台说评书《三国演义》。在全国范围的"大鸣大放"期间，3月19日，《人民日报》发表全国政协委员的部分发言，全文登载连阔如的讲话《为繁荣新曲艺而努力》。文中提出："一部分零散艺人失去了演出场所，生活受到影响，形成半失业现象"；指出："有的艺人反映，人都解放翻身了，我们翻了半个身，跟无娘的孩子一样"；并建议在各地"成立'曲艺之家'；保护曲艺遗产"。7月12日起，在陶然亭公园内可容纳200多人的"说唱茶馆"说评书。在民盟会议上，也对文艺发表意见和看法。8月5日，《北京日报》载文《市人代会会议胜利闭幕》："彭真继续当选市长。出席会议的有556人。连阔如等有书面发言。"

1958年——55岁

1月1日起，在北京人民广播电台说评书《三国演义》。2月19日，《人民日报》头版刊登："13日中国文联主席团扩大会议上……决定停止右派分子丁玲、江丰、艾青、陈沂、白朗、陆凯如、连阔如等七人中国文联全国委员的职务。"3月16日,北京人民广播电台评书《三国演义》停播,从此结束了在各广播电台长达21年的说书生涯。

1959年——56岁
1月,被下放到书馆说书。5月1日,北京宣武区说唱团成立,进团当演员。摘掉右派分子帽子。此后几年间,在董记、和记、张五、刘鸿宝、通州、赵一轩等书茶馆和东安市场凤凰厅等处说书。

1960年——57岁
收18岁的女儿连丽如为徒弟,传授评书《三国》,连派评书终于有了惟一的继承人。家里因穷困开始典当家具,写字台、八仙桌、椅子都拿去卖了。

1961年——58岁
首次在天桥刘记茶馆,听女儿连丽如表演评书《三国》,含喜泪而去。

1963年——60岁
患高血压,从宣武区说唱团退休。

1966年——63岁
焚烧多年所藏大量珍贵图书,包括40多种版本的《三国》、评书艺人群福庆托付给他的《五女七贞》书稿等。

1967年——64岁
宣武区说唱团解散,一次性发给300多元补助费,从此断了工资来源。

1968年——65岁
由宣武区棉花八条11号,搬迁至崇文区夕照寺西里3楼3层6号。与小说

《烈火金刚》作者刘流做邻居，老哥俩经常往来。

1969年——66岁

在红卫兵逼迫下被迫写《连阔如认罪书》。

1971年——68岁

8月18日，因患肠癌不治而含冤辞世。去世前，对大儿子振翔说："你给我找一本《三国》看看。"

附录二：连阔如参加女儿的家长会

几年前，由彭俐同志撰写的有关连阔如先生生平的文学作品《醒木惊天连阔如》发行了，有些媒体还做了连载。通过这本书，我们看到了一个人民艺术家的光辉形象。连阔如先生以他卓越的文学修养、独特的语言表达能力和丰富的历史知识，给热爱他的广大听众留下了不可磨灭的印象。

我在儿童时期就听母亲讲过，在上世纪30年代时我的祖父就特别爱听连阔如的评书，每当电台播出时，他每天到点必须开无线电作为一个例行任务。我自己少年时也亲眼目睹了上世纪50年初万人空巷齐听连阔如评书的动人场景。

上世纪50年代初我在原宣武区后孙公园小学上学，连阔如先生的两个女儿也在这个学校上学，他的小女儿连桂霞与我同一个班。连桂霞是一个聪慧好学、行为稳重的同学，她的学习成绩在同学中是出类拔萃的。

记得那是1953年暑假前学校召开家长会，家长会一般不让同学参加，只留下部分班干部协助班主任老师做些服务工作，我作为班干部参加了服务工作，也就是在这次家长会上，我亲眼看见了过去只闻其声的连阔如先生。

家长会前我们估计连先生不一定能来，因为当时电台每天播出他两套书，有时最多能播到三套书，再加上他有很繁重的社会工作，时间相当紧张。同时他又是社会上的名人，能为孩子这点事跑一趟学校来吗？但我们的估计错了，连阔如先生把自己就看作一个普通百姓，关心子女并支持学校的工作。

当时参加家长会的家长大部分都在40岁以下，连先生当时已年近半百，是家长中年龄较大的，再加上他的名气，家长们听说他来了，都纷纷向他问好，连阔如先生面带微笑，很有礼貌地对大家表示感谢。家长会还没开，连阔如先生的到来就使整个家长会有一种和谐欢快的气氛。

家长会开始后，班主任老师向家长们汇报了班级一学期以来的工作后，家长们开始发言。很多家长都关心自己孩子的考试成绩，这也是人之常情，所以家长们的发言大部分是围绕自己孩子在学校的情况进行的。连先生没急于发言，他耐心地听其他家长的发言。后来大家都说，连先生该您给大家说说了。连阔如先生笑容满面地站起来说：我首先感谢老师们对学生们的辛勤培育，老师们辛苦了。然后他重点谈了家庭教育的重要性，他说父母是孩子的第一个教师，孩子身上的优点和缺点，很多都是家长影响造成的。他举例说，岳飞能成为民族英雄是与他的家庭教育，特别是他母亲的教育分不开的。围绕家庭教育他还谈了一些其他意见。他的发言获得家长们的热烈掌声。今天回想起来，连阔如先生重点谈家庭教育，既是对学校教育的支持，更是我们培养青少年品质的基础，时至今日仍有指导意义。

这个家长会离现在已经半个多世纪了，当时我们班的同学都已成为古稀老人了。前几年出版发行了连阔如先生的《东汉演义》，我去图书大厦购书，恰逢连丽如先生签字，我一提起往事，原来连丽如就是小学的同学连桂霞。她为了继承祖国的文化遗产，为了继承父亲的连派评书艺术，放弃了能升入大学的机会，在极其困难的情况下，不离不弃，使京味评书和连派评书得以传承发扬。我想没有连丽如的传承，可能连派评书就失传了。在本书出版之际，我衷心希望老同学连丽如把评书艺术发扬光大。

陈光铭　2011年10月28日

后 记

时间过得太快，思想显得很慢。

2005年，当代中国出版社出版人物传记《醒木惊天连阔如》的情景历历在目，责任编辑王树清付出的辛劳感念至今，北京图书大厦、王府井图书大厦和地坛公园书市分别举办的签名售书的热闹场景恍如昨日。这本书，因为先后在《北京晚报》、《作家文摘》、《曲艺》杂志等报刊连载，并在北京人民广播电台由连阔如的女儿连丽如声情并茂地连续播讲而产生巨大反响。

转眼到了2011年，中华书局拟定重新出版这本20世纪中国最伟大说书人的传记，让作者有机会弥补先前写作的疏忽和缺憾，补充进一些最新发现的、很有价值的信息与资料，使得传主的生平事迹更加翔实，更加准确，也更加生动有趣。早先，我就有一个心愿，想用说书人惯用的开场白的方式，来做传记的每一章节的"开脸儿"。"开脸儿"的话不多，就两句，但是那个意思，这回做到了。

作者另一个在前一本书中未了的心愿，在这本书里也完成了，即用68个"故事"或"话题"串联起来，构成一个人的传记，以此来表示对传主连阔如先生68岁生命历史的敬意和怀念。相信每一个生命走过他的一生一世，都会有些值得用语言文字记述的内容。人生的价值，不在于你拥有多少物质，或有过多少物质的享受，却在于你拥有多少源自他人和社会的记忆与念想。

正像本书的前言所言，明年，2013年就将是评书大师连阔如先生诞生110周年纪念。因此，在这样的时刻出版这本传记具有特殊意义。

感谢中华书局，感谢编辑宋志军、梁彦、林玉萍。

彭 俐

2012年1月1日